Helyn Hitchcock

Das Glück Ihrer Zahlen

Selbsthilfe durch Numerologie

Verlag PETER ERD · München

HELPING YOURSELF WITH NUMEROLOGIE
by Helyn Hitchcock
Original English language edition published by Parker Publishing Company
Copyright © 1972 by Parker Publishing Company

Aus dem Amerikanischen übertragen und bearbeitet von Kamala Kiel.
Neue Ausgabe des Buches „Selbsthilfe durch Numerologie"
(ISBN 3-8138-0023-7)
Copyright © der deutschen Ausgabe Verlag PETER ERD, 1984.
Alle Rechte, auch die des auszugsweisen Nachdrucks, der Übersetzung und
jeglicher Wiedergabe, vorbehalten.
Printed in West-Germany
ISBN 3-8138-0077-6

Inhalt

Einführung

Was dies Buch für Sie tun kann

Indem Sie das Wissen der Numerologie anwenden, angeeignet durch das Lesen dieses Buches und die Anwendung seiner Programme, können Sie selbst entdecken, welche Talente Sie bereits besitzen und welche Hindernisse Ihren Fortschritt zur Erreichung des ersehnten Zieles aufhalten.

Sie werden imstande sein auszurechnen, wann die beste Zeit zur Ausführung eines Planes ist und wann es angebracht ist zu warten, bis günstigere Zahlen angezeigt sind. Sie können sich durch Ihre Zahlen überzeugen, ob eine bestimmte Person der richtige Ehepartner für Sie ist. Indem Sie die geheimen Wunschzahlen Ihres Lebensgefährten oder Freundes deuten, können Sie lernen, ihn besser zu verstehen.

Sie werden lernen, Ihr eigener Numerologe zu sein und Ihr eigenes Numeroskop zu berechnen, um die Antworten zur Steuerung eines erfolgreichen Kurses in Ihrem täglichen Leben zu bekommen.

Was ist Numerologie?

Numerologie, oder die Wissenschaft der Zahlen, entstammt Symbolen, die vom urtümlichen Menschen zum Ausdruck seiner Ideen verwendet wurden. Sie beruht nicht nur auf Zahlen mit einem mengenmäßigen Wert, so wie zwei und zwei vier ergibt, sondern es gibt sie auch heute, denn die Zahlen oder Symbole beeinhalten einen metaphysischen Wert mit einer bestimmten Bedeutung und kennzeichnen innere dynamische Merkmale, die das Schicksal gestalten. Lange bevor Alphabete erfunden wurden, um den jeweiligen Zahlen zu entsprechen, studierten Gelehrte in alter Zeit die Wissenschaft der Numerologie zur Führung im täglichen Leben.

Numerologie ist eine leichte Kunst

Dies Buch ist sowohl leicht zu verstehen wie auch eine praktische Anleitung für Ihren täglichen Gebrauch. Es wird Ihnen Schritt für Schritt zeigen, wie Sie eine Tabelle aufstellen und Ihr eigenes Numeroskop ausrechnen können. Es wird zum Beispiel ausführen:

1. Welches die besten Tage für die Bewerbung um eine neue Stellung oder den Beginn eines neuen Unternehmens sind.
2. Wann man Besitz erwerben oder Geld in einem Geschäft investieren sollte.
3. Welche Erfahrungen unvermeidlich sind und welche Hindernisse man zu überwinden hat.
4. Wie man seinen Ehepartner auswählt.
5. Das beste Hochzeitsdatum.
6. Den besten Ort zur Gründung eines Hausstandes.
7. Welche Städte und Firmen das suchen, was man anzubieten hat.
8. Welches die besten Tage für eine Reise sind.
9. In welcher Unternehmens- oder Geschäftsbranche man am erfolgreichsten sein wird.
10. Sie können Mittelpunkt der Aufmerksamkeit bei einer Party sein, indem Sie schnell die Namen und Geburtsdaten der Gäste notieren und ihnen eine schnelle Deutung ihrer Wesensmerkmale und Talente geben.
11. Wie Ihnen eine Namensänderung helfen kann, ersehnten Erfolg zu sichern.

Durch Numerologie können Sie wissen, was die Zukunft für Sie bereithält

Das einzigartige Kapitel dieses Buches, wie man Vorhersagen macht, ist eine ausnehmende Besonderheit. Es stellt eine geheime Methode der Vorhersagen künftiger Ereignisse durch Numerologie dar. Meines Wissens hat noch niemals ein Numerologe sein System der

Vorhersagen der breiten Öffentlichkeit bekanntgegeben, denn es ist sein Rüstzeug in seiner beruflichen Praxis. Nun wird es Ihnen möglich sein, Sie betreffende künftige Ereignisse vorherzusagen und Ihren entsprechenden erfolgreichen Kurs des Handelns einzuschlagen.

Helyn Hitchcock

1. Kapitel

Wie man in der Numerologie eine Berechnungstabelle aufstellt

Alle Tabellen haben Schlüssel, die ihre Deutung offenbaren. Zahlen und Buchstaben sind nicht von dieser Regel ausgenommen, denn sie sind untereinander austauschbar. Zahlen hat es seit Anbeginn der Zeit gegeben. Als die Alphabete entstanden, bekamen die Buchstaben wegen der verborgenen Bedeutung ihren besonderen numerischen Wert.

Was Sie lernen werden

In diesem Kapitel werden Sie lernen, eine Tabelle der neun einstelligen Grundzahlen von 1 bis einschließlich 9 aufzustellen. Sie werden lernen, den passenden Buchstaben des Alphabets unter jede Zahl zu setzen.

In der folgenden Tabelle schwingt jeder Buchstabe gemäß einer der neun Grundzahlen. Eine zusammengesetzte Zahl ist keine Grundzahl, kann jedoch auf eine einstellige Grundzahl reduziert werden.

Tabelle oder Schlüssel der Zahlen und ihrer entsprechenden Buchstaben

Der Einzelne			Die Vielen			Das All			Meisterzahlen
1	2	3	4	5	6	7	8	9	
A	B	C	D	E	F	G	H	I	11
J	K	L	M	N	O	P	Q	R	22
S	T	U	V	W	X	Y	Z	&	33

In der obigen Tabelle entspricht A = 1; B = 2; C = 3; D = 4; E = 5; F = 6; G = 7; H = 8; I = 9.

Wir haben alle neun Grundzahlen verwendet und beginnen nun, die zweite Reihe zu lernen, in ihr entspricht J = 1; K = 2; L = 3; M = 4; N = 5; O = 6; P = 7; Q = 8; R = 9.

Da es nur neun Grundziffern gibt, beginnen wir wieder mit 1, folglich S = 1; T = 2; U = 3; V = 4; W = 5; X = 6; Y = 7; Z = 8. Das & ist kein Buchstabe oder keine Zahl, da jedoch viele Gesellschaften dies Symbol mit ihrem Namen verbunden haben, müssen wir eine Möglichkeit haben, dies Symbol, welches *und* bedeutet, zu beziffern.

Die Unterteilung der Zahlen und Buchstaben durch senkrechte Striche, die zwischen 3 und 4 und zwischen 6 und 7 verlaufen, weist auf folgendes hin:

1, 2 und 3 sind persönliche Zahlen, die den *Einzelnen* kennzeichnen. Ihr Losungswort ist *ich oder mein*. Sie bedeuten das Interesse am Ich oder am Einzelnen.

4, 5 oder 6 sind begrenzte Schwingungen oder die *Vielen*. Ihr Losungswort ist *du*. Sie bedeuten Dienst an der eigenen Familie und Gesellschaft.

7, 8 und 9 sind universale Schwingungen, die das *All* kennzeichnen. Sie bedeuten Dienst an der Menschheit ohne Unterschied.

11, 22 und 33 sind der Tabelle hinzugefügt, ihre Schwingung entspricht jedoch keinem besonderen Buchstaben. Sie sollten als Superschwingung ihrer einstelligen Grundzahlen von 11 (1 + 1 = 2), 22 (2 + 2 = 4) und 33 (3 + 3 = 6) behandelt werden.

Wie man in der Numerologie einen Namen liest

Um zu lernen, einen Namen oder die Gesamtnamenszahl zu lesen, ist folgende bestimmte Regel zu befolgen: alle Zahlen sind auf eine schließliche einstellige Grundzahl zu reduzieren, es sei denn, daß die Summe eine der Meisterzahlen 11 oder 22 ist. In dem Fall wird die Zahl beibehalten und nicht reduziert. Sie reduzieren Zahlen, indem Sie die Ziffern addieren, bis Sie das Ergebnis einer einstelligen Grundzahl erhalten. Ist zum Beispiel die Summe aller Ihren Buchstaben entsprechenden Zahlen 24, so addieren Sie diese zusammengesetzte Zahl, um eine einstellige Grundzahl zu erhalten, so wie (2 + 4 = 6). Ergibt die Summe jedoch 11 oder 22, so lassen Sie diese unverändert, selbst wenn sie mit anderen Zahlen kombiniert sein sollte, wie 22-4 oder 11-5. Zahlen sollten zum Beispiel nicht zu 8 (2 + 2 + 4) oder 7 (1 + 1 + 5) reduziert werden.

Wie Sie in der Numerologie eine Tabelle Ihres Namens aufstellen

Jeder Name ist auf folgende Weise gesondert auszurechnen:

1. Schritt: Sehen Sie in der Tabelle der Zahlen und ihrer entsprechenden Buchstaben nach (Seite 15) und setzen Sie die passenden Zahlen unter die Buchstaben Ihres Vornamens. Nun reduzieren Sie diese Zahlen auf eine einstellige Grundzahl, indem Sie die einzelnen Zahlen addieren.

2. Schritt: Verfahren Sie ebenso mit dem Mittelnamen und reduzieren Sie ihn auf eine einstellige Grundzahl.

3. Schritt: Setzen Sie die richtigen Zahlen unter die Buchstaben Ihres Nachnamens. Reduzieren Sie ihn auf eine einstellige Grundzahl.

4. Schritt: Addieren Sie die auf eine Stelle reduzierten Grundzahlen des Vornamens, des Mittelnamens und des Nachnamens. Reduzieren Sie diese Summe, bis Sie eine einstellige Gesamtnamenszahl erhalten.

Wenn Sie mehrere Mittelnamen haben, sollten Sie diese ganz fortlassen oder kombinieren und als einen Namen behandeln. Viele Mittelnamen verlieren ihre Bedeutung, da die Wirkung zerstreut ist.

Einige praktische Beispiele der Aufstellung von Namenstabellen

Holen Sie Ihren Stift und Schmierblock hervor, um einige Beispiele der Aufstellung von Namenstabellen auszuarbeiten. Wir werden als

Beispiel einen erfundenen Namen aufstellen, um Ihnen zu zeigen, wie Sie Ihren eigenen Namen aufstellen und ausrechnen können. Wir wollen so tun, als ob Ihr Vorname Margaret ist. Schreiben Sie den Namen Margaret auf Ihren Schmierblock und sehen Sie dann die bestimmten numerischen Werte der Buchstaben in der Tabelle der Zahlen und Buchstaben (Seite 15) nach. Setzen Sie diese Zahlen direkt unter die Buchstaben.

Beispiel:

$$\begin{array}{c} \text{M A R G A R E T} \\ \underline{\text{4 1 9 7 1 9 5 2}} \\ \underline{38} \\ (3 + 8) = 11 \end{array}$$

M hat den Wert von 4; A – 1; R – 9; G – 7; A – 1; R – 9; E – 5; T – 2.

Diese Zahlen ergeben die Summe von 38, nämlich: (4 + 1 + 9 + 7 + 1 + 9 + 5 + 2 = 38). Diese zusammengesetzte Zahl ist nun durch addieren der Ziffern zu reduzieren, so wie: (3 + 8 = 11). Das Ergebnis ist immer noch eine zusammengesetzte Zahl. Üblicherweise wäre die Zahl 11 weiter auf eine einstellige Grundzahl zu reduzieren, da die 11 jedoch eine Meisterzahl ist, sollte sie unverändert bleiben und nicht zu 2 reduziert werden, so wie: (1 + 1 = 2).

Nun sollten Sie Ihren Mittelnamen auf dieselbe Weise wie Margaret aufstellen. Wir wollen annehmen, er ist Alice. Setzen Sie unter jeden Buchstaben den numerischen Wert oder die entsprechende Zahl.

Beispiel:

$$\begin{array}{c} \text{A L I C E} \\ \underline{\text{1 3 9 3 5}} \\ \underline{21} \\ (2 + 1) = 3 \end{array}$$

In der Tabelle oder dem Zahlenschlüssel (Seite 15) werden Sie sehen, daß: A = 1; L = 3; I = 9; C = 3 und E = 5. Wenn Sie diese Zahlen addieren, erhalten Sie die zusammengesetzte Zahl 21, die auf eine einstellige Grundzahl zu reduzieren ist. Das geschieht durch die Addition von (2 + 1 = 3). Die einstellige Grundzahl 3 ist der numerische Zahlenwert des Namens Alice.

Nun angenommen, daß Ihr Nach- oder Familienname Johnson ist.

Schreiben Sie ihn auf Ihren Schmierblock. Sehen Sie wieder in dem Zahlenschlüssel oder der Tabelle (Seite 15) und stellen Sie ihren Nachnamen ebenso auf wie Ihren Vornamen (Margaret) und Ihren Mittelnamen (Alice).

Beispiel:

$$
\begin{array}{c}
\text{J O H N S O N} \\
\text{1 6 8 5 1 6 5} \\
\hline
32 \\
5 \ (3 + 2 = 5)
\end{array}
$$

Wenn Sie wieder im Zahlenschlüssel nachsehen, stellen Sie fest, daß: J = 1; O = 6; H = 8; N = 5; S = 1; O = 6 und N = 5. Setzen Sie diese Zahlen auf Ihrem Block unter die Buchstaben von Johnson. Addieren Sie nun diese Zahlen. Sie werden die Summe von 32 erhalten, so wie: (1 + 6 + 8 + 5 + 1 + 6 + 5 = 32). Reduzieren Sie diese Summe auf eine einstellige Grundzahl, nämlich: (3 + 2 = 5).

Alle Super- oder Meisterzahlen, die als Summe erscheinen, werden nicht reduziert, sondern unverändert beibehalten. Lebt jemand jedoch nicht seinen Meisterzahlen entsprechend, so wird er auf den unbedeutender Aspekt seiner Zahl zurückfallen. So wird sich 11 zu 2, 22 zu 4 und 33 zu 6 reduzieren. Die Energie der Superzahlen bleibt konstant, jedoch im Hintergrund. Eine Person mit der Zahl 11 könnte absinken, und eine Person mit der Zahl 22 könnte ein Verbrecher sein. Oft findet man jemand mit der Zahl 22, der nicht seinen hohen Möglichkeiten entsprechend lebt, als Sekretär oder Buchhalter im Büro, oder als Arbeiter. Es ist nichts Herabwürdigendes dabei, ein Arbeiter zu sein. Wenn man jedoch mit größeren Möglichkeiten geboren wurde, sollte man versuchen, seinen Zahlen gemäß zu leben.

Nun addieren wir alle Namen, und vergessen nicht die gesonderten Zahlen eines jeden Namens.

Beispiel:

$$
\begin{array}{ccccc}
\text{M A R G A R E T} & & \text{A L I C E} & & \text{J O H N S O N} \\
\text{4 1 9 7 1 9 5 2} & & \text{1 3 9 3 5} & & \text{1 6 8 5 1 6 5} \\
\hline
38 & & 21 & & 32 \\
11 & + & 3 & + & 5 = \\
& (11 + 3 + 5) & = & 11 + 8 &
\end{array}
$$

Wäre Margaret Alice Johnson tatsächlich Ihr Name, so würden Sie die Zahlen der einzelnen Namen Margaret (11), Alice (3) und Johnson (5) addieren, und erhielten eine Gesamtnamenszahl von 11 + 8.

Einige Beispiele für Sie zum Ausarbeiten

Als ersten Versuch sollten Sie sich darauf konzentrieren, Ihren eigenen vollen Geburtnamen aufzustellen. Vergewissern Sie sich, die auf einer vorigen Seite unter *Wie man in Numerologie einen Namen aufstellt* aufgezählten Schritte zu befolgen. Wenn Sie das vervollständigt haben, überprüfen Sie es mit der Tabelle, um jeden Irrtum auszuschließen. Möglicherweise möchten Sie dann die Namen anderer Familienmitglieder aufstellen und ausrechnen, um eine Gesamtnamenszahl zu erhalten.

Zur weiteren Übung stelle ich die Namen einiger berühmter Persönlichkeiten auf. Wenn Sie diese ausgerechnet haben, vergleichen Sie es mit meinen Ausrechnungen, um zu sehen, ob Sie genau gewesen sind. *Die folgenden Namen sind Beispiele:*

Jack William Nicklaus
Elizabeth Frances Taylor
Guy Albert Lombardo

Seien Sie sicher, diese Namen selbst auszurechnen, bevor Sie zur Bestätigung einen Blick auf meine Berechnung werfen.

Setzen Sie den Namen Jack auf Ihren Schmierblock. Sehen Sie in der Tabelle nach und setzen Sie unter jeden Buchstaben die richtige Zahl.

Beispiel:

$$\begin{array}{cccc} J & A & C & K \\ 1 & 1 & 3 & 2 \\ \hline & = 7 & & \end{array}$$

J hat den Wert von 1; A = 1; C = 3; K = 2. Die Summe dieser Zahlen ist 7. Die einstellige Grundzahl des Namens Jack ist 7.

Nun stellen Sie den Mittelnamen William auf.

Beispiel:

$$W \ I \ L \ L \ I \ A \ M$$
$$5 \ 9 \ 3 \ 3 \ 9 \ 1 \ 4$$
$$\overline{34}$$
$$(3 + 4) = 7$$

Setzen Sie unter jeden Buchstaben des Namens William den entsprechenden numerischen Wert. Gebrauchen Sie dieselbe Methode wie bei Jack. Der Name William ergibt die Summe von 34. Diese zusammengesetzte Zahl ist durch die Addition der beiden Ziffern (3 + 4 = 7) auf eine einstellige Grundzahl zu reduzieren. Die einstellige Grundzahl von William ist ebenso wie bei dem Namen Jack 7.

Nun stellen Sie den Nach- oder Familiennamen Nicklaus auf.

Beispiel:

$$N \ I \ C \ K \ L \ A \ U \ S$$
$$5 \ 9 \ 3 \ 2 \ 3 \ 1 \ 3 \ 1$$
$$\overline{27}$$
$$(2 + 7) = 9$$

Setzen Sie ebenso wie bei Jack und William die richtigen numerischen Werte unter die entsprechenden Buchstaben des Namens Nicklaus. Die Summe 27 von Nicklaus ist auf eine einstellige Grundzahl zu reduzieren, nämlich (2 + 7 = 9). Die einstellige Grundzahl von Nicklaus ist 9.

Addieren Sie nun die ermittelten Zahlen der einzelnen Namen, um eine einstellige Gesamtnamenszahl zu erhalten.

Beispiel:

$$J \ A \ C \ K \quad W \ I \ L \ L \ I \ A \ M \quad N \ I \ C \ K \ L \ A \ U \ S$$
$$\overline{7} \ + \ \overline{7} \ + \ \overline{9} \ =$$
$$7 + 7 + 9 = 23 = (2 + 3 = 5)$$

Jack (7), William (7) und Nicklaus (9) ergeben die Summe von 23, die auf eine einstellige Grundzahl zu reduzieren ist, nämlich (2 + 3 = 5). Die Gesamtnamenszahl von Jack William Nicklaus ist 5.

Nun vergleichen Sie Ihre Zahlen des zweiten Namens Elizabeth Frances Taylor mit meiner Ausrechnung.

Sehen Sie in der Tabelle nach und setzen Sie den richtigen numerischen Wert unter jeden Buchstaben ihres Vornamens *Elizabeth*.

Beispiel:

E L I Z A B E T H
5 3 9 8 1 2 5 2 8
$$\overline{43}$$
$$\overline{7}$$

Der Vorname Elizabeth ergibt eine Summe von 43, die reduziert 7 ergibt, denn: (4 + 3 = 7).

Nun folgt derselbe Vorgang mit ihrem Mittelnamen Frances.

Beispiel:

F R A N C E S
6 9 1 5 3 5 1
$$\overline{30}$$
$$\overline{3}$$

Der Mittelname Frances ergibt eine Summe von 30, die auf 3 reduziert wird: (3 + 0 = 3).

Stellen Sie nun ihren Nachnamen Taylor mit derselben Methode auf.

Beispiel:

T A Y L O R
2 1 7 3 6 9
$$\overline{28}$$
$$\overline{10}$$
$$\overline{1}$$

Der Nachname Taylor ergibt eine Summe von 28, die erst auf 10 und dann noch einmal zu 1 reduziert wird. Die einstellige Grundzahl von Taylor ist 1. Addieren Sie nun die ermittelten einstelligen Grundzahlen eines jeden einzelnen Namens.

Beispiel:

E L I Z A B E T H   F R A N C E S   T A Y L O R
7   +   3   +   1   = 11

Wir reduzieren die Gesamtzahl 11 nicht zu 2, denn es ist eine Meisterzahl.

Wie weit waren Ihre Berechnungen von Elizabeth Frances Taylor, der berühmten Schauspielerin, Schritt für Schritt richtig?

Nun wollen wir den dritten oder letzten Namen ausrechnen, den Sie als Beispiel bekommen haben. Guy Albert Lombardos Orchester spielt immer noch zur Freude von vielen.

Beispiel:

$$
\begin{array}{c}
\text{G U Y} \\
\text{7 3 7} \\
\hline
17 \\
\hline
8
\end{array}
$$

Die Ausrechnung des Vornamens Guy ergibt den numerischen Gesamtwert 17, der reduziert 8 ergibt, denn: $1 + 7 = 8$.

Beispiel:

$$
\begin{array}{c}
\text{A L B E R T} \\
\text{1 3 2 5 9 2} \\
\hline
22
\end{array}
$$

Sein Mittelname ergibt eine Summe von 22. Wie vorher erwähnt, sollte man eine Meisterzahl, die als Summe eines Namens erscheint, nicht reduzieren. Merken Sie sich, die Meiserzahlen sind 11, 22 und 33. Daher sollte die Summe 22 des Mittelnamens Albert unverändert bleiben und nicht zu 4 reduziert werden. Die Zahl des Namens Albert ist 22.

Beispiel:

$$
\begin{array}{c}
\text{L O M B A R D O} \\
\text{3 6 4 2 1 9 4 6} \\
\hline
35 \\
\hline
8
\end{array}
$$

Der Name Lombardo ergibt die Summe von 35, die zu 8 reduziert wird, denn $3 + 5 = 8$. Seine Gesamtnamenszahl ist: Guy (8) und Albert (22) und Lombardo (8) $= 22 + 8 + 8 = 22 + 16 = 22 + 7$.

Beispiel:

$$
\begin{array}{ccccc}
\text{G U Y} & & \text{A L B E R T} & & \text{L O M B A R D O} \\
8 & + & 22 & + & 8 & = \\
\end{array}
$$
$$(22 + 16) = (22 + 1 + 6) = (22 + 7)$$

Wie war Ihr Ergebnis diesmal? Die Ausarbeitung dieser Beispiele sollt Ihnen helfen, Ihren eigenen Namen zu überprüfen. Ich empfehle Ihnen zu versuchen, die Tabelle der neun Grundzahlen und ihrer Buchstaben auswendig zu lernen, so daß sie Ihnen so vertraut ist wie das 1×1. Das wird Ihnen ersparen, ständig in der Grundtabelle nachzusehen.

2. Kapitel

Die allgemeine Bedeutung der Zahlen

Wie man erkennt, was die Symbole aussagen

Sie könnten keinen Vorteil aus der Aufstellung Ihres Namens erwarten, ohne die Bedeutung des Namens oder seiner entsprechenden Zahlen zu kennen. Sie sollten Ihren Namen und Ihre Zahlen verstehen und deuten können, indem Sie herausfinden, was die Symbole aussagen, damit sie eine Bedeutung für Sie haben. Wenn Sie Ihre Zahlen kundig zu analysieren verstehen, sind Sie auf dem richtigen Weg, ein bedeutender Numerologe zu werden.

In diesem Kapitel werden Sie die allgemeine Bedeutung der Zahlen kennenlernen. Im weiteren Verlauf dieses Buches werden Sie Gelegenheit haben, Ihr Wissen in besonderen Fällen und Deutungen zur Anwendung zu bringen.

Numerologisch sind Sie jemand mit derselben Gesamtnamenszahl nur in allgemeinen Wesensmerkmalen ähnlich

Wenn sich Ihre Gesamtnamenszahl zu 1 reduziert, werden Sie jemand mit derselben Gesamtnamenszahl 1 nur in allgemeinen Wesensmerkmalen ähnlich sein, jedoch nicht in besonderen Einzelheiten. *Wer Sie wirklich sind* wird erst hervortreten, wenn Ihre vollständige individuelle Tabelle hinsichtlich ihrer vielen Aspekte analysiert, bestimmt und zusammengefaßt worden ist. Wenn Sie die allgemeine Bedeutung Ihrer Gesamtnamenszahl lesen und anwenden, werden Sie feststellen, daß sie in allgemeinen Aspekten auf Sie zutrifft.

Die allgemeine Bedeutung der Zahlen

Zahlen sind wie Freunde und Verwandte. Einige befinden sich in Einklang mit Ihnen, während andere im Widerspruch stehen.

Null: Der Vorbote der neun Grundzahlen

Obwohl die Null keine Zahl ist, da sie keine Menge kennzeichnet, ist sie doch der Vorbote der Grundzahlen. Das Symbol 0 bedeutet das Ewige, das Universum und das potentielle Wachstum, aus dem sich alle neun Grundzahlen entwickeln. Symbole werden in exakten Wissenschaften immer noch weitgehend zur Vermittlung von Ideen verwendet.

Da weder Sie noch irgend jemand anders sich als eine Zahl Null (0) identifizieren kann, habe ich ihre Wesensmerkmale nicht in der allgemeinen Bedeutung der Zahlen ausführlich dargestellt. Sie ist einfach ein Vorbote der neun Grundzahlen.

Wesensmerkmale der Zahl 1

Als Einer sind Sie ein Individualist – unabhängig und entschlossen. Üblicherweise vermögen Sie Ihr Ziel zu erreichen. Sie sind schöpferisch und ein Ansporn, und daher bei allen Handlungen der Erste, denn Sie sind ein Führer und ein Mann der Tat. Sie sind Mr. Idee. Sie sollten Ihre Pläne jedoch für sich behalten, denn Sie arbeiten am besten allein und im Stillen. Sie sollten alle Familienbande lösen und als Pionier in ein neues Gebiet vorstoßen.

Sie haben den Mut und die Intelligenz, das Unbekannte zu erforschen. Da Sie beträchtliches Führungstalent haben, könnten Sie der Direktor oder Chef eines Geschäftes oder Unternehmens sein, oder der Gründer einer Bewegung. Sie lernen mehr durch Erfahrung als die meisten anderen Zahlen, denn Sie nehmen nicht gern Rat an. Sie sind stolz, lehnen Kritik ab und zeigen oft Ihren Zorn, oder haben möglicherweise emotionelle Verstimmungen. Sie neigen dazu, andere zu kommandieren und wollen sich durchsetzen.

Wenn Sie negativ veranlagt sind, sollten Sie sich davor hüten, träge, zynisch oder sogar ein Träumer zu sein, denn diese Züge führen zu Verzögerungen und Unsicherheit.

Sie könnten egozentrisch sein, denn die meisten *Einer* repräsentieren den *Ich zuerst* – Grundsatz. Sie haben oft den Anspruch gehört: »*Ich will der Erste sein,*« und können sicher sein, genau das zu erreichen, denn Sie vermögen gut auf Ihren eigenen Füßen zu stehen.

Sie könnten erfolgreich sein als Erfinder, Ingenieur, Lehrer, Verkäufer, Leiter, Direktor eines Unternehmens, Pionier und auf dem kraftfahrtechnischen oder elektrischen Gebiet.

Wesensmerkmale der Zahl 2

Wenn Sie ein Zweier sind, ist Ihr Wesen dualistisch. Da Sie beide Seiten einer Situation zu sehn vermögen, dienen Sie als Ausgleich zwischen gegensätzlichen Kräften und wären hervorragend als Schiedsrichter oder Friedensstifter geeignet.

Sie sind schüchtern, sensitiv und es mangelt Ihnen oft an Selbstsicherheit. Daher arbeiten Sie lieber im Hintergrund. Als Statistiker könnten Sie Informationen sammeln und auswerten.

Sie haben ein emotionelles Wesen und wenden sich oft der Musik zu. Als Zweier arbeiten Sie besser mit einem Partner zusammen oder in untergeordneter Tätigkeit, als in individueller Stellung.

Sie könnten sich als Diplomat auszeichnen, denn Sie sind taktvoll, freundlich und tolerant.

Ein Zweier ist der Gegensatz des männlichen Einers, denn ein Zweier repräsentiert das weibliche Prinzip der Empfänglichkeit. Sie sind zur Mitarbeit bereit und geduldig. Man könnte Sie eine Parlamentärflagge tragen sehen, denn Sie sind ein Herold des Friedens. Sie sind lieber ein Anhänger.

Sie könnten erfolgreich sein als Statistiker, Buchhalter, Sekretär, Diplomat, Bibliothekar, Musiker, Politiker, Maler oder Friedensstifter.

Wesensmerkmale der Zahl 3

Wenn Sie ein Dreier sind, nehmen Sie das Leben, wie es kommt, lieben Sie Annehmlichkeiten und sind im wesentlichen jugendlich.

Sie haben das Talent, sich in der Rede, im Schreiben und in der Pose gut zum Ausdruck zu bringen. Als Dreier sind Sie schöpferisch begabt, jedoch sagt man Ihnen nicht nach, praktisch zu sein. Sie träumen von großen Unternehmungen, denn Sie denken im großen Maßstab, wollen aber Schönheit in jede Situation bringen. Da Sie einen beweglichen und scharfen Geist haben, lernen Sie leicht. Sie vermögen fast alles zu tun, was Sie auszuführen beschließen. Sie sind mit einer überdurchschnittlichen Imagination begabt, daher könnten Sie sich zur Unterhaltungsbranche hingezogen fühlen. Das kann zu vielen günstigen Gelegenheiten und finanziellem Erfolg führen. Einem Dreier stehen viele Unternehmungszweige offen. Daher sollten Sie darauf achten, Ihre Talente nicht wie ein Octopus in viele Richtungen zu zerstreuen. Sie sollten sich davor hüten, zu gesprächig zu sein und damit gespannte Situationen zu schaffen und sogar Freunde zu verlieren. Sehr wenigen Dreiern sagt man nach, sorgenvoll oder deprimiert zu sein, denn als Dreier erfreuen Sie sich des gesellschaftlichen Lebens. Ausdrucksfähigkeit ist Ihr Grundton.

Es gibt drei Arten von Dreiern. Eine Art ist dem Studium zugeneigt oder mental, eine weitere gesellschaftlich engagiert und eine dritte ist emotionell und ein wenig unbeständig.

Sie könnten erfolgreich sein als Redner, Schriftsteller, Schauspieler, Maler, Musiker, Humorist, Unterhaltungskünstler, Kosmetiker oder als Verkäufer, besonders von Gesundheits- und Schönheitserzeugnissen.

Wesensmerkmale der Zahl 4

Wenn Sie ein Vierer sind, verdienen Sie die Bezeichnung *Das Salz der Erde*, denn Sie sind zuverlässig, praktisch und vertrauenswürdig. Sie werden sicher nicht stolpern, wenn Sie gehen, denn Sie sind mit

Ihren Augen und Füßen unmittelbar auf dem Boden, und nicht in den Wolken. Als Vierer besitzen Sie mehr als Ihren Anteil von gesundem Menschenverstand. Möglicherweise sind Sie kein geistiges Genie, Sie sind jedoch ein gefestigter, solider Bürger, der hart arbeitet, und sowohl in seinen Ansichten wie auch im Umgang mit Finanzen konservativ ist. Wenn Sie mit der Taktik oder Handlungsweise eines anderen nicht einverstanden sind, können Sie so eigensinnig sein wie ein Maulesel, der sich nicht vom Fleck bewegen will.

Als Vierer sind Sie ein hervorragender strenger Vorgesetzter. Sie könnten andere anleiten, Ihre Absichten auszuführen, oder sich selbst ebenso gut disziplinieren, denn Sie fürchten keine schwere Arbeit oder körperliche Anstrengung. Sie gehören in die Öffentlichkeit. Sie werden oft bei der Regierung irgendein öffentliches Amt haben oder sich in der Politik engagieren. Sie sind ordentlich, patriotisch, systematisch und hervorragend in der Erledigung von Routineangelegenheiten. Sie sind nicht von schöpferischer Art, denn es fehlt Ihnen an der notwendigen Imagination.

Sie könnten erfolgreich sein als Bauunternehmer, Farmer, Mechaniker, technischer Zeichner, Beamter, Sekretär, Arbeiter, Fabrikarbeiter oder Vorarbeiter, Buchhalter oder Politiker.

Wesensmerkmale der Zahl 5

Wenn Sie ein Fünfer sind, ersehnen Sie Freiheit und Ausdehnung in allen Dingen. Sie sind vielseitig begabt und wandelbar. Da die 5 die Zahl der Erfahrung ist, lernen Sie, indem Sie neue Ideen fördern, nach denen Sie eine unersättliche Wißbegier haben. Ihr Fortschritt besteht darin, vorwärts- und weiterzugehen, den Mut zu haben, das Alte loszulassen und bereit zu sein, das Unversuchte zu lernen.

Sie sind oft impulsiv, rastlos und schnell im Handeln. Sie lieben das Wagnis und werden sogar in Treibsand treten, denn Sie handeln unüberlegt nach der augenblicklichen Eingebung. Sie verstehen es, Leben in eine Party zu bringen und ein interessantes Gespräch zu führen.

Als Fünfer sind Sie ein Spitzenverkäufer. Sie spekulieren gern, versuchen Ihr Glück mit dem Geld, das Sie gerade besitzen. Möglicherweise engagieren Sie sich in einem Sport und zeichnen sich darin aus. Sie lieben die Gesellschaft des anderen Geschlechts.

Sie könnten ein Reisebüro führen oder Reiseleiter einer Weltreise sein. Sie ertränken sich oft in gesellschaftlichen Aktivitäten.

Es gibt eine ernsthafte Seite Ihres Wesens. Sie sind bereit, alles Neue zu versuchen. Dieser Mut kann sich zu etwas Vorteilhaften für das Gemeinwohl der Öffentlichkeit entwickeln.

Sie könnten erfolgreich sein als Verkäufer, Psychologe, Forscher, Schriftsteller, Detektiv, Reisender, Schadenssachverständiger bei einer Versicherung oder als Börsenmakler.

Wesensmerkmale der Zahl 6

Wenn Sie ein Sechser sind, ersehnen Sie Liebe, Freunde und Gesellschaft. Sie sind in dem Maße aufopfernd für Ihre Familie, daß sie oft von Ihrer Liebe und Beschützung fast erdrückt wird.

In der Gemeinschaft zu dienen macht Ihnen große Freude. Sie sind nicht gern allein, sondern lieber in einer Menge.

Obwohl Sie nach Frieden und Harmonie streben, gefällt Ihnen eine scharfe Auseinandersetzung, solange niemand ärgerlich bleibt, wenn die Debatte sich auflöst. Sie haben es gern, wenn ein Haushalt reibungslos und ordentlich läuft. Sie lieben auch schöne Dinge und eine schöne Umgebung. Da Sie in Geldangelegenheiten vorsichtig sind, werden Sie nur dort investieren, wo es narrensicher zu sein scheint.

Die meisten Leute haben Sie gern, denn Sie sind freundlich und tolerant. Manchmal können Sie eigensinnig und streitlustig werden, wenn jemand Ihnen nicht zustimmt. Sie neigen dazu, sich zu sorgen, oft unnötig. Da Sie Annehmlichkeiten lieben, verfallen Sie lieber in Routine, anstatt sich herausreißen und in Bewegung bringen zu lassen.

Da Sie ein gutes Gefühl für Rhythmus haben, fühlen Sie sich oft zu einer Musikkarriere hingezogen und werden entweder singen oder ein Musikinstrument spielen.

Es macht Ihnen auch Freude, Ihr Heim künstlerisch zu dekorieren. Während Sie sich bemühen, andere zu erfreuen, brauchen Sie Lob, und Sie brauchen Ermutigung.

Sie könnten erfolgreich sein als Arzt, Krankenschwester, Musiker, Fürsorger, Familienpflegerin, Innendekorateur, Koch oder Lehrer.

Wesensmerkmale der Zahl 7

Als Siebener sind Sie ein tiefer Denker. Sie werden praktisch aus jeder Quelle Wissen schöpfen. Da Sie intellektuell, wissenschaftlich und gelehrtenhaft sind, werden Sie niemals eine Voraussetzung akzeptieren, wenn Sie nicht die Situation gründlich analysiert haben und zu Ihrer eigenen Schlußfolgerung gekommen sind. Sie haben nicht gern Vorschläge von anderen, hauptsächlich daher, weil Sie sich für eine Autorität auf jedem Gebiet halten. Sie ärgern sich über Ungerechtigkeit, sollten jedoch nie versuchen, mit jemand abzurechnen, denn es würde als Bumerang wirken und Sie mehr verletzen als den anderen, den Sie zu treffen versuchen.

Sie haben eine Abneigung gegen körperliche Arbeit. Sie sind nicht so häuslich wie ein Sechser oder so praktisch wie ein Vierer. Sie haben eine spirituelle und philosophische Neigung. Sie sind religiös und neigen oft zur Metaphysik. Sie wollen Stille haben um zu meditieren und Ihr inneres Leben zu erfahren. Sie sollten lernen, allein zu leben und nicht einsam zu sein. Üblicherweise meiden Sie die Menge, denn Sie könnten Ihr Gleichgewicht verlieren, wenn Sie Lärm und Verwirrung ausgesetzt sind.

Sie glauben, daß Wissen zu suchen nur durch die Aneignung von Verständnis und Weisheit übertroffen wird. Ihr Grundton ist Vollkommenheit und nicht Popularität. Sie könnten kühl und zurückhaltend erscheinen, das ist jedoch, weil Sie mit der Fülle Ihres inneren Lebens zufrieden sind. Sie sind eher ein Idealist als jemand, der sich auf dem Boden der Wirklichkeit befindet.

Als Siebener sollten Sie sich auf Ihre Intuition verlassen und Ihren Ahnungen folgen. Sie vermögen leicht eine Täuschung zu entdecken und einen oberflächlichen Menschen erkennen. Sie lieben die Natur und haben Tiere gern.

Sie könnten erfolgreich sein als Wissenschaftler, Lehrer, Okkultist, Schriftsteller, Gartenbaukünstler, Erfinder, Rechtsanwalt, Analytiker oder religiöser Führer.

Wesensmerkmale der Zahl 8

Wenn Sie ein Achter sind, sollten Sie sich niemals auf Glücksfälle verlassen, denn Sie müssen sich alles schwer erarbeiten. Gerechtigkeit sollte Ihr Grundton sein. Als Achter könnten Sie eingeschränkt zu sein scheinen. Das braucht nicht an dem zu sein, wenn Sie gelernt haben, sich zu disziplinieren. Sie können hervorragenden Erfolg haben, wenn Sie vorsichtig und konservativ vorgehen und sich auf Ihr eigenes Urteil verlassen, denn als Achter sind Sie mental und sollten eine gute Ausgeglichenheit besitzen. Wenn Sie nach der goldenen Regel leben, können Sie eine Stellung der Autorität gewinnen.

Das Symbol der Zahl 8 ähnelt dem doppelten Kreis (8). Sie ist die Zahl der Waage und bedeute Balance und Organisation. Sie ist physisch oder materiell in ihrem Aspekt, sehr ähnlich der Zahl 4, vermag jedoch größere Höhen zu erreichen. Das Interesse liegt mehr im finanziellen Erfolg als in spiritueller Erleuchtung, denn die Zahl 8 ist eine Geschäftsschwingung. Immer nur ein Fuß nach dem anderen, sollte Ihr Losungswort sein, denn dieser Grundsatz wird Sie zu Erweiterung und schließlicher Manifestierung führen.

Sie könnten erfolgreich sein im Geschäft auf weiter Ebene, zum Beispiel als Präsident oder Direktor einer großen Gesellschaft. Weitere Zweige stehen Ihnen offen als tüchtiger Fachmann, Industrieller oder leitender Angestellter. Sie könnten sich auch zu Wirtschaftsrecht, Bankwesen, Schauspielkunst oder Produktion hingezogen fühlen.

Staatsdienst, öffentliche Ämter und Politik sind weitere Zweige, denen Sie sich widmen können. Wenn Sie eine literarische Karriere wählen, ist es üblicherweise eher die eines Herausgebers, Verlegers oder Kritikers als die eines Autors, obwohl Sie einen Ratgeber über irgendeinen geschäftlichen Aspekt schreiben könnten.

Wesensmerkmale der Zahl 9

Wenn Sie ein Neuner sind, werden Sie vom Symbol der Liebe beherrscht, das sowohl die höchste Form von universaler Liebe wie auch von Nächstenliebe repräsentiert. Sie sehnen sich nach persönlicher Liebe, das sollte jedoch nicht Ihr Ziel sein, denn es könnte sich als Enttäuschung erweisen. Sie sind der große Bruder der Menschheit. Da Sie selbstlos sind, geben Sie sogar in unkluger Weise, wenn Ihre Emotionen angesprochen werden, denn Ihr Motto sollte sein: „Wirke für andere." Sie sind mitfühlend, großherzig und idealistisch und vermögen leicht die Nöte und Schwierigkeiten anderer in solchem Maße zu fühlen, daß Sie sehr leiden, wenn jemand schlecht behandelt wird oder sich in Not befindet.

Wenn Ihr Name viele Neuner enthält, sind Sie ausgerüstet, es mit allen Bedingungen und Umständen auf dieser Welt aufzunehmen.

Die Zahlen 1 und 9 sind die gegensätzlichen Enden des numerologischem Totempfahles. Die Zahl 1 bedeutet Individualität, indes die Zahl 9 das Symbol für Universalität ist.

Sie könnten viel Kummer erfahren, sogar den Verlust von Freunden, Geld und gesellschaftlicher Stellung, wenn Sie nicht gelernt haben, unpersönlich zu leben.

Sie könnten erfolgreich sein als Arzt, Krankenschwester, Humanitarier, Rechtsanwalt, Schriftsteller, Tänzer oder im Gemeinschaftsdienst an der Öffentlichkeit. Sie sind damit vertraut, anderen zu helfen, sowohl finanziell als auch durch Erweisung von Dienst. Als Schauspieler würden Sie tiefes Verständnis haben und Anklang in der breiten Öffentlichkeit finden.

Wesensmerkmale der Meisterzahl 11

Wenn Sie die Meisterzahl 11 haben, sind Sie ein Idealist, ein Träumer und manchmal ein Mystiker. Da Sie sehr viel Vision haben, sollten Sie eine Inspiration für andere sein. Sie vermögen Türen zu öffnen und anderen zu größeren Erfolgen zu verhelfen. Da Sie psychisch sind, sollten Sie Ihren Ahnungen folgen.

Sie gehören auf die Rednerbühne, um Vorträge und Predigten zu halten, denn die Leute hören Ihnen gern zu.

Sie sollten lernen, praktisch zu sein und Ihre Pläne auszuführen. Sonst neigen Sie dazu, in den Wolken zu leben und nichts zu vollenden.

Sie sollten lernen, Verabredungen einzuhalten und pünktlich zu sein.

Im Dienst an der Menschheit sollten Sie zuerst an andere denken, anstatt sich auf Angelegenheiten zu konzentrieren, die nur Ihnen etwas Gutes bringen.

Sie könnten erfolgreich sein als Psychologe, Lehrer, Redner, Schriftsteller, Philosoph, Evangelist, Psychoanalytiker, Missionar, Schauspieler, Erfinder, Forscher, im Rundfunk oder Fernsehen, als Astrologe oder Fürsorger.

Da 11 die höhere Schwingung von 2 ist, schlage ich Ihnen vor, die Beschreibung der Zahl 2 zu lesen, die für Sie ebenfalls zutrifft. Von Ihnen wird jedoch mehr erwartet, da Sie eine Meisterzahl haben.

Wesensmerkmale der Meisterzahl 22

Mit der Meisterzahl 22 sind Sie ein praktischer Idealist. Sie haben nicht nur Weitblick, sondern vermögen die Dinge im großen Maßstab zu sehen und sind imstande, Ihre Pläne auszuführen und Ihr Ziel zu erreichen. Mit der Zahl 22 sind Sie ein Baumeister und bringen Ordnung und System in die Welt. Sie sind ein Internationalist. Ihre Macht und Ihr Einfluß können weitreichend sein.

Sie sollten Projekte zum Nutzen der Menschheit in Angriff nehmen. Sie könnten sich mit Eisenbahnen, Flugzeugen, Wasserstraßen, Friedensbewegungen oder einem internationalen Unternehmen befassen. Sie vermögen erfolgreich mit Gruppen umzugehen.

Von Ihnen wird viel erwartet, denn eine 22 ist die höchste mögliche Zahl. Wenn Sie nicht Ihre Möglichkeiten ausschöpfen, könnten Sie zu einem Leben als Vierer zurückfallen.

Da 22 die höhere Schwingung von 4 ist, schlage ich vor, daß Sie die

Beschreibung der Zahl 4 lesen, die auf Sie auch zutrifft. Ihre Verantwortung ist jedoch weitaus größer als die eines Vierers.

Sie könnten erfolgreich sein als tüchtiger Fachmann, Botschafter, Schriftsteller, Präsident, Einkäufer, Lehrer, Diplomat, Direktor für weltweite Angelegenheiten oder als Organisator von öffentlichen Arbeiten.

Wesensmerkmale der Meisterzahl 33

Die Zahl 33 ist für viele eine zu mächtige und fortgeschrittene Zahl, um sie hier jetzt zu behandeln. Wenn die Zahl 33 als Gesamtnamenszahl oder Geburtsweg eines Menschen ermittelt wird, so ist er spirituell hochentwickelt. Er ist einem Mahatma oder Meister gleich.

Da augenblicklich sehr wenige lebende Menschen diesen hohen spirituellen Stand erreicht haben, werde ich die Zahl 33 in meinen weiteren Berechnungen als Meisterzahl auslassen.

Zusammenfassung der allgemeinen Bedeutung und der Wesensmerkmale der Zahlen in einem Namen

Zahl
0 = das Potential aller Zahlen. Sie kann *alles* oder *nichts* sein.
1 = Erfinder, Pionier, Produzent, Leiter, Gründer, Individualist.
2 = Friedensstifter, Diplomat, Musiker, Statistiker, Sekretär, Bibliothekar.
3 = Künstler, Redner, Schriftsteller, Unterhaltungskünstler, Humorist.
4 = Bauunternehmer, Farmer, Beamter, Politiker, Mechaniker, Sekretär.
5 = Reisender, Verkäufer, Detektiv, Psychologe, Spekulant, Schriftsteller.
6 = Lehrer, Elternteil, Angestellter im öffentlichen Dienst, Arzt, Krankenschwester, Dekorateur, Koch.

7 = Denker, Philosoph, psychische Fähigkeiten, Perfektionist, Schriftsteller, Lehrer.

8 = Analytiker, Chef eines großen Geschäftsunternehmens, Organisator, Unternehmensgründer, Rechtsanwalt, Bankier, Herausgeber.

9 = Philanthrop, Reisender, Heiler, Humanitarier, Geistlicher, Schauspieler, Arzt.

11 = Idealist, Redner, Religiosität, psychische Fähigkeiten, Schriftsteller, Diplomat.

22 = Internationalist, praktischer Baumeister, Botschafter, Diplomat, Präsident.

33 = Avatar, spiritueller Meister, universaler Führer einer Bewegung

3. Kapitel

Die Analyse Ihres Namens

Ihr Name besteht aus mehreren einzelnen oder verschiedenen Namen. Wenn wir uns daher auf Ihren Namen beziehen, meinen wir tatsächlich Ihren Vor-, Mittel- und Nachnamen. Um der Kürze willen werden wir uns künftig jedoch nur auf Ihren Namen beziehen, wenn wir diese Namen meinen. Jeder einzelne Name hat einen Schwingungsgrad und verändert daher die Aspekte Ihres gesamten Namens. Das erklärt die Tatsache, daß sich Personen mit derselben Gesamtnamenszahl oft sehr in ihren Wesensmerkmalen unterscheiden.

Das Verhältnis der einzelnen Namen innerhalb eines gesamten Namens

Ihr Vorname, oder der Name, mit dem Sie bekannt sind, ist Ihr *aktiver* Name. Das trifft sogar zu, wenn Ihr Name nur aus Initialen besteht, gleich: A. P., oder sogar aus Zahlen, gleich: 483.

Ihr Mittelname, welcher passiv ist, bildet die Verbindung zwischen dem aktiven Vornamen und dem Familien- oder Nachnamen.

Ihr Nach- oder Familienname trägt von den Ahnen stammende, vererbte Züge. Bei häufigerem Gebrauch Ihres Mittelnamens oder Ihres Kosenamens wird das der aktive Name, und ihr Vorname der passive Name. Wie vorher erwähnt, ist der Einfluß im Falle von drei oder vier Mittelnamen wegen der zerstreuten Kräfte gering. Diese Namen werden entweder ganz ausgelassen oder gruppiert insgesamt behandelt. Die Ausnahme dieser Regel ist ein zusammengesetzter Name, wie Betty-Ann, Sue-Ellen oder Margaret-Jane. In dem Falle sind beide Namen gleich wichtig. Denken Sie daran, daß es wesentlich ist, zuerst den Geburtsnamen aufzustellen und die zugrundeliegenden Merkmale zu ermitteln, und anschließend die Varianten und Veränderungen hinzuzufügen.

Durch Numerologie erfahren Sie, wie Sie Ihren Lebenszweck erfüllen können

Ihr gesamter Name sagt aus, was Sie tun sollten, um den Zweck Ihres Lebens zu erfüllen. Er gibt die Richtung an, die einzuschlagen ist. Vater und Sohn haben möglicherweise denselben Namen, sie können jedoch nicht gleich sein, denn ihre Geburtsdaten sind unterschiedlich. Irgendwelche Nachsilben, wie senior, oder der Titel Doktor, werden in der Berechnung ausgelassen. Auf diese Weise läßt man alles fort, was nicht tatsächlich zum Namen gehört. Zwillinge haben denselben Geburtstag, sie unterscheiden sich jedoch aus verschiedenen Gründen:

1. Ihre Namen sind unterschiedlich.
2. Obwohl sie am selben Tag geboren sind, werden Stunde und Minuten etwas unterschiedlich sein, was den Planeten oder Aszendenten beeinflussen könnte.

Zu Ihrer Erleichterung stelle ich nochmals die Tabelle der numerischen Werte für die Buchstaben Ihres Namens auf.

1. A J S
2. B K T
3. C L U
4. D M V
5. E N W
6. F O X
7. G P Y
8. H Q Z
9. I R &

Beispiele als Hilfe zur Deutung Ihres Namens

Bevor Sie Ihren eigenen Namen aufstellen und nach der in Kapitel 2 angegebenen allgemeinen Bedeutung zu deuten versuchen, stelle ich einige Namen als Muster für Sie auf, nach denen Sie sich bei der Analyse Ihres eigenen Namens richten können. Ich schlage vor, daß Sie wieder Ihren Stift und Schmierblock zur Hand nehmen. Durch die Ausarbeitung mit mir zusammen werden sich Ihnen die einzelnen Schritte leichter einprägen.

Patricia Neal, welche vor einigen Jahren die akademische Auszeichnung der besten Schauspielerin gewann, hat eine Gesamtnamenszahl von 10 = 1, die viel stärker ist, als eine einfache (1). Wir wollen uns die Aufstellung ihres Namens anschauen.

$$\begin{array}{ccccccccc}
P & A & T & R & I & C & I & A & \quad N & E & A & L \\
7 & 1 & 2 & 9 & 9 & 3 & 9 & 1 & \quad 5 & 5 & 1 & 3 \\
\end{array}$$

$$\begin{array}{cc}
\underline{41} & \quad \underline{14} \\
5 & \quad 5 \\
\end{array}$$

$$5 + 5 = 10 = (1 + 0) = 1$$

Aus der Tabelle sollten Sie folgendes entnehmen und aufzeichnen: Das P von Patricia = 7; A = 1; T = 2; R = 9; I = 9; C = 3; I = 9; A = 1. Künftig werde ich mich nur auf die Summen der einzelnen Namen beziehen, denn Sie sollten nun imstande sein, einen Namen nach der Tabelle aufzustellen. Die Summe des Vornamens Patricia ist 41, eine zusammengesetzte Zahl, die reduziert 5 ergibt, denn (4 + 1 = 5).

Die Anwendung derselben Methode bei dem Nachnamen Neal ergibt die Summe 14, die durch Addition der Ziffern auf die einstellige Grundzahl 5 reduziert wird. Addieren Sie nun die Zahlen beider Namen, um die Gesamtnamenszahl zu erhalten: (5 + 5) = 10. Die Zahl 10 reduziert sich wiederum zu 1, denn (1 + 0 = 1). Behalten Sie jedoch im Sinn, daß die zu 1 reduzierte Zahl aus der Zahl 10 entstanden ist. Es gibt zwei Ausnahmen von dieser Regel, die Zahlen 11 und 22. Wenn sie als Summe erscheinen, werden sie als Meisterzahlen unverändert beibehalten.

Patricia Neals hat die aus der Zahl 10 gewonnene Gesamtnamenszahl 1. Sie werden wie folgt analysieren oder deuten:

Die Gesamtnamenszahl 1 bedeutet, daß sie eine Individualistin ist (1), die den Mut hatte (1) und die Entschlossenheit (1), eine schwere Krankheit zu überwinden, durch die sie gelähmt und stumm geworden war. Durch Ausdauer (1) und Willenskraft (1) ist sie völlig genesen und tritt wieder im Fernsehen als Schauspielerin auf.

Im vorigen Kapitel erwähnte ich bei der Analyse der Zahl 9, daß jemand mit vielen Neunen in seinem Namen jede Situation meistern wird. Der Name Patricia enthält drei Neunen, die ihr helfen. Lesen Sie nun, was die Zahl 1 in der *allgemeinen Bedeutung der Zahlen* (Seite 26) über sie aussagt.

Bemerkung: Jetzt sollten Sie sich darauf konzentrieren, die Gesamtnamenzahl für sich, Ihre Familienmitglieder und Freunde auszurechnen. Später werden wir jede einzelne Namenszahl analysieren, um zu lernen, wie jeder Name zum Gesamten beiträgt. Jeder Name hat beträchtlichen Einfluß auf die Deutung des gesamten Namens. Versuchen Sie nun, unter Beachtung der folgend aufgeführten Schritte eine Deutung zu schreiben.

Anleitungen und neun Schritte, die zu befolgen sind

1. Stellen Sie den vollständigen Geburtsnamen auf.
2. Entnehmen Sie der Tabelle in Kapitel 1 (Seite 15) die richtigen numerischen Werte der Buchstaben.
3. Setzen Sie jede Zahl direkt unter den entsprechenden Buchstaben.
4. Reduzieren Sie jeden Namen einzeln auf eine einstellige Grundzahl.
5. Lassen Sie die Meisterzahlen 11 und 22 unverändert, wenn sie als Summe erscheinen. Reduzieren Sie diese nicht.
6. Addieren Sie die Zahlen der einzelnen Namen, um die Gesamtnamenszahl zu erhalten.
7. Lesen Sie, was die Tabelle über die Zahl aussagt.
8. Später werden wir die Erklärung der Zahlen jedes einzelnen Namens lesen. Lassen Sie das jetzt aus.
9. Überprüfen Sie alle Schritte, um sicher zu sein, daß Sie nichts vergessen haben.

Ein weiteres Beispiel zur Ausarbeitung

$$
\begin{array}{ccc}
\text{N A T} & \text{K I N G} & \text{C O L E} \\
5\ 1\ 2 & 2\ 9\ 5\ 7 & 3\ 6\ 3\ 5 \\
\hline
8 & 23 & 17 \\
8 \quad + & 5 & 8 = 21 = 3
\end{array}
$$

Der Vorname Nat hat die einstellige Grundzahl 8. Der Mittelname King ergibt die Summe von 23, die sich zu 5 reduziert. Die Summe 17 des Nachnamens Cole wird auf die Zahl 8 reduziert. Die Gesamtnamenszahl ist Nat (8) und King (5) und Cole (8) = 21 = 3.

Mit einer 3 als Gesamtnamenszahl hatte Nat King Cole das Talent, sich gut zum Ausdruck zu bringen (3), und zwar auf dem Unterhaltungsgebiet der Musik (3). Er hatte eine überdurchschnittliche Imagination (3) und war schöpferisch in seinem Stil, was ihm die günstige Gelegenheit brachte, viele Engagements zu erfüllen, die zu finanziellem Erfolg führten (3). Er hatte einen guten Sinn für Humor (3) und erfreute sich des gesellschaftlichen Lebens (3).

Ein weiteres Beispiel zur Deutung:

$$
\begin{array}{ccc}
\text{M A R G A R E T} & \text{C H A S E} & \text{S M I T H} \\
4\ 1\ 9\ 7\ 1\ 9\ 5\ 2 & 3\ 8\ 1\ 1\ 5 & 1\ 4\ 9\ 2\ 8 \\
\hline
38 & 18 & 24 \\
11 \quad + & 9 \quad + & 6 =
\end{array}
$$

Der Vorname Margaret ergibt die Summe von 38, die sich zu 11 reduziert. Der Mittelname Chase hat die Zahl 9. Der Nachname Smith ergibt die Summe von 24, die sich zu 6 reduziert. Die Gesamtnamenszahl errechnet sich aus Margaret (11) und Chase (9) und Smith (6) = (11-15), was sich zu (11 + 6) reduziert. Es liegt eine Gesamtnamenszahl von 8 zugrunde, wegen der Zahl 11 in der Gesamtnamenszahl reduzieren wir jedoch nicht zu 8.

Die Gesamtnamenszahl (11 + 6) von Margaret Chase Smith bedeutet, daß sie in einem öffentlichen Amt (6) in das Scheinwerferlicht der Öffentlichkeit gehört. Als Senatorin der Vereinigten Staaten (11) in

Washington (11) repräsentiert sie den Staat Maine (6). Sie sollte eine Inspiration sein (11) für andere Frauen, in ihre Fußstapfen zu treten und nach einem so hohem Amt des Dienstes an ihrer Gesellschaft zu streben (6). Als Rednerin (11) über verschiedenartige Anliegen steht sie auf der Rednerbühne (11). Sie ist diplomatisch (11) im Umgang mit ihren Wählern.

Stellen Sie nun Ihren eigenen Namen auf und versuchen Sie, eine Deutung Ihrer Gesamtnamenszahl zu schreiben. Sichern Sie, die aufgeführten Schritte zu befolgen. Ich bin sicher, Sie haben etwas über sich selbst gelernt, das Sie vor Ihrer Analyse in Numerologie nicht gewußt haben.

Wie man die Aspekte jeder Zahl bestimmt

Jede Zahl hat drei Aspekte: 1. den konstruktiven, 2. den negativen und 3. den destruktiven Aspekt.

Es gibt ein altes Sprichwort mit dem Sinn: *Wir errechnen Ihren Kurs, Sie wählen jedoch Ihre Aspekte.* Das bedeutet, Sie haben zwar bestimmte Zahlen, Sie entscheiden jedoch über deren Disposition oder ob Sie konstruktiv, negativ oder destruktiv leben, denn die tatsächliche Handlung oder Auswahl der Ergebnisse hängt von Ihnen ab.

Einige Numerologen bezeichnen konstruktive Aspekte einfach als *positiv*. Das kann unklar sein. Jemand könnte auf *destruktive* Weise positiv sein. Daher ist es besser, den Ausdruck *positiv konstruktiv* oder einfach *konstruktiv* zu verwenden. Glücklicherweise bemühen sich die meisten aufrichtig, konstruktiv zu leben. Möglicherweise geraten Sie vorübergehend in eine negative Einstellung, kritisch oder träge zu sein, wenn Sie jedoch diese Neigungen zügeln, werden Sie von ihnen nicht zu dauernder Destruktivität hinuntergezogen. Die konstruktive Schwingung wird viel Frieden des Geistes, Gesundheit und Glück erzeugen.

Was ist ein konstruktiver Geist?

Ein konstruktiver Mensch ist mehr bemüht, ein Führer oder Pionier als ein Anhänger zu sein. Er versucht, aufzubauen und nicht niederzureißen. Er bemüht sich, durch seine eigene Willenskraft erfolgreich zu sein.

Was ist ein negativer Geist?

Ein negativer Mensch befindet sich mitten auf einer Wippe. Es könnte mit ihm entweder hinauf- oder hinuntergehen. Er folgt immer der Menge und trägt nicht konstruktiv etwas zum Leben bei. Es fehlt ihm der Mut, sich zum Ausdruck zu bringen.

Was ist ein destruktiver Geist?

Wer destruktiv ist, sieht niemals die gute Seite von irgend etwas. Er ist unangenehm, bedrückend, entkräftend und pessimistisch.

Die konstruktiven Aspekte der Zahlen

Zahl:
1 Aktivität, bahnbrechend, Unabhängigkeit, Erfindung, Kraft Ehrgeiz.
2 Diplomatie, Zusammenarbeit, Detailarbeit, Harmonie, Dienst, Rhythmus.
3 Optimismus, Humor, Freude, Geselligkeit, Ausdruck der Persönlichkeit, Enthusiasmus.
4 Ehrlichkeit, Geduld, Sparsamkeit, praktisches Wesen, Organisation, Loyalität.
5 Freiheit, Veränderung, Reisen, Wagnis, Fortschritt, Vielseitigkeit.

6 Verantwortung, musikalisches Talent, Häuslichkeit, Dienst.
7 Stille, Weisheit, Forschung, Studium, Innenschau, Spiritualität.
8 Autorität, Führerschaft, Management, leitende Fähigkeiten.
9 Sympathie, Wohltätigkeit, universale Liebe, künstlerisches Talent, Dienst.
11 Intuition, Inspiration, Erfindung, Enthüllung, Idealismus.
22 Praktischer Idealist, Macht, Internationalität, Baumeister.

Die negativen Aspekte der Zahlen

Zahl:
1 Trägheit, Furcht, Unstetigkeit, Selbstsucht, Hartnäckigkeit, Prahlerei.
2 Nachlässigkeit, Schüchternheit, Taktlosigkeit, Überempfindlichkeit, Unschlüssigkeit.
3 Klatsch, Pessimismus, Zügellosigkeit, Unterdrückung, falscher Stolz.
4 Engstirnigkeit, Starrheit, Härte, Beschränkung.
5 Unbesonnenheit, Verzögerung, Verantwortungslosigkeit, Unbeständigkeit.
6 Angst, Sorge, Selbstgefälligkeit, Streitlust, Aufdringlichkeit.
7 Sarkasmus, Melancholie, Kälte, Nervosität, Erniedrigung.
8 Intoleranz, Ungeduld, Gezwungenheit, Intrige, Rücksichtslosigkeit.
9 Emotionalität, Selbstsucht, Indiskretion, Zerstreuung.
11 Unbeholfenheit, Fanatismus, Ziellosigkeit, Mangel an Verständnis.
22 Minderwertigkeitskomplex, Gleichgültigkeit, Tadel, Kleingeistigkeit.

Die destruktiven Aspekte der Zahlen

Zahl:

1 Widerstreit, Tyrannei, Fanatismus, Herrschsucht, Brutalität.

2 Grausamkeit, Feigheit, Zorn, Betrug, Leidenschaft.

3 Intoleranz, Eifersucht, Heuchelei, Falschheit, Geiz.

4 Haß, Gewöhnlichkeit, Gewalt, Grausamkeit, Eifersucht, Widerstreit.

5 Sinnlichkeit, Perversion, Bosheit, Ausschweifung, Rauschgiftsucht, Trinksucht.

6 Schinderei, Zynismus, Eifersucht, Eitelkeit, häusliche Tyrannei.

7 Unehrlichkeit, Unterdrückung, Untreue, Bosheit.

8 Unterdrückung, Rache, Ungerechtigkeit, Trinksucht, Ungebildetheit.

9 Unsittlichkeit, Bitterkeit, Falschheit, Laster, Zerstreuung, Verdrießlichkeit.

11 Unehrlichkeit, Geiz, Schlechtigkeit, Entartung, Verderb.

22 Schlechtigkeit, schwarze Magie, Rücksichtslosigkeit, Unbrauchbarkeit, Unfähigkeit.

Bemerkung: Wenn Sie einen Namen ausrechnen, vereinfacht es die Sache, wenn Sie Ihre Deutung des Namnes auf seine konstruktiven Aspekte beschränken, da die meisten Menschen eine aufrichtige Bemühung vornehmen, auf eine positive, konstruktive Weise zu leben. Wenn Sie jedoch feststellen, daß die Zahlen nicht zu stimmen scheinen, dann könnte es sinnvoll sein, ihre negativen und destruktiven Aspekte anzuschauen. Ein Verbrecher oder Aufrührer könnte negative oder destruktive Neigungen zeigen.

4. Kapitel

Wie Sie Ihre geheimen Wünsche oder Ziele erkennen

Ihr Herzenswunsch, die Sehnsucht Ihrer Seele oder Ihre Idealität ist das, was Sie im Leben wirklich am meisten wünschen. Es ist Ihr geheimer Wunsch, Ihr Ideal oder Ziel und die Art, in der sich Ihre Seele um des vollkommenen Erfolges willen zum Ausdruck bringen will. Sie können dies als Ihre wichtigste Führung herausfinden, indem Sie die Vokale Ihres vollständigen Geburtsnamens addieren und auf eine einstellige Grundzahl reduzieren.

Bemerkung: Numerologen unterscheiden sich möglicherweise darin, wie sie Ihr inneres Selbst nennen. Einige könnten es den Wunsch Ihres Herzens nennen, andere die Sehnsucht Ihrer Seele und noch andere Ihre geheimen Wünsche. Ungeachtet der Bezeichnung ist die Deutung oder Interpretierung jedoch gleich. Ich habe daher die unterschiedlichen Bezeichnungen abwechselnd angewendet, so daß Ihnen jeder Ausdruck, den Sie finden könnten, vertraut sein wird. Kurz gesagt, Ihre Vokale sagen aus, was Ihr Wunsch ist zu sein, zu tun oder zu haben.

Erläuterung der Vokale

Die Vokale sind: A, E, I, O, U und manchmal Y. Das Y ist ein Vokal, wenn kein anderes Vokal in der Silbe ist. Beispiel: In dem Namen Wynn ist das Y ein Vokal.

Wie Sie das Geheimnis Ihrer Vokale erkennen

Vokale sind das Rückgrat der deutschen Sprache. Ohne Vokale kann man kein Wort aussprechen, denn jede Silbe hat mindestens einen Vokal. Sie sagen aus, was Ihr Wunsch ist und auf welche Weise Sie die Dinge sehen. Die Vokale schildern Ihr inneres Selbst, oder wie Sie tief im Inneren sind – nicht wie Sie erscheinen, wenn Sie sich der breiten Öffentlichkeit zuwenden – denn niemand vermag in Ihr Inneres zu schauen um zu wissen, wie Sie denken oder fühlen. Die Vokale zeigen Ihre innere Stärke.

Wie Ihre Vokale Geheimnisse über Sie selbst enthüllen

Numerologie kann Geheimnisse enthüllen, indem sie zeigt, was die Sehnsucht Ihrer oder eines anderen Seele ist, wenn Sie den vollen Geburtsnamen kennen. Selbst wenn Sie den Wunsch Ihres Herzens nicht zeigen, können seine Geheimnisse durch die Deutung Ihrer Vokale ermittelt werden.

Warum Sie auf die Sehnsucht oder die Wünsche Ihres Herzens hören sollten

Die Sehnsucht Ihrer Seele weist darauf hin, wie Sie denken, fühlen und handeln. Sie enthüllt sich auf die Weise, in der Ihr inneres Selbst nach Anerkennung strebt. Ihr Wunsch oder Ziel wird sich von dem anderer Familienmitglieder unterscheiden, denn Sie haben unterschiedliche Anschauungen. Sie sind so gut wie andere Menschen der Ansicht, ein Recht auf Ihre eigenen Überzeugungen zu haben.

Die geheimen Wünsche einiger Menschen sind so stark, daß sie alles andere unterordnen, um ihr Ziel zu erreichen. Kein Hindernis ist zu groß, um ihren Erfolg aufzuhalten. Andere Menschen hören nicht darauf, was ihre Seele ihnen sagen will, und so gehen sie mit ihren unerfüllten Wünschen durch das Leben. Sie sollten darauf hören, denn

Numerologie Ihres Herzens enthüllt Ihren wahren Charakter. Alles Wachstum der Seele muß von innen heraus geschehen. Das ist Ihre Weise oder Ihr Motiv der Ausführung bestimmter Dinge.

Beispiele der Aufstellung der Vokale

Nun wollen wir einen Namen aufstellen, um den Begriff der Vokale zu erläutern. Ich schlage vor, Sie nehmen Ihren Stift und errechnen mit mir den numerologischen Wert der Vokale in der Praxis.

Endwert		6			6 = 3 (6 + 6 = 12 = 3)								
Zwischenergebnis		6			15								
Zahlen der Vokale	5		1	9				5		1			.
Name:	E	L	L	A	F	I	T	Z	G	E	R	A	L D

Die Vokale von Ella sind: E (5) und A (1) = 6. Die Vokale von Fitzgerald sind: I (9) und E (5) und A (1) = 15 = 6. Die Gesamtzahl der Vokale ihres Namens errechnet sich: Ella (6) und Fitzgerald (6) = 12. (1 + 2 = 3).

    1. Schritt: Sehen Sie in der Tabelle (Seite 15) die numerischen Werte der Vokale nach.

    2. Schritt: Setzen Sie die richtige Zahl über jeden Vokal. Errechnen Sie jeden Namen einzeln und dann den gesamten Namen.

    3. Schritt: Lesen Sie die Deutung jedes Namens.

Die Zahl 3 des Herzenswunsches von Ella Fitzgerald bedeutet, daß sie sich als Unterhaltungskünstlerin (3) zum Ausdruck bringen möchte (3). Die Zahl der Vokale in Ella (6) und in Fitzgerald (6) weist darauf hin, daß sie eine Sängerin (6) auf der Bühne ist (6) oder zur Unterhaltung des Familienkreises im Fernsehen (6). Sie liebt Schönheit und Harmonie (6). Sie ist mitfühlend (6) und möchte anderen durch Hebung ihres Lebensstandards helfen (6). Die Zahlen 6 und 3 kennzeichnen die künstlerische Persönlichkeit, die sich durch Musik, Schreiben oder Schauspielkunst zum Ausdruck bringen möchte. Rechnen Sie nun die Zahl Ihres eigenen Herzenswunsches aus, indem

Sie Ihren vollen Geburtsnamen aufstellen. Setzen Sie die richtigen Zahlen über die Vokale jedes Namens. Addieren Sie die Vokale jedes einzelnen Namens und anschließend des gesamten Namens, um die Zahl der Vokale des gesamten Namens zu erhalten. Sehen Sie wegen der Deutung, die von Ihren Zahlen der einzelnen Namen und des gesamten Namens abhängt, in der Tabelle oder dem Schlüssel (Seite 52) nach.

Kürzlich beklagte sich eine Freundin über ihren Mann. Sie sagte: „Mein Mann und ich streiten uns ständig. Ich möchte abends gern Spaß haben, wie zum Tanzen oder zu einer Show zu gehen. Er besteht immer darauf, zu Hause zu bleiben und ein Buch zu lesen oder sich etwas im Fernsehen anzuschauen. Warum könne wir uns nicht einigen, dieselbe Sache zu tun?"

Sie streiten oder widersprechen sich aus dem Grunde, weil die Wünsche ihrer Seelen nicht im Einklang, sondern verschieden sind. Die Zahl ihres Herzenswunsches ist 3; seine Zahl ist 7. Dieser Unterschied in ihren Wünschen verursacht ständig Spannung zwischen ihnen. Die einzige Weise, in der sie nun miteinander auskommen können, ist einen Kompromiß zu schließen, einmal das zu tun, was sie gern möchte, und ein anderes Mal, was er vorzieht. Jemand mit der Gesamtzahl der Vokale 3 liebt Gesellschaft, Parties zu besuchen und eine vergnügte Zeit zu haben. Die Gesamtzahl der Vokale 7 kennzeichnet einen Gelehrten oder Denker, der gern allein ist oder seine Mußestunden ruhig zu Hause verbringen möchte – entweder beim Lesen oder Studium.

Wir wollen ein weiteres Beispiel aufstellen oder analysieren. Ich schlage vor, daß Sie es ausarbeiten, ohne vorher in meine Deutung zu schauen, und erst dann mit mir vergleichen. Entwerfen Sie Ihre Analyse, die sowohl die Bedeutung der Zahlen der einzelnen Namen wie auch der Zahl des gesamten Namens enthält.

Beispiel:
Der volle Geburtsname von Jackie Gleason ist: John Clarence Gleason.

$$6 \quad + \quad 11 \quad + \quad \frac{3}{12} \quad = \quad (11 + 9)$$

6	1 5 5	5 1 6
J O H N	C L A R E N C E	G L E A S O N

$$\frac{6}{15} \quad + \quad \frac{3}{12} \quad = \quad 9$$

1 9 5	5 1 6
J A C K I E	G L E A S O N

Als Komödiant (3) möchte John Clarence Gleason im Scheinwerferlicht stehen (11) und andre unterhalten (3), entweder im Fernsehen (6)
zu Hause (6), oder in der Öffentlichkeit (6). Er hat die Menschen gern
(9) und möchte anderen sowohl finanziell wie auch menschlich helfen
(9) und ihre Last erleichtern, indem er sie zum Lachen bringt.

Die Vokale seines angenommenen Namens Jackie Gleason ergeben
die Zahl 9, das zeigt einen Wunsch, das Wohlergehen anderer über sein
eigenes zu stellen. Er würde lieber auf der Bühne stehen (3) und andere
unterhalten, als irgend etwas anderes zu tun, denn das ist das Interesse
seines ganzen Lebens. Die Zahl der Vokale des gesamten Namens
umfaßt ebenfalls Schauspielkunst oder sich auf irgendeine schöpferische Weise zum Ausdruck zu bringen. Während der ursprüngliche
Name stärker sit als der angenommene, eignet sich letzterer besser für
die Bühne. Der angenommene Name enthält die 3 – 6 – 9 Dreiheit des
schöpferischen Menschen, die den Konkordanzen (Übereinstimmun-
gen) entnommen wurde (Seite 112).

Nun sind Sie bereit, Ihre Schilderung mit meiner zu vergleichen.
Möglicherweise haben Sie sogar eine vollständigere Analyse als meine
Übersicht.

Numerologische Vokal-Tabelle Ihres Herzenswunsches oder der Sehnsucht Ihrer Seele

Wesensmerkmale der Zahl 1

Sie:

Wollen unabhängig sein und Ihre eigenen Tätigkeiten wählen.
Haben den Drang, schöpferisch und originell zu sein.
Haben einen bahnbrechenden Geist, denn Sie lieben zu erforschen.
Haben den Ehrgeiz, gehört zu werden.
Wollen der Chef sein, denn Sie haben Führungsqualitäten.
Begehren Intellektualität.
Neigen dazu, selbstsüchtig, kritisch, eingebildet und arrogant zu sein.
Befassen sich gern mit großen Angelegenheiten und überlassen die Detailarbeit anderen.
Sind ehrlich, loyal und ein Ansporn zur Handlung.
Den Einern fehlt Geduld, Diplomatie und Takt, was sie entwickeln sollten.

Wesensmerkmale der Zahl 2

Sie:

Wünschen Harmonie, Frieden und Wahrheit.
Lieben Musik und die Künste. Sie könnten ein Redner sein, wenn die Zahl 6 vorherrschend ist.
Sind vergeistigt und kultiviert.
Sind sehr sensitiv und emotionell. Ihre Gefühle sind leicht verletzlich.
Schließen sich lieber an als zu führen.
Sind diplomatisch und taktvoll.
Lieben keine Schaustellung sondern ziehen vor, im Hintergrund zu bleiben.

Lieben Freunde und Gesellschaft.
Lieben das andere Geschlecht.
Sind kein strenger Zuchtmeister.
Sind zu leichtlebig und werden daher oft zum Prügelknaben.
Sind nicht ehrgeizig, Kenntnisse zu erwerben.
Haben oft psychische Fähigkeiten.
Zweier sollten sich einem bestimmten Zweck im Leben widmen.

Wesensmerkmale der Zahl 3

Sie:

Wünschen Ausdruck der eigenen Persönlichkeit im Reden, Schreiben oder in der Schauspielkunst.
Lieben Gesellschaft, Parties und Freunde.
Sind sehr ehrgeizig, unabhängig und furchtlos.
Sind ein tiefer Denker und vermögen sich Wissen schnell anzueignen.
Lieben keine Detailarbeit, Plackerei oder Bewegung im alten Geleise.
Sind intiutiv und inspiriert.
Sind künstlerisch und haben ein gutes Gefühl für Farbkombinationen.
Haben eine Neigung, Ihre Talente zu zerstreuen, denn Sie sind sehr vielseitig.
Lieben Kinder und Haustiere.
Haben einen guten Sinn für Humor und verbreiten Freude.
Dreier sollten Toleranz, Geduld und Konzentration entwickeln.
Sie sollten lernen, ihre Talente nicht zu zerstreuen.

Wesensmerkmale der Zahl 4

Sie:

Sind praktisch, analytisch und zuverlässig.
Lieben Loyalität und Ehrlichkeit.

Sind patriotisch.

Sind ein guter Zuchtmeister.

Besitzen Entschlossenheit und Zielstrebigkeit.

Besitzen natürliche mechanische Fertigkeit und arbeiten gut mit Ihren Händen.

Sind hervorragend in Detail- und Routinearbeit.

Haben Ehrgeiz nach materieller Macht.

Sind ziemlich engstirnig in Ihrer Ansicht.

Wünschen Zuneigung, durch Ihre Härte verfehlen Sie jedoch oft, sie zu gewinnen.

Wünschen Ordnung, denn Sie sind methodisch und logisch.

Brauchen überzeugende Beweise.

Vierer benötigen die Entwicklung der Veränderung und sollten bereit sein, das Neue zu akzeptieren, während sie das Alte aufgeben.

Wesensmerkmale der Zahl 5

Sie:

Lieben Veränderung, Wagnis, Reisen und neue Interessen.

Sind vielseitig und magnetisch.

Werden vom anderen Geschlecht angezogen und sind bei ihm beliebt.

Sind rastlos, nervös und wollen Freiheit.

Haben einen scharfen Geist und sind ein guter Gesellschafter.

Haben philosophische Neigungen und sind erforschend und fördernd.

Sind im Grunde Ihres Herzens ein Abenteurer.

Lieben keine Routine und Detailarbeit.

Lehnen es ab, sich konventionellen Gewohnheiten anzupassen.

Fünfer sollten sich vor der Neigung hüten, zu spielen und zu trinken. Sie sollten Konzentration entwickeln, die ihnen fehlt.

Wesensmerkmale der Zahl 6

Sie:

Lieben Heim und Familie.

Wollen kosmischer Lehrer, Erzieher, Fürsorger oder Krankenschwester sein.

Geben gern anderen Rat.

Wünschen und brauchen häusliche Umgebung.

Arbeiten lieber zusammen mit anderen, als allein.

Sind verantwortungsvoll und haben häusliche Neigungen.

Lieben die Künste, Harmonie und Schönheit.

Wollen den Lebensstandard heben.

Neigen dazu, emotionell zu sein.

Sind mitfühlend, wollen anderen helfen, haben jedoch gern Anerkennung.

Sollten eine schöne Stimme haben, entweder zum Sprechen oder Singen.

Sechser sollten sich hüten, streitlustig, eigensinnig zu sein oder andere zu belästigen.

Wesensmerkmale der Zahl 7

Sie:

Suchen Wissen und Weisheit mehr als alle anderen Dinge.

Wünschen Vollkommenheit.

Sind nach innen gekehrt, gelehrtenhaft und theoretisch.

Wünschen sich Gelegenheit und Ruhe zur Meditation.

Sind intuitiv, inspiriert und manchmal zurückgezogen.

Lieben die Natur, besonders Pflanzen und Tiere.

Lieben die Mysterien und versuchen, spirituelle Gesetze zu verstehen.

Mögen keinen Lärm und keine Verwirrung.

Mögen keine körperliche Arbeit und Detailarbeit.

Sind nicht populär in der Gesellschaft, da Sie selten verstanden werden.

Sind intellektuell, wissenschaftlich, philosophisch und spirituell.

Siebener sollten lernen, allein zu leben und nicht einsam zu sein.

Wesensmerkmale der Zahl 8

Sie:

Wollen der Chef eines großen Geschäftsunternehmens oder ein Führer sein.

Wollen leiten und anweisen, nicht befolgen.

Sind intellektuell, analytisch, gut ausgeglichen und tüchtig.

Haben ein gutes Urteilsvermögen und ein gutes Werturteil.

Haben Takt, Weitblick und Imagination für guten geschäftlichen Erfolg.

Wünschen Geld und materielle Macht.

Sind an Erweiterung im großen Maßstab interessiert.

Haben Stärke, Mut und Macht.

Achter sollten Organisation und Zusammenarbeit lernen. Ihnen fehlt manchmal die Willenskraft, nach vorn zu drängen.

Wesensmerkmale der Zahl 9

Sie:

Wollen ein Humanitarier und Philanthrop sein.

Würden gern der große Bruder der Menschheit sein.

Sind großzügig und freundlich.

Sind künstlerisch und wollen Ihr Wissen mit der Menschheit teilen.

Lieben Reisen und weitreichende Kontakte.

Fühlen sich zu jedem hingezogen und finden Beliebtheit; sie sehen das Gute in allen.

Möchten ein Heiler sein.

Geben freizügig ohne irgendeinen Lohn zu erwarten.

Lieben Musik, die Künste und Schauspiele.
Ihre Haupteigenschaft ist Universialität und selbstlose Liebe.
Neuner sollten Selbstlosigkeit und den Dienst zum Nutzen aller lernen.

Wesensmerkmale der Meisterzahl 11

Sie:

Sind intuitiv und möchten eine Inspiration für alle sein.
Haben psychische Fähigkeiten und könnten ein Seher sein.
Sind religiös und spirituell. Sie sollten Ihren Ahnungen folgen.
Möchten gern erfinderisch sein.
Sind ein Universalist und vergessen die Nöte des Einzelnen.
Möchten ein Führer sein.
Sollten lernen, mit der Öffentlichkeit zu verkehren und Wissen für alle zu verkünden.
Menschen mit der Zahl 11 haben die unter der Zahl 2 aufgeführten Eigenschaften, jedoch in größerem Ausmaß.

Wesensmerkmale der Meisterzahl 22

Sie:

Wollen ein Baumeister auf der materiellen Ebene sein.
Sind praktisch und theoretisch.
Sind ein guter Diplomat und würden sich gut im Staatsdienst bewähren.
Haben hohe Ideale und Bestrebungen und vermögen alles zu meistern.
Sind mit den Füßen fest auf dem Boden.
Haben Weitblick, sind philosophisch, jedoch ebenfalls logisch.
Menschen mit der Zahl 22 haben die Eigenschaften der Zahl 4, sie sind jedoch dominierender und besitzen höhere Ideale.

5. Kapitel

Analyse Ihrer Persönlichkeit, wie sie in den Konsonanten Ihres Namens verschlüsselt ist

Ihre Persönlichkeit ist Ihr äußeres Selbst, oder der Eindruck, den Sie auf andere machen. Die Leute beurteilen Sie nach Ihrer äußeren Erscheinung, nämlich, der Gepflegtheit Ihrer Haare, Nägel und Kleidung – nach Ihren Haltungen – Ihren Handlungen – und Ihrer Stimme. Ihre Persönlichkeit sollte die Avenue sein, durch die sich Ihr Charakter, Ihre Talente und Ihr wahres Selbst zum Ausdruck bringen. Leider ist dies nicht immer der Fall, denn häufig dient sie als Tarnung für Ihr inneres Selbst, das möglicherweise schwach ist und es sogar an Aufrichtigkeit fehlen läßt. Eine ehrliche und ausgeglichene Persönlichkeit bedeutet soviel Kredit für einen Menschen wie ein riesiges Bankkonto, denn sie ist ein Mittel zum Erfolg und zur Vollendung.

Die Bedeutung der Konsonanten in Ihrem Namen

Die Gesamtzahl aller Konsonanten Ihres vollen Geburtsnamens ist die Zahl Ihrer *Persönlichkeit* oder Ihrer *äußeren Erscheinung*. Konsonanten sind die Buchstaben, die verbleiben, wenn man A, E, I, O, U und manchmal Y entfernt. Behalten Sie im Sinn, daß Ihre Persönlichkeit das ist, wofür andere Sie aufgrund Ihres Eindruckes auf sie halten.

Wie Sie Ihre Persönlichkeit ändern können

Ihre Persönlichkeit setzt sich aus vielen Dingen zusammen, ebenso wie zu einem Kuchen viele Zutaten gehören. Glücklicherweise können Sie Ihre Persönlichkeit ändern, wenn Sie mit sich nicht zufrieden sind, denn sie ist der Schauspieler, der für das Publikum spielt. Sie können Ihre Persönlichkeit ändern oder verbessern, indem Sie Ihre Haltung, Handlungen, Gedanken, Worte und Erscheinung ändern. In der Beurteilung anderer sollten Sie, da Persönlichkeiten täuschen können, auch das innere Selbst oder die Sehnsucht der Seele betrachten, bevor Sie zu einem Schluß über sie kommen.

Der Fall von Mary A

Als Mary A mich besuchte, schien Sie ganz verwirrt über die Haltung und Handlungen ihres Ehemannes Bill zu sein. Sie sagte, als er um sie warb, hatte er eine bezaubernde Persönlichkeit. Das zog jeden an, einschließlich sie selbst. Er lächelte immer und machte ihr Komplimente über ihr Aussehen. Ihm schien alles zu gefallen, was sie tat oder sagte. Nun, da sie verheiratet sind, ist er weiterhin höflich zu ihr. Er hat alle bewundernswerten Züge, die er vorher hatte, aber sie fügte hinzu: „Das ist auch schon fast alles, was man über ihn sagen könnte. Wir haben nichts Gemeinsames. Er verbringt seine ganze Freizeit, indem er Kreuzworträtsel löst oder Comics liest. Schalte ich im Fernsehen ein ernsthaftes Programm an, wie Nachrichten oder ein Schauspiel, so springt er rasch von seinem Sitz auf und fragt, ob es mir recht sei, einen anderen Sender mit einer Varieté-Darbietung anzustellen. Man kann ihn niemals zu einem ernsthaften Gespräch festnageln. Warum hat er sich so sehr verändert?"

Als ich schnell seine Tabelle aufstellte und seine kennzeichnenden Punkte überflog, stellte ich fest, daß die Zahl 11 seiner Persönlichkeit viel höher war als die Zahl 5 seines Herzenswunsches. Er hatte sich nicht seit ihrer Ehe verändert. Sie war vor ihrer Ehe so sehr fasziniert von dem guten Eindruck, den er mit seiner der Zahl 11 entsprechenden

Persönlichkeit machte, daß sie versäumte zu erkennen, daß er nicht nach dem zu leben vermochte, was er zu sein vorgab, *denn es fehlte ihm an einem starken Herzenswunsch.* Wenn der Herzenswunsch eines Menschen ebenso stark, oder sogar stärker ist als seine Persönlichkeit, lohnt sich seine Förderung, denn er wird alles sein, was er zu sein scheint, und möglicherweise sogar mehr. Wenn die Persönlichkeit eines Menschen stärker ist als die Sehnsucht seiner Seele, wie eine *Zahl der Persönlichkeit 11* und eine *Zahl des Herzenswunsches 5,* so fühlt man sich möglicherweise von ihm angezogen, schließlich könnte er sich jedoch als große Enttäuschung herausstellen. Er könnte auf die Dauer die Grundlage der Bekanntschaft trüben, oder nicht das halten, was man sich von ihm verspricht, und es würde kein größeres Interesse an einer weiteren Verbindung mit ihm bestehen.

Aufstellung eines Namens mit Konsonanten

Ich werde nun einen Namen zur Erläuterung der Anwendung der Konsonanten aufstellen.

1. Schritt: Stellen Sie in der Tabelle (Seite 15) die numerischen Werte jedes Konsonanten fest.
2. Schritt: Setzen Sie die richtige Zahl unter jeden Konsonanten.
3. Schritt: Addieren Sie die Konsonanten jedes einzelnen Namens gesondert und reduzieren Sie die Summe auf eine einstellige Grundzahl.
4. Schritt: Addieren Sie die Zahlen aller Namen, um eine Zahl der Konsonanten des gesamten Namens zu erhalten.
5. Schritt: Lesen Sie die Deutung in der Tabelle (Seite 63).

Eine Analyse von Herrn Colry (ein Fall zur Erläuterung)

J A M E S   A L L E N   C O L R Y

$$\frac{1 \quad 4 \quad 1}{6} + \frac{3 \quad 3 \quad 5}{11} \quad \frac{3 \quad 3 \quad 9}{\underset{6 \ = \ 23 \ =5}{15}} = (11 + 3) \text{ Persönlichkeit}$$

Die Konsonanten von James sind: J = 1; M = 4; S = 1, die Summe ergibt 6. Die Konsonanten von Allen sind: L = 3; L = 3; N = 5, die Summe ergibt 11. Die Konsonanten von Colry sind: C = 3; L = 3; R = 9, die Summe ergibt 15 = 1 + 5 = 6. Die Gesamtzahl der Konsonanten = (11 + 6 + 6) oder 11 + 3, denn 6 + 6 = 12 = 3. Reduziert ergibt sich die einstellige Grundzahl 5, welche die Persönlichkeit darstellt, sie ist jedoch aus (11 + 3) entstanden und daher viel stärker, als eine einfache Zahl 5. Die als Summe erscheinende Meisterzahl 11 reduzieren wir nicht, sondern weisen sie als Zwischensumme aus, um zu zeigen, was der Zahl 5 zugrundeliegt.

Um festzustellen, wie James Allen Colry anderen erscheint, schauen Sie unter der Zahl 5 in der Tabelle der Persönlichkeit nach. Um Ihnen zu helfen, werde ich die Punkte ausziffern.

James Allen Colry besitzt eine sprühender Persönlichkeit (11–3). Er ist bei beiden Geschlechtern beliebt (5). Er versteht es, sich gut zum Ausdruck zu bringen (3), in einer strahlenden Weise (11), die sein Publikum bezaubert (6) und ihn auf die Bühne (11) oder ins Scheinwerferlicht bringt. Er wird gut gekleidet sein und eine jugendliche Erscheinung besitzen. Er sollte ein gewandter Unterhalter sein (6).

Nehmen Sie nun Ihren Stift und Block, um einen weiteren Namen aufzustellen. Nachdem Sie den Namen von Alexander Graham Bell, dem Erfinder des Telephons, errechnet haben, sehen Sie nach, ob Sie mit meiner Ausarbeitung übereinstimmen.

```
A L E X A N D E R     G R A H A M     B E L L
 3  6  5 4  9        7 9  8  4       2  3 3
      27                28             8
       9                10                  8
                         1
       9         +       1        +    8 = 18 = 9
```

L Alexander Bell hat die Persönlichkeitszahl 9. Sie setzte sich zusammen aus den Zahlen der Namen Alexander (9), plus Graham (1), plus Bell (8). Die Zahl seiner Vokale ist 10, somit ist er all das, was er zu sein scheint. Die Analyse seiner Persönlichkeit zeigt einen Wunsch, originell zu sein und eine bahnbrechende Sache (1) selbständig auszuführen, um anderen zu helfen (9). Die Zahl 9 seiner Persönlichkeit ist nicht größer als die Zahl 10 seines Herzenswunsches. Daraus ist ersichtlich, daß er gemäß seiner äußeren Erscheinung, oder seines Eindruckes auf andere, zu leben vermag. Andere beurteilen ihn als einen Menschen, der an einer Art Geschäftszweig (8) interessiert ist, der auf originelle (1) Weise anderen nützen (9) wird. Er lebte den Erwartungen gemäß, die man an ihn stellte, denn sein Dienst für andere mit der Erfindung des drahtlosen Telephons war ein großer Fortschritt für die Menschheit.

Stellen Sie nun Ihre eigene Tabelle auf, um die Zahl Ihrer Persönlichkeit zu ermitteln. Schreiben Sie eine Deutung Ihrer eigenen Persönlichkeit, indem Sie nicht nur die Gesamtzahl analysieren, sondern auch die Zahlen Ihrer einzelnen Namen, die Sie dann in einer Gesamtdeutung verbinden.

Tabelle der Konsonanten-Zahlen der Persönlichkeit

Wesensmerkmale der Zahl 1

Sie:

    Werden anderen dominierend, mächtig und schöpferisch erscheinen.
    Sollten besondere Kleidung tragen, die ungewöhnlich ist, wie Streifen oder Schottenkaro.
    Sollten würdig, jedoch korrekt in Stil und Detail erscheinen.
    Sollten klare, helle Farben tragen und in der Ausstattung Ihres Hauses verwenden.
    Sollten bestrebt sein, Übergewicht zu vermeiden.

Wesensmerkmale der Zahl 2

Sie:

    Sollten immer adrett und gepflegt sein.
    Haben eine angenehme, liebenswürdige Art.

Sind friedlich, ruhig und diplomatisch.
Sollten ein Flair für das Tragen von Kleidung entwickeln.
Sollten weiche, fließende Stoffe tragen und grelle Farben vermeiden.
Sollten vermeiden, farblos und zu schlicht zu erscheinen.
Sollten neutrale Farben tragen, denn sie stehen Ihnen.
Sind beliebt, bescheiden und versuchen, zur Zusammenarbeit beizutragen.

Wesensmerkmale der Zahl 3

Sie:

Sollten attraktive Kleidung tragen und sehr modisch sein.
Sind freundlich und gesellig.
Sollten zu Ihrer Kleidung den modischen Zubehör von Rüschen, Bändern oder Schleifen tragen.
Sollten darauf achten, nicht zu extreme Mode zu tragen, und sich nicht übertrieben zu kleiden.
Sollten besonderen Schmuck tragen, denn Sie haben ein Flair für das Ungewöhnliche.
Sollten sich der Schönheit und des Komforts erfreuen.
Sehen gut aus in fast jedem Stil und jeder Farbe.

Wesensmerkmale der Zahl 4

Sie:

Sehen gut aus in maßgeschneiderter Kleidung mit streng fließenden Linien.
Sind korrekt und schlicht, jedoch interessant.
Sind praktisch, konservativ, zuverlässig und ordentlich.
Haben möglicherweise breite Schultern und eine Neigung zur Gedrungenheit.

Wesensmerkmale der Zahl 5

Sie:

> Sind führend in der Mode. Sie sind vielseitig und upto-date.
> Verfallen oft in Extreme, wie Pelz im Juli zu tragen.
> Sollten vermeiden, auffällig zu sein.
> Sind stets jugendlich in Ihrer Erscheinung.
> Lieben das andere Geschlecht und sind bei ihm beliebt.
> Haben Sinn für Humor und sind ein hervorragender Unterhalter.

Wesensmerkmale der Zahl 6

Sie:

> Sind adrett, attraktiv und charmant.
> Sind der mütterliche Typ in der Erscheinung. Sie sollten gut gekleidet sein.
> Sind nicht so modisch wie ein Dreier oder Fünfer.
> Fühlen sich gern bequem. Daher wählen Sie oft lockere und leicht zu tragende Kleidung.
> Sind mitfühlend. Andere fühlen sich um Rat und Trostes willen zu Ihnen hingezogen.
> Sind an Heim und Familie interessiert.
> Sollten Übergewicht vermeiden.
> Erzeugen eine Atmosphäre von Harmonie und Verantwortlichkeit.

Wesensmerkmale der Zahl 7

Sie:

> Sind sehr gepflegt und tragen oft teure Stoffe.
> Sind irgendwie zurückhaltend, reserviert und exklusiv.
> Sollten gerade fließende Linien mit Farbakzenten im Schmuck tragen.

Haben eine ausgeprägte, perfekte Persönlichkeit.
Sollten Pastellfarben tragen.

Wesensmerkmale der Zahl 8

Sie:

Sollten einflußreich und erfolgreich aussehen, auch wenn Sie keinen roten Heller besitzen.
Lieben gute Stoffe, wie Tweed und Schotten.
Bevorzugen maßgeschneiderte oder sportliche Kleidung.
Machen gern einen wohlhabenden Eindruck. Sie mögen keine billigen Dinge.
Sind freundlich, überzeugend und dominierend in Ihrer Art.
Sind sorgfältig in bezug auf Details wie Ihren Schuhen, Krawatten und Taschentüchern.

Wesensmerkmale der Zahl 9

Sie:

Sind großzügig, freundlich und ein guter Kamerad.
Haben eine magnetische Persönlichkeit, manchmal fehlt es Ihnen jedoch an Kraft.
Sind ein großer Bruder für alle.
Sind romantisch, charmant und mitfühlend.
Sollten Farben verwenden und tragen, vermeiden Sie Schwarz.
Sollten auf Nachlässigkeit in Ihrer Kleidung achten, denn Sie haben es gern bequem.

Wesensmerkmale der Zahl 11

Sie:

Sind oft ein Träumer und schweben in höheren Regionen.
Sind idealistisch und inspiriert.

Sind individuell in Kleidung und Handlung.
Sind häufig intuitiv und haben eine spirituelle Ader.
Sollten weiche Stoffe von zartem Gewebe tragen.

Wesensmerkmale der Zahl 22

Sie:

Sollten stets kostspielig erscheinende Kleidung mit gerade flie-
ßenden Linien tragen.
Erwecken den Eindruck, auf jedem Gebiet ein Baumeister oder
Experte zu sein.
Sind in allen Tätigkeiten zur Zusammenarbeit bereit und groß-
zügig, um die Öffentlichkeit zu beeindrucken.
Stehen mit den Füßen auf dem Boden und sind sehr praktisch.
Erwecken stets einen wohlhabenden Eindruck, selbst wenn Sie
möglicherweise bankrott sind.

6. Kapitel

Wie Sie Ihre Schicksals- oder Ausdruckszahl ermitteln

Sie sind mit einem bestimmten Lebensziel geboren worden. Ihre Aufgabe kann durch Ihre Schicksals- oder Ausdruckszahl enthüllt werden. Sie sagt aus, was Sie in einer bestimmten Zeit des Lebens tun sollten, um in jeder Lebensphase erfolgreich zu sein.

Die Feststellung Ihrer Schicksalszahl

Ihre Schicksalszahl kann durch Addition aller Buchstaben Ihres vollen Geburtsnamens und Reduzierung auf eine einstellige Grundzahl ermittelt werden. Sie sagt aus, mit welcher Art von Menschen Sie verkehren, Gemeinschaft pflegen und zusammenarbeiten sollten – was Sie anderen in Form von Hilfe und Arbeit zuwenden sollten – und was Ihr Gebiet oder Ihre Quelle der günstigen Gelegenheit zum Erfolg ist.

Es ist nicht immer leicht, die Lebensaufgabe zu erfüllen

Es ist nicht immer eine leichte oder einfache Sache, die Anforderungen Ihrer Schicksalszahl zu erfüllen. Möglicherweise möchten Sie etwas ganz anderes tun als das, was Sie erfahren sollten. Wenn Sie jedoch schließlich eine aufrichtige Bemühung aufbringen, in der Richtung Ihres Schicksals zu streben, stehen Ihnen die Wege offen und Sie werden Erfolg in der Erfüllung Ihrer Aufgabe haben. Ihre Schicksalszahl enthüllt die Ursache Ihres Daseins.

Ein Fall zur Erläuterung, weshalb Numerologie keine Wahrsagerei ist

Kürzlich bekam ich einen Telefonanruf von einem Mädchen, das mir erzählte, daß sie seit zwei Jahren mit einem Mann verlobt ist. Jedesmal, wenn Sie davon sprach, ein Datum für die Hochzeit festzulegen, fand er irgendeine Ausrede, um es zu verschieben. Ihre Frage war: „Wird er jemals entscheiden, daß es die richtige Zeit ist, um zu heiraten, oder wird er das Datum weiterhin aufschieben?" Sie nannte mir beider Geburtsdaten und die vollen Geburtsnamen.

Seine Schicksalszahl ist 7 und die Zahl seines Höhepunktes 9 (Kapitel 11), und ich bezweifele daher, daß er sich jemals entschließen wird, sie oder irgend jemand anders zu heiraten. Die Schicksalszahl 7 kennzeichnet einen Menschen, der sich mit sich selbst am wohlsten fühlt. Er zieht es vor, zu studieren, Situationen zu analysieren und meistens allein zu sein. Mit einem Neuner Höhepunkt könnte er viele Enttäuschungen und Verluste erfahren, zumindest während der Dauer des Neuner Höhepunktes. Es ist eine abschließende Zeit, die nicht geeignet ist, eine Ehe zu beginnen. Sie hatte sowohl eine Sechser Schicksalszahl wie auch einen Sechser Höhepunkt. Wenn jemand die Schicksalszahl 6 hat, sollte er heiraten und Verantwortung für Heim und Familie übernehmen. Mit einem Sechser Höhepunkt ist es ihr sicher, die Schwingung von Liebe und Heim zu erfahren. Ich schlug ihr daher vor, sich nach grüneren Weiden umzuschauen. Ihre Zahlen sagen nachdrücklich aus, daß sie einem anderen Mann mit ernsthaften Absichten begegnen wird, wenn sie sich entschließt, die immerwährende Verlobung mit ihrem Verlobten zu lösen.

Aus obiger Schilderung können Sie ersehen, daß Numerologie auf Tatsachen beruht, die man durch Zahlen ermittelt, und daher keine Wahrsagerei ist.

Sie sind zum Erfolg ausgerüstet

Ihr Schicksal ist möglicherweise völlig unterschiedlich von dem Ihres Nachbarn. Glücklicherweise ist Ihnen alles Rüstzeug in die

Wiege gelegt worden, um eine bestimmte Aufgabe zu erfüllen, die Sie besser als jeder andere Mensch zu tun vermögen. Sie allein können und müssen jedoch den Ball zum Erfolg ins Rollen bringen.

Wenn Sie in einem Beruf arbeiten, sei es geistige oder körperliche Arbeit, müssen Sie lernen, den Pflichten und Anforderungen gut nachzukommen, um auch nur eine Gehaltserhöhung zu bekommen. Wenn Sie zögern, bleiben Sie in derselben Gehaltsgruppe, werden möglicherweise auch niedriger eingestuft oder sogar *gefeuert*.

Sie haben dieselbe Chance wie jeder andere

Oberflächlich betrachtet sieht es möglicherweise nicht so aus, als ob Sie dieselbe Chance wie andere haben. In Wirklichkeit ist es jedoch so. Das bedeutet nicht, daß Sie die Arbeit eines anderen tun können oder Gelegenheit haben werden, seine Stellung anzugreifen. Sie haben jedoch die Werkzeuge, um zu schürfen, und Ihre eigene besondere Pflicht zu erfüllen.

Ihre Gelegenheit zum Erfolg

Ihre Schicksals- oder Ausdruckszahl zu kennen ist wichtiger, als jede andere Zahl Ihrer numerologischen Tabelle, denn sie sagt aus, was Sie speziell tun oder sein sollten, und nicht, was Sie eventuell sein möchten oder auszuführen wünschen.

Ihre Schicksalszahl zeigt Ihre günstige Gelegenheit zum Erfolg, und welche Rolle Sie spielen sollten, um die göttliche oder bestimmte Aufgabe zu erfüllen, die durch alle Buchstaben Ihres Geburtsnamens enthüllt wird.

Wenn Sie erkennen, daß Sie Ihr Schicksal um der Erfahrung Ihrer Seele willen abarbeiten, werden Sie wissen, daß Schwierigkeiten notwendig sind, falls Sie Förderung und die spirituelle Entwicklung zu einer abgerundeten Persönlichkeit erwarten, die jede Situation zu meistern vermag.

Wie Sie Ihre Lebensaufgabe bestimmen

Einige von Ihnen sind zum Dienen geboren worden, einige zur Unterhaltung und Verbreitung von Freude, einige zu Friedensstiftern und wieder andere zu finanziellen Genies. Die Ihnen zukommende Lebensaufgabe ist kein Geheimnis für jeden, der die Bedeutung der Schicksalszahl zu analysieren und zu enträtseln vermag. Auch wenn Sie Ihren vollen Geburtsnamen nie gebrauchen, oder wenn Sie Ihren ganzen Namen ändern, werden seine Wirkungen dennoch weiterhin spürbar sein und das wahre Schicksal Ihrer Seele bleiben.

Ihr Kosename, Änderungen in der Unterschrift und Ihr ehelicher Name tragen alle mit dazu bei, und sind Wege, durch die Ihr Schicksal Ihre Lebensaufgabe erfüllt.

Die Ermittlung Ihrer Schicksalszahl

Bis jetzt lernten Sie in diesem Buch, einen vollen Namen aufzustellen und lediglich den gesamten Namen oder die Gesamtnamenszahl zu analysieren. Sie lernten ebenfalls, die Vokale Ihres Herzenswunsches oder die Konsonanten Ihrer Persönlichkeit gesondert aufzustellen. Nun werden Sie anwenden, was Sie in den vorigen Kapiteln gelernt haben, indem Sie:

1. Schritt: Ihren vollen Geburtsnamen aufstellen.
2. Schritt: Die Sehnsucht Ihrer Seele ausrechnen und auf eine einstellige Grundzahl reduzieren.
3. Schritt: Die Persönlichkeit ausrechnen und auf eine einstellige Grundzahl reduzieren.
4. Schritt: Die Zwischenergebnisse aller einstelligen Grundzahlen zuzüglich zur Gesamtzahl analysieren, um ein umfassenderes Verständnis jeder Gesamtzahl zu erhalten.

Aufstellung des Namens von John Fitzgerald Kennedy

Nun wollen wir einen Namen aufstellen, um die obigen Schritte zu erläutern, und eine Schicksalszahl ermitteln.

$$= (1 + 3) = 4 \text{ Sehnsucht der Seele}$$

Gesamtzahl der Vokale	6 +	6 +	1 = 13

	6	15		10	
Zahlen der Vokale	6	9 5 1		5 5	
Name:	J OHN	F I TZGERALD		K ENNEDY	
Zahl der Konsonanten	1 8 5	6 2 8 7 9 3 4		2 5 5 4 7	
	14	39		23	
	5	12		5	
(Persönlichkeit)	5 +	3 +		5 = 13 = 4	
(Schicksal)	11 +	9 +		6 = (11+6)	
				8	

Addieren Sie zunächst die Vokale von John (6) plus Fitzgerald (6) plus Kennedy (1) = 13 = 4. Addieren Sie daraufhin die Konsonanten von John (5) plus Fitzgerald (3) plus Kennedy (5) = 13 = 4. Addieren Sie nun die Vokale und Konsonanten von John: 6 + 5 = 11. Addieren Sie daraufhin die Vokale und Konsonanten von Fitzgerald: 6 + 3 = 9. Addieren Sie ebenso die Vokale und Konsonanten von Kennedy: 1 + 5 = 6. Addieren Sie nun die Zahlen der einzelnen Namen: 11 + 9 + 6 = (11 + 6) (reduziert 8).

Wir addieren jeden Namen gesondert, bevor wir die Gesamtzahl aller Namen ermitteln, denn jeder Name hat eine bestimmte Wirkung auf die Weise, in der sich das Schicksal erfüllen wird. Wir addieren niemals einfach die Vokale und Konsonanten, um eine Schicksalszahl zu ermitteln, denn wie der Fall von John F. Kennedy beweist, entgeht uns möglicherweise eine Meisterzahl 11 oder 22. Hätten wir lediglich die Vokale und Konsonanten addiert, so wäre uns die Zahl 11 des Namens John entgangen, die jedoch sein Schicksal stärker gestaltet als eine einfache Zahl 8, nämlich: (11 + 6), obwohl die Zahl 8 dennoch zugrundeliegt. Es können einem Menschen also auch Meisterzahlen angerechnet werden, wenn er sie sie in seiner Gesamtzahl nicht tatsächlich zeigt.

Was die Schicksalszahl von John F. Kennedy über ihn aussagt

Die Schicksalszahl (11 + 6) von John F. Kennedy sagt aus, daß es seine Lebensaufgabe war, in einer inspirierten Fähigkeit (11) im Scheinwerferlicht (11) der Öffentlichkeit (4) zu erscheinen, indem er eine verantwortungsvolle (6) Position auf einem staatsbürgerlichen (6) Gebiet innehatte, in der er der Allgemeinheit oder seinem Land diente. Die Zahl 4 seiner Vokale, gebildet aus 6–6–1, sagt aus, daß es sein größter Wunsch war, vor der Menge (4) in einem staatlichen oder politischen (4) Amt zu erscheinen. Er wollte praktisch und realistisch sein. Ob er seinen Wunsch erfüllte, hing sehr davon ab, wie hart er für sein Aufgabe arbeitete, und nicht nur von Wünschen und Sehnsüchten.

Seine Persönlichkeitszahl 4 ist dieselbe, wie die Zahl 4 der Sehnsucht oder des Bestrebens der Seele. Das sagt aus, daß er all das war, was er zu sein schien, nicht mehr und nicht weniger. Seine Persönlichkeitszahl 4 ist gebildet aus 5–3–5, was besagt, daß er jugendlich (5) war in Erscheinung und Handlungen, beliebt bei beiden Geschlechtern (5) und eine joviale (3) Veranlagung hatte. Er besaß eine gute Fähigkeit, sich zum Ausdruck zu bringen. (3). Er erfreute sich ebenfalls der Gesellschaft und hatte gern Spaß.

Die seiner Schicksalszahl zugrundeliegende Zahl 8 bedeutet, daß es seine Lebensaufgabe war, eine große Gesellschaft oder ein großes Unternehmen (8) zu leiten. Als Präsident der Vereinigten Staaten erfüllte er seine Lebensaufgabe durch überdurchschnittliche Diplomatie (11), Umgang mit Menschen (9) und Hingabe an den Dienst (6).

Die Bedeutung jeder Ihrer Namen

Ihr Vorname ist die persönliche oder individuelle Seite Ihres Wesens. Der Mittelname dient als eine Reserve oder Quelle, aus der man bei Bedarf schöpfen kann. Der Nachname oder der ererbte Name kennzeichnet die Wesensmerkmale Ihrer Familie, üblicherweise väterlicherseits, mit ihren Stärken und Schwächen. Alle Namen zusammen kennzeichnen Ihre Talente und Wesenzüge, und sagen aus, was man tun sollte. Sie können sich niemals über Ihre Anforderungen hinwegsetzen. Wenn Sie verstehen, was Ihre Aufgabe sein sollte, werden Sie aufrichtig versuchen, Ihre Sache zu tun. Dann wird die Aufgabe leichter, und schließlich werden Sie erfolgreich sein in der Erfüllung Ihrer Lebensaufgabe oder der Ursache Ihrer Geburt.

Was im Falle der Adoption eines Kindes zu beachten ist

Wenn ein Kind adoptiert wurde, und man kennt seinen ursprünglichen Namen, sollte letzterer verwendet werden, denn er drückt sein wirkliches Schicksal aus. Wenn jemand seinen Namen gesetzlich ändert, bewährt sich derselbe Grundsatz, den Geburtsnamen zu verwenden, während die Änderungen in der Unterschrift und Schreibweise zusätzliches Rüstzeug zur Erfüllung geben.

Tabelle der Schicksals- oder Ausdruckszahlen

Wesensmerkmale der Zahl 1

Sie haben die Lebensaufgabe, ein Führer, Pionier oder Leiter eines Unternehmens zu sein. Erfolg wird sich jedoch nur durch Ihre eigene Bemühung einstellen, indem Sie Initiative, Selbständigkeit und Originalität beweisen. Sie sollten Willenskraft entwickeln und lernen, in eigener Sache zu denken, selbstbewußt zu sein und entschlossen, aus eigener Kraft emporzukommen und Erfolg durch Ihre eigene Fähigkeit zu erlangen. Seien Sie konstruktiv in Gedanken und haben Sie keine Angst, anders, individuell zu sein, oder neue Ideen einzuführen. Wenn Sie es mit einer alteingesessenen Firma zu tun haben, versuchen Sie, neue und originelle Methoden einzuführen. Daß Sie ein Führer und Gründer sein sollten heißt nicht, diktatorisch, dominierend oder zu aggressiv zu sein, sondern Hindernissen mutig zu begegnen.

Wesensmerkmale der Zahl 2

Sie sind zum Diplomaten oder Friedensrichter bestimmt. Sie vermögen Verhältnisse durch Ihren Takt, Ihre magische Kraft oder Anziehung und Schlichtung zu harmonisieren, denn Sie haben die Fähigkeit, beide Seiten einer Sache zu sehen. Sie sind zwar kein Führer, haben jdeoch die Geduld, ein Sammler zu sein und sich mit Details zu befassen. Sie könnten ein Statistiker sein, denn Material für spätere Auswertung zusammenzutragen, ist Ihr Repertoire. Sie werden möglicherweise ständig gebeten, Dispute zu schlichten. Eine Partnerschaft ist günstiger für Sie, als selbständig Ihr eigenes Geschäft zu haben. Eine Ehe ist ratsam, ebenso einem Verein beizutreten, denn das gibt Ihnen Gelegenheit, mit anderen zusammenzuarbeiten und sich gemeinsam an etwas zu beteiligen. Sie sollten Künste wie Musik, Tanz, Gesang oder Malerei ausbilden, denn Sie haben ein gutes Gefühl für Rhythmus, Takt und Farbe.

Wesensmerkmale der Zahl 3

Ihre Bestimmung ist es, sich selbst zum Ausdruck zu bringen, entweder im Schreiben, in der Schauspielkunst, oder im Reden. In der Unterhaltung ist es Ihre Bestimmung, anderen Freude zu bringen. Sie haben die Aufgabe, Stimmung und Imagination zu erwecken, so daß andere zu lachen lernen. Sie werden populär sein, beliebt, und Geld verdienen. Sie sollten schöpferisch, inspiriert und künstlerisch sein, ebenfalls optimistisch, aktiv, hilfreich und ein wahrer Freund. Da Sie redebegabt sind, sollten Sie am Theater, an der Oper, an Literatur, Schriftstellerei und an Reden oder Schauspielkunst interessiert sein.

Wesensmerkmale der Zahl 4

Sie sind zum Baumeister bestimmt. Sie arbeiten schwer und sind ehrlich, stehen mit beiden Füßen fest auf dem Boden. Sie würden ein guter Büroleiter sein, denn Sie sind gewissenhaft, zuverlässig, sparsam und hervorragend in Detail und Routine. Sie könnten erfolgreich sein als tüchtiger Experte, denn Sie sind analytisch, systematisch und ordentlich. Sie vermögen viel Verantwortung zu übernehmen und anderen zu helfen und sie zu beschützen. Sie sind praktisch, aufrichtig und entschlossen.

Wesensmerkmale der Zahl 5

Ihre Bestimmung weist auf die leichtere Seite des Lebens hin. Sie werden Ungebundenheit und Freiheit haben. Sie sollten bereitwillig neue Ideen, Veränderung, neue Methoden und Fortschritt akzeptieren. Seien Sie vielseitig, klug und mutig. Sie werden viele Erfahrungen machen. Gebrauchen Sie sie zur Entwicklung. Sie werden das gesellschaftliche Leben und das andere Geschlecht lieben. Sie sollten sich auszeichnen in Verkauf, Werbung, der Förderung neuer Ideen oder Gedanken, in Reisen und Beziehungen zur Öffentlichkeit.

Wesensmerkmale der Zahl 6

Ihre Lebensaufgabe ist Dienst, sowohl im Hause wie auch in der Öffentlichkeit, denn die Zahl 6 ist eine Schwingung der Liebe, die sich um die Familie dreht. Sie sind kosmischer Elternteil oder Lehrer. Sie sind liebevoll und mitfühlend und vermögen viel Verantwortung zu übernehmen. Sie würden ein guter Musiker sein, denn Rhythmus, Harmonie und Schönheit sind eine Lebensweise für Sie. Ein häusliches Leben ist wesentlich für Ihr Glück. Sie sollten der Menschheit als Krankenschwester, Arzt, Lehrer, Musiker, Schauspieler oder Gartenbaukünstler dienen. Sie fühlen sich möglicherweise auch zu folgenden Berufen hingezogen, in denen Sie erfolgreich sein könnten: Farmer, Florist, Rancher, Ingenieur, Innendekorateur oder Fürsorger. Sie könnten auch im Theater als Darsteller erfolgreich sein, denn Sie besitzen eine gute Stimme.

Wesensmerkmale der Zahl 7

Sie sind zum Lehrer auf dem Gebiet der Wissenschaft oder der Mysterien des Lebens bestimmt. Sie sind ein tiefer Denker und könnten in erfinderischen und wissenschaftlichen Betätigungen erfolgreich sein, wie auch in der Enthüllung der verborgenen Bedeutung der Natur. Sie benötigen etwas Zeit, die Sie allein verbringen, um zu meditieren und Inspiration aus dem Inneren zu bekommen. Sie sollten ein Spezialist sein und nach den Tatsachen leben, und nicht nach dem äußeren Anschein. Sie neigen dazu, Wissen aus allen Quellen zu schöpfen. Partnerschaften, einschließlich Ehe, sind möglicherweise nicht erfolgreich für Sie. Ihr Ziel sollte es sein, Verständnis zu erlangen und sich Weisheit anzueignen. Sie könnten Forschungsarbeit ausführen, Religion studieren oder ein Schriftsteller, Rechtsanwalt, Techniker oder Experte in Antiquitäten sein. Sie sollten Unterscheidungsfähigkeit besitzen, Tatsachen zusammentragen und sorgfältig abwägen, bevor Sie Ihre Feststellungen anderen mitteilen. Sie werden möglicherweise als seltsam und außergewöhnlich betrachtet, da Sie ein Alleingänger sind und den ungewöhnlichen Weg gehen. Man wird Sie wegen Ihres hervorragenden Wissens möglicherweise als Ratgeber suchen.

Wesensmerkmale der Zahl 8

Ihr Leben ist für das große Geschäft und das Finanzwesen bestimmt. Sie können Geld verdienen, das sollte jedoch nicht Ihr höchstes Ziel sein. Sie sollten lernen, die Balance zwischen den materiellen und den spirituellen Kräften zu erkennen. Erfolg wird sich nur durch Ihre eigenen Bemühungen einstellen, nicht durch einen Glücksfall. Gerechtigkeit sollte Ihr Losungswort sein. Sie sollten keine Zeit vergeuden, indem Sie nach einem Vermögen streben, sondern für persönliche Zufriedenheit und Erfüllung arbeiten. Ihre Bestrebung sollte sein, daß Sie eine Aufgabe gut ausgeführt sehen. Sie sind möglicherweise an Sport und allgemeiner Unterhaltung interessiert. Fassen Sie ein Interesse an staatlichen und bürgerlichen Angelegenheiten. Verlegen, Drucken und Poduzieren sind offene Bereiche für Sie, ebenso wie das Bankwesen und die Leitung eines Unternehmens. Sie sollten sich mit einflußreichen und begabten Menschen verbinden. Sie sind möglicherweise philosophisch und religiös veranlagt.

Wesensmerkmale der Zahl 9

Sie sind zum großen Bruder der Menschheit bestimmt, indem Sie Liebe, Mitgefühl und Verständnis zum Ausdruck bringen. Dienst ist Ihre Pflicht. Sie sollten lernen, unpersönlich zu sein. Sich zu sehr auf persönliche Liebe und Besitztümer zu stützen, könnte enttäuschend sein, denn Sie verlieren sie möglicherweise. Bei einem Neuner Schicksal bedeutet Geben zu nehmen. Das Leben ist schön, und es gibt viele Gelegenheiten für Sie, anderen zu helfen. Sie könnten Lehrer, Schriftsteller, Schauspieler, Arzt, Krankenschwester, Rechtsanwalt oder Philanthrop sein. Der Dienst in der Fürsorge ist ebenfalls ein offener Bereich für Sie.

Wesensmerkmale der Zahl 11

Sehen Sie unter der Zahl 2 wegen Ihrer geringeren Eigenschaften nach. Wenn Sie jedoch positiv leben, sind Sie der Zahl 11 entsprechend originell, intuitiv und ein meisterhafter Führer in spirituellen und inspirierenden Bereichen. Sie gehören in das Scheinwerferlicht der Öffentlichkeit. Sie sind ein Idealist und könnten ein Führer, Lehrer, Philosoph oder Psychologe sein. Sich mit Elektrizität, Luftfahrt, Erfindung und Rundfunk zu befassen, sind harmonische Betätigungen für Sie. Möglicherweise sind Sie ein religiöser Schriftsteller oder Lehrbeauftragter. Wenn Sie nicht den Möglichkeiten Ihrer Meisterzahl gemäß leben, kehren Sie zu den Aspekten eines Zweiers zurück, in denen Sie eingeschränkter sind. Zweier befassen sich mit Details und Routinearbeit. Sie könnten auch eventuelle feststellen, daß Sie ein *Prügelknabe* werden.

Wesensmerkmale der Zahl 22

Sehen Sie unter der Zahl 4 wegen ihrer geringeren Möglichkeiten nach. Wenn Sie jedoch konstruktiv leben, können Sie der Meisterzahl entsprechend ein universaler Meister von internationalem Ruhm sein. Mit der Zahl 22 sind Sie ein Baumeister auf der materiellen Ebene. Sie sollten mit großen Gruppen arbeiten. Sie könnten anstreben, der Leiter einer großen Gesellschaft zu sein, ein Botschafter, Diplomat, Einkäufer, Baumeister, Organisator, Staatsmann oder ein fähiger Experte. Versäumt jemand mit der Zahl 22, nach seinen Fähigkeiten zu leben, wird er zu einem Vierer begrenzt, mit den beruflichen Beschäftigungen als Sekretär, Buchhalter, Farmer, Vorarbeiter oder als Beamter im Staatsdienst.

7. Kapitel

Ihr Geburtsweg

Welche Talente Sie bei Ihrer Geburt mit ins Leben gebracht haben

Indem Sie die Lektion Ihres Lebens lernen, erleiden Sie möglicherweise viele Enttäuschungen und Rückschläge. Wenn Sie jedoch weiterhin in Ihren Bemühungen beharrlich sind, werden Sie das Klassenziel in der Schule des Lebens erreichen.

Was Ihr numerologisches Berichtsblatt aussagt

Ihr vollständiger Geburtsweg besteht aus der Summe des Tages, Monats und Jahres Ihres Geburtsdatums. Es ist Ihr Berichtsblatt oder Bankkonto, das aussagt, welche Lektionen Sie in vergangenen Leben gelernt haben, was Sie bei Ihrer Geburt an Vorzügen wie Ihren Talenten und ihren Charakter mit ins Leben gebracht haben und wie Sie imstande sind, es mit den Erfahrungen Ihres augenblicklichen Schicksals aufzunehmen.

Wie Sie den richtigen Beruf erwählen

Die Summe des Tages, Monats und Jahres Ihres Geburtsdatums kennzeichnet die Klasse, in der Sie sich jetzt in der Schule des Lebens befinden. Sie gibt Ihnen einen Hinweise auf Ihre beruflichen Neigungen und Möglichkeiten. Sie sagt aus, für welchen Beruf Sie am besten geeignet sind. Wenn Sie Ihre Fähigkeiten kennen, sollte es relativ leicht für Sie sein, die Bedingungen Ihres Schicksals zu erfüllen. Ihr Geburtsweg sagt aus, welches Guthaben Sie besitzen – nicht, was Sie tun sollten.

Ihre numerologische Klasse in der Schule des Lebens

Als Sie zu Beginn des neuen Schuljahres in die achte Klasse versetzt wurden, kannten Sie möglicherweise weder die Antworten auf die Fragen in den Fächern, die zu lernen waren, noch vermochten Sie die bevorstehenden mathematischen Aufgaben zu lösen. Sie besaßen jedoch das Wissen der vergangenen sieben Schuljahre als Hilfe, um die Lektionen der achten Klasse zu lernen. Am Ende des Schuljahres sollten Sie das Allgemeinwissen haben, das in der Klasse vorausgesetzt wird. War das nicht der Fall, so wurden Sie nicht versetzt.

In der Schule des Lebens herrscht dasselbe Prinzip. Die Klasse, in der Sie sich jetzt befinden (festgestellt durch Ihren vollständigen numerologischen Geburtsweg), wird schwierig für Sie sein, bis Sie sich aufrichtig bemühen, ihre Anforderungen zu erfüllen. Ist das vollbracht, so ist es ein Aktivposten, der für Ihren Fortschritt arbeitet.

Warum Sie etwas Besonderes sind

Es gibt keine zwei Menschen im Universum, die sich völlig gleichen. Vater und Sohn haben möglicherweise denselben Namen, ihr Geburtsjahr kann jedoch nicht identisch sein. Zwillinge, die am selben Tag geboren sind, unterscheiden sich, sogar eineiige Zwillinge, denn sie würden nicht denselben Namen haben. Namen, die ausgesprochen werden, strahlen bestimmte und individuelle Schwingungen aus. Selbst im Falle, daß zwei Menschen denselben Familiennamen und Geburtstag haben, unterscheiden sich ihre Vornamen oder Kosenamen. Dadurch wird ausgeschlossen, daß sie von siamesischer Art sind.

82

Wie Sie Ihre Talente erkennen

In der Analyse Ihres Geburtstages werden Sie erkennen, welche Talente Sie besitzen, um Ihre Berufung oder Ihren Geburtsweg zu erfüllen. Den Tag Ihrer Geburt können Sie nicht ändern. Während es möglich ist, den Namen zu ändern – obgleich der ursprüngliche Name stets im Hintergund bestehen bleibt und Beachtung erfordert – ist Ihr Geburtsdatum konstant und ändert sich niemals.

Um Ihren Geburtsweg oder Ihre Berufung zu errechnen, addieren Sie einfach den Tag, den Monat und das Jahr Ihres Geburtsdatums. Wenn sich eine zusammengesetzte Zahl ergibt, reduzieren Sie diese wieder auf eine einstellige Grundzahl.

Beispiel:

Wenn Ihr vollständiger Geburtsweg 23 ist (eine zusammengesetzte Zahl), reduzieren Sie diese auf eine einstellige Grundzahl, indem Sie (2 + 3 = 5) addieren und das Ergebnis der Zahl 5 des Geburtsweges erhalten.

Wie Sie die Zahl Ihres Geburtsmonats feststellen

Um den numerischen Wert des Monats festzustellen, in dem Sie geboren sind, nehmen Sie einfach die Kalenderfolge, um die Zahl des jeweiligen Monats zu ermitteln.

Zum Beispiel:

Januar	=	1	Juli	=	7
Februar	=	2	August	=	8
März	=	3	September	=	9
April	=	4	Oktober	=	10
Mai	=	5	November	=	11
Juni	=	6	Dezember	=	12

Um darzustellen, wie Sie Ihren eigenen Geburtsweg aufstellen und analysieren sollten, nehmen wir das Beispiel von John David Rockefeller. Schauen Sie sich die Erläuterung genau an, so daß Sie das nächste Beispiel selbst errechnen können.

John David Rockefeller wurde am 8. Juli 1839 geboren. Die Zahl seines Geburtsweges ist 9.

Beispiel:

8	Juli	1839	= 9	(Geburtsweg)
8	7	21		
		3		

Analyse:

$8 + 7 + 3 = 18 = (1 + 8 = 9)$

Sein Geburtsmonat ist der siebente Monat. Sein Geburtstag ist die einstellige Grundzahl 8, welche seine Talente zeigt. Die Addition seines Geburtsjahres ergibt 3, nämlich:

$(1 + 8 + 3 + 9) = 21 = (2 + 1) = 3$

Der Neuner Geburtsweg von John David Rockefeller setzt sich zusammen aus dem Tag (8), dem Monat (7) und dem Jahr (3). Reduziert ergibt sich die Zahl 9. Sein Geburtstag am 8. zeigt an, daß er die Fähigkeit eines großen Geschäftsführers (8) besaß. Er war praktisch und realistisch (8). Er überprüfte Bedingungen oder Probleme gründlich (7), denn er war ein Perfektionist, bevor er sich zu einem großen geschäftlichen Unternehmen (8) entschloß. Glücklicherweise besaß er schöpferische Fähigkeiten (3), sich selbst den Leuten gegenüber gut zum Ausdruck zu bringen (9). Mit einem Neuner Geburtsweg war es seine Aufgabe zu lernen, ein großer Bruder der Menschheit (9) zu sein, ihr zu dienen, bevor er seine eigenen Wünsche erfüllte. Er mischte schöpferischen (3), wissenschaftlichen (7) und geschäftlichen Scharfsinn (8) in einem Schmelztopf, um finanziellen Erfolg und einen weitberühmten Philantropen (9) hervorzubringen.

Viele Menschen mit einem Neuner Geburtsweg sind egozentrisch. Sie erleiden möglicherweise viele Enttäuschungen und Verluste, bis sie lernen, in erster Linie anderen zu dienen und für die Verbesserung von allen zu arbeiten. Wenn sie ihre Lektion gelernt haben, wird der Flutwechsel eintreten, und Erfolg wird ihre Belohnung sein auf jedem Gebiet, auf das sie sich konzentrieren.

Nehmen Sie nun Stift und Papier zur Hand und machen Sie sich bereit, den nächsten Geburtsweg zu errechnen. Wenn Sie es beendet haben, prüfen Sie nach, ob Sie mit mir übereinstimmen.

Beispiel:

Ed Sullivan wurde am 28. September 1901 geboren. Er ist bekannt als *Mr. T. V.*

$\underline{28}$	September	1901	= (11 + 10) Geburtstag
$\underline{10}$	9	11	
1 +	9 +	11	= (11 + 10) = reduziert 3
(1 + 0		(21)	(2 + 1)

Der Geburtsweg 11 + 10 von Herrn Sullivan, ermittelt durch die Addition seines Tages (1), Monats (9) und Jahres (11) zeigt an, daß es notwendig für ihn war, zu lernen, sich in einer originellen Fähigkeit (10) auf der Bühne (11) zum Ausdruck zu bringen (3). Sein Geburtstag von (28–10–1) sagt aus, daß er das Talent eines überdurchschnittlichen Individualisten oder Verkäufers (1) besitzt, der Dinge auf schöpferische Weise (10) ausführt. Seine Fernseh-Show hat vom Gesichtspunkt der Zeitdauer her jede andere übertroffen, denn sie war über 20 Jahre lang im Fernsehen. Seine Zwischensummen des Tages (1), des Monats (9) und des Jahres (11) zeigen an, daß er Anklang bei der Menge (9) findet, denn den meisten Leuten gefiel seine Varieté-Show. Sie war inhaltlich inspirierend (11) und originell (10), zumindest in der Anfangszeit. Er hat vielen Neulingen geholfen (10), in die Unterhaltungsbranche (3) hineinzukommen, indem er ihnen eine Chance gab, auf verschiedenen Gebieten in seinem Programm aufzutreten.

Stellen Sie nun Ihren eigenen Geburtsweg auf, indem Sie Tag, Monat und Jahr Ihres Geburtsdatums zugrundelegen. Reduzieren Sie die Summe auf eine einstellige Grundzahl. Sehen Sie wegen der Deutung, die von Ihrer ermittelten einstelligen Grundzahl abhängt, in die

Tabelle (S. 83). Gehen Sie bedachtsam vor, fassen Sie Ihre Schlüsse zusammen, um das ganze Bild zu entwickeln, wie es sich aus der Tabelle nach den in diesem Kapitel erläuterten Beispielen ergibt.

Folgend sehen Sie die Merkmale oder Bedeutungen der Zahlen des Geburtsweges, deren Ermittlung in diesem Kapitel dargestellt wurde.

Vollständige Interpretierung der Zahlen des Geburtsweges und ihrer Bedeutung

Zahl 1 – Unabhängigkeit

Sie sollten lernen, ein Pionier zu sein, und nicht zu zögern, das Ungewöhnliche oder Originelle in Angriff zu nehmen. Sie sollten schöpferisch sein, neue Dinge erfinden. Da Sie weder gut unter der Leitung anderer arbeiten, noch gern Anweisungen befolgen, sollten Sie an der Spitze eines Geschäftes stehen. Sie sind ein Individualist in Gedanken und Handlungen. Sie sollten leitende Fähigkeiten, Willenskraft und Weitblick entwickeln, so daß Sie als Manager eines Kaufhauses oder als Vorarbeiter erfolgreich sein können. Andere Gebiete, die Ihnen offenstehen, sind Verkauf, Technik, Luftverkehr, Schriftstellerei, Vorträge, Kraftfahrttechnik oder verkaufsfördernde Betätigungen. Sie sind oft in einer Familie geboren, in der Sie gezwungen sind, abhängig zu sein. Negative Eigenschaften, vor denen Sie sich hüten sollten, sind: eigensinnig und herrisch zu sein, in festgefahrenen Gewohnheiten zu verharren, egoistisch, vermessen, selbstsüchtig und ungeduldig mit anderen zu sein. Neue und originelle Ideen und Methoden sind Ihre Vorzüge.

Zahl 2 – Zusammenarbeit

Sie sollten Takt und Diplomatie entwickeln. Sie sollten sich Gruppen und Gemeinschaften zuwenden, denn Sie müssen lernen, ein guter

86

Gesellschafter zu sein, sanft und überzeugend zu wirken. Ihr Erfolg hängt weitgehend davon ab, daß Sie anderen helfen, ohne eine Belohnung zu erwarten. Sie sind ein natürlicher Friedensstifter und Schlichter. Sie können guten Erfolg im Staatsdienst oder in der Politik haben. Weitere erfolgreiche Gebiete sind Musik, Malerei und Tanz, denn Sie haben ein gutes Gefühl für Rhythmus und Takt. Sie sollten lernen, gut in Detailarbeit zu sein. Sie könnten ebenfalls ein hervorragender Bibliothekar, Sekretär, Wirtschaftsprüfer, Erzähler oder Statistiker sein. Negative Eigenschaften: Sie sind zu empfindlich und schüchtern. Anstatt mutig zu sein, haben Sie oft Angst, einen Fehler zu begehen. Möglicherweise sind Sie in einer geschwätzigen Familie geboren worden, in der Sie Streitigkeiten schlichten müssen.

Zahl 3 – Ausdruck der eigenen Persönlichkeit

Sie sollten lernen, sich gut zum Ausdruck zu bringen, denn Sie sind begabt im Schreiben, Reden und in der Pose. Sie sollten schöpferisch sein, denn Sie haben eine gute Imagination. Sie besitzen intuitive Fähigkeiten und sind am erfolgreichsten in geistiger Arbeit. Sie haben einen hervorragenden Sinn für Humor und sollten mit anderen gesellschaftlich verkehren. Da Sie sehr vielseitig und begabt sind, neigen Sie dazu, Ihre Talente zu zerstreuen. Möglicherweise verhindert dies Ihren hervorragenden Erfolg. Sie sollten lernen, Ihren Ahnungen zu folgen. Sie könnten erfolgreich sein als Schriftsteller, öffentlicher Redner, Kritiker, Geistlicher, Künstler, Werbefachmann, Schauspieler, Rechtsanwalt, plastischer Chirurg, Experte für Gesundheit und Ernährung, Innendekorateur und in psychischen Bestrebungen. Sie sollten sich davor hüten, an anderen Kritik zu üben, ungeduldig, intolerant und übermäßig optimistisch zu sein. Sie sind möglicherweise in einer Familie geboren worden, in der Sie unterdrückt werden und gezwungen sind, Detail-, Routine- oder körperliche Arbeit zu verrichten, was Sie daran hindert, Ihre intuitiven und schöpferischen Talente anzuwenden.

Zahl 4 – Organisation

Sie sollten lernen, praktisch, realistisch, zuverlässig und konservativ zu sein. Sie sollten lernen, Anweisungen zu befolgen, denn Sie sollten von sich selbst ebensoviel verlangen, wie von anderen. Sie sind ziemlich festgelegt in Ihren Gewohnheiten. Da Sie sich zu sehr auf Details konzentrieren, versäumen Sie oft, größere Dinge zu nutzen. Sie könnten sehr erfolgreich sein als Architekt, Farmer, Unternehmer, Techniker, Mechaniker, Schneider, technischer Zeichner, Buchhalter, Wirtschaftsprüfer, Hausangestellte oder indem Sie ein kleines Geschäft betreiben oder leiten. Warenhandel ist ein weiteres Gebiet, auf dem Sie erfolgreich sein können.

Zahl 5 – Freiheit

Sie müssen lernen, vielseitig zu sein, denn Sie sollten in mehr als einem Bereich gleichzeitig Aktivität entfalten. Sie sollten wünschen, frei zu sein, um zu reisen, neue Dinge zu versuchen, Veränderungen vorzunehmen und ungewöhnliche Wege zu gehen. Sie finden Anklang bei beiden Geschlechtern und bei der Menge. Sie werden nie gern Routinearbeit ausführen. Sie sollten vorsichtig sein, nicht Lastern wie Trinken, Sex und Rauschgift zu verfallen, denn es könnte Ihnen leicht geschehen, daß Sie Ihre Talente vergeuden. Sie besitzen viel Vitalität und Enthusiasmus und werden ewig jung sein. Sie sollten vermeiden, ruhelos, unzufrieden zu sein und ständig Veränderung zu suchen. Sie sollten lernen, bei einer Aufgabe zu bleiben, bis sie erfüllt ist. Sie können erfolgreich sein als Reisevertreter, Werbefachmann, Diagnostiker, Psychologe, Schriftsteller, Personaldirektor, Detektiv, Lehrer, Gründer, Drogist, Lehrer des Okkulten oder Schriftsteller auf dem Gebiet der Geheimlehren oder der Detektivgeschichten.

Zahl 6 – Dienst

Sie sollten lernen, guten Erfolg in irgendeiner Betätigung auf den Gebieten von Erziehung, Haushalt oder Familie zu haben. Einige Gebiete, die Ihnen offenstehen, sind Pflegen, Lehren, Kochen, Leitung einer öffentlichen Einrichtung, Fürsorger, Schuldirektor, Elternschaft, Dienst im Krankenhaus, Geistlicher, Lebensmittelhändler, Schneider, Putzmacherin, Innendekorateur, Künstler, Musiker, Farmer, Möbelhändler, Hausverwalter, Maler oder Arzt. Sie sollten lernen, Verantwortung zu übernehmen, anderen gern zu dienen und bereitwillig Rat zu erteilen. Sie sind tüchtig und methodisch. Sie sollten die negativen Aspekte vermeiden, eigensinnig, herrisch, anspruchsvoll und unvernünftig zu sein. Sie wollen gewöhnlich Ihren Willen durchsetzen und drängen anderen ihre Ideen und Ideale auf. Sie sollten in künstlerischer Umgebung leben und Harmonie in Ihrem Heim verbreiten. Im Grunde Ihres Herzens sind Sie ein Idealist, und Sie sind imstande, viel Gutes für die Menschheit zu vollbringen.

Zahl 7 – Spezialisierung

Sie sollten ein Spezialgebiet in der Arbeit wählen, denn Sie sollten ein Denker, Wissenschaftler, Perfektionist und Analytiker sein. Sie sollten nichts akzeptieren, bis es bewiesen und mit Tatsachen belegt werden kann. Sie sollten gute geistige Fähigkeiten besitzen und imstande sein, Wissen aus allen Quellen zu schöpfen. Sie finden Anklang bei einzelnen Personen. Sie brauchen Zeit für sich allein, um zu studieren, zu meditieren und mit den höheren Kräften der Natur in Verbindung zu kommen. Sie sollten eher beruflich tätig sein, als ein Geschäft zu betreiben oder körperlich zu arbeiten. Sie könnten erfolgreich sein als Erzieher, Wissenschaftler, Rechtsanwalt, Lehrer, Schriftsteller, Organisator, Florist, religiöser Lehrer, Spezialist, Tutor oder auf den Gebieten von Medizin, Recht, Erfindung, Rundfunk, Schauspielkunst oder den okkulten Wissenschaften. Sie können eine Inspiration für andere sein.

Zahl 8 – leitende Fähigkeiten oder Finanzwesen

Sie sollten lernen, ein Organisator zu sein, denn Sie besitzen latente leitende Fähigkeiten und könnten großen Gesellschaften vorstehen. Sie sollten lernen, praktisch und tüchtig zu sein, sowie Charaktere gut einzuschätzen. Sie sind zum Leiter bestimmt, entweder in Ihrem eigenen Unternehmen oder in der Öffentlichkeit. Sie haben eine philosophische Anschauung. Sie sind jedoch beharrlich, wohl ausgeglichen und gerecht. Ihren besten Erfolg werden Sie haben, wenn Sie eine Balance herstellen zwischen Gelderwerb und spirituellen Bestrebungen, denn Sie spannen sich möglicherweise so stark an, um Vermögen zu erwerben, daß Sie sich selbst erschöpfen und gerade die Dinge beeinträchtigen, die Sie erreichen möchten. Sie könnten sehr erfolgreich sein als Richter, Rechtsanwalt, Bankier, Finanzberater, Ingenieur, Makler, Psychoanalytiker, Chirurg oder im allgemeinen Geschäftsbereich, im Sport, in Immobilien, im Verlagsgeschäft oder im Staatsdienst.

Zahl 9 – Universalist

Sie sollten lernen, ein Humanitarier zu sein, denn Sie sollten die Menschheit lieben und immer versuchen, anderen zu helfen. Ihre Berufung sind mehr die vielen als die wenigen. Sie sollten lernen, selbstlos und unpersönlich zu sein, keinen Lohn für Ihre Bemühungen zu erwarten. Sie sollten lernen, großzügig, mitfühlend, tolerant und feinfühlig zu sein. Sie besitzen eine gute Imagination und könnten erfolgreich sein als Erzieher, Künstler, Musiker, Heiler, Lehrer, Schriftsteller, Reformator, Missionar, Arzt, Fürsorger und Händler in Lebensmitteln oder Öl. Sie könnten ebenfalls ein Unterhaltungskünstler, Reisender oder Verkaufsdirektor sein. Sie sind ein Idealist und fühlen sich oft enttäuscht, wenn andere nicht Ihren Erwartungen gemäß leben. Sie sollten sich hüten, launisch, schüchtern und unschlüssig zu sein.

Zahl 11 – Scheinwerferlicht

Mit einer Meisterzahl des Geburtsweges wird viel von Ihnen erwartet. Sie können kein persönliches Leben führen, denn Sie gehören der Öffentlichkeit. Sie sind idealistisch und inpiriert. Sie würden ein hervorragender Redner sein, denn das Podium ist Ihnen bestimmt. Möglicherweise neigen Sie zur Religion und könnten ein Geistlicher oder spiritueller Lehrer sein. Sie könnten auf allen unter der Zahl 2 aufgeführten Gebieten erfolgreich sein, Ihr Licht sollte jedoch heller leuchten, denn Sie sind mit vielen Talenten begabt. Geeignete Berufe sind: Diplomat, Redner, Direktor eines Filmtheaters, Schriftsteller, Kritiker, Künstler, Fernsehexperte, Pilot, Werbefachmann oder Elektriker. Möglicherweise sind Sie in einer Familie mit wenig spirituellem Glauben geboren worden. Als Agnostiker leiden Sie möglicherweise. Sie sollten lernen, im Scheinwerferlicht demütig zu leben.

Zahl 22 – Baumeister

Sie sollten lernen, sowohl praktisch wie auch inspiriert zu sein. Das können Sie vollbringen, denn Sie haben den Idealismus der Zahl 11 und das praktische Wesen und die aufbauenden Eigenschaften der Zahl 4. Sie sind zum Führer bestimmt, denn Ihre Fähigkeiten haben eine große Spannweite und reichen sogar an internationale Grenzen. Verschaffen Sie sich Respekt, Sie vermögen große Höhen zu erreichen. Sie würden ein guter Staatsmann sein, ein großer Diplomat, der Leiter einer großen Gesellschaft, ein Organisator, der Präsident oder Manager eines großen Unternehmens, ein Botschafter, ein Analytiker, ein Forscher, ein internationaler Finanzier, ein Sportler oder ein Gründer. Sie sollten lernen, daß Gerechtigkeit und Dienst ebenso zählen, wie Zusammenarbeit. Möglicherweise sind Sie mit einer physischen Behinderung oder mit mentalen Begrenzungen geboren worden.

8. Kapitel

Ihr Geburtstag –
was er über Ihre Talente aussagt

Ihr Geburtstag, oder der bestimmte Tag irgendeines Monats in irgendeinem Jahr, kennzeichnet die Talente, die Sie in dieses Leben mitgebracht haben – und das Rüstzeug, das Sie sich zugelegt haben, um sie für sich wirken zu lassen. Der Einfluß Ihres Geburtstages ist zwar Ihr ganzes Leben hindurch wirksam, zwischen Ihrem 28. und 56. Geburtstag, der mittleren oder aktivsten Zeit Ihres Lebens, ist er jedoch äußerst stark.

Die Aussage Ihres Geburtstages in Numerologie

Geburtstage erstrecken sich vom 1. bis einschließlich dem 31. Tage, denn es ist die Folge der Tage innerhalb eines Kalendermonats. Ihre Bedeutung ist ungeachtet des Monats oder Jahres der Geburt gleich. Da Geburtstage einer der drei Bestandteile des Geburtsweges sind, kann man sie nicht isolieren und bei der Wahl eines Berufes für sich allein sehen, denn sie kennzeichnen die Talente oder das Rüstzeug, das in Verbindung mit dem ganzen Geburtsweg anzuwenden ist. Der Geburtstag beeinflußt im großen Maße den Geburtsweg und hilft Ihnen, Ihren richtigen Beruf zu wählen.

Die Bedeutung der Geburtstage für jeden Tag des Monats wird wie folgt dargestellt:

Zahl 1 des Geburtstages

Wenn Ihr Geburtstag am 1. Tage irgendeines Monats ist, und Sie konstruktiv leben, sind Sie unabhängig, originell, schöpferisch, ein Pionier und von Natur aus ein Führer. Sie neigen dazu, Dinge hinauszuzögern, denn Sie finden Ausreden, um etwas nicht zu beenden, was Sie begonnen haben. Sie sagen lieber anderen, wie Dinge getan werden sollten, als sie selbst auszuführen. Sie besitzen einen scharfsinnigen Geist und vermögen Dinge zu durchdenken. Sie sollten sich mehreren Tätigkeitsbereichen widmen oder eine Nebenbeschäftigung haben, anstatt sich auf eine Unternehmung zu spezialisieren. Obwohl Sie sensitiv sind und tief fühlen, sind Sie zurückhaltend, und werden oft als kalt oder teilnahmslos betrachtet. Obwohl Sie selten Zuneigung zeigen, wünschen Sie Sympathie, Lob und Bestärkung. Sie sind sowohl praktisch wie auch idealistisch und individualistisch. Berufe, die Sie in die Öffentlichkeit bringen, sind geeignet für Sie, wie: Verkäufer, Flugzeugpilot, Ingenieur, Erfinder, Analytiker, Lehrer, Werbefachmann oder Schriftsteller.

Zahl 2 des Geburtstages

Wenn Ihr Geburtstag am 2. Tag irgendeines Monats ist, sind Sie ein Friedensstifter oder Schlichter. Sie arbeiten besser in einer Gruppe oder für jemand anders, als in einer individuellen Beschäftigung. Sie lieben Musik und Rhythmus und haben viel Talent zum Tanzen, ein Instrument zu spielen oder Gedichte zu schreiben. Sie sind taktvoll, diplomatisch und zur Zusammenarbeit bereit, jedoch sehr empfindsam und emotionell. Sie sind sehr beliebt bei allen, und sollten sich bemühen, Ihre zeitweiligen Stimmungen der Depression zu überwinden. Sie neigen dazu, Ihre Fähigkeiten zu unterschätzen. Sie laufen daher Gefahr, ein Prügelknabe für jemand anders zu werden. Sie könnten erfolgreich sein in der Fürsorge oder im Staatsdienst, als Politiker, Analytiker, Bibliothekar, Sekretär, in der Ausführung von Detailarbeit, als Polizist oder in einer künstlerischen Betätigung wie

Malerei, Musik oder Tanz. Sie haben ein tiefes, liebevolles Wesen und wünschen und brauchen Zuneigung.

Zahl 3 des Geburtstages

Wenn Ihr Geburtstag am 3. Tag irgendeines Monats ist, benötigen Sie für Ihr Glück und Ihre Zufriedenheit die Möglichkeit, sich selbst in irgendeiner Kunst wie Reden, Schreiben, Malen oder Schauspielkunst individuell zum Ausdruck zu bringen. Sie sind intellektuell, künstlerisch und schöpferisch. Sie sind gern mit anderen Menschen zusammen und haben viele Freunde, denn Sie besitzen einen hervorragenden Sinn für Humor und sind ein guter Gesellschafter. Sie sind bei beiden Geschlechtern beliebt und eine Bereicherung für jede Gruppe, denn Sie haben eine lebhafte Imagination und sind ein guter Erzähler von Geschichten. Sie sollten sich in mehreren Betätigungen engagieren, denn Sie müssen sich selbst beschäftigt halten. Sie sollten darauf achten, nicht zu kritisieren. Sie haben die Fähigkeit, von jeder Krankheit schnell zu gesunden. Sie sind leicht zufriedenzustellen und neigen dazu, das Beste aus jeder Situation zu machen. Sie sollten eine schriftstellerische Tätigkeit ausüben, denn Sie vermögen das einfachste Ereignis aufregend und spannend erscheinen zu lassen.

Sie gehören in die Öffentlichkeit in den Berufen eines Redners, Schriftstellers, Musikers, Schauspielers, Rechtsanwaltes, Arztes, Kosmetikers, auf dem Gebiet von Gesundheits- und Lebensmitteln, als Gourmet-Koch oder Hostess. Möglicherweise sind Sie an metaphysischen Dingen interessiert.

Zahl 4 des Geburtstages

Wenn Ihr Geburtstag am 4. Tag irgendeines Monats ist, sind Sie materiell veranlagt und gehören in die Geschäftswelt. Sie sind ordentlich, mitfühlend, sparsam und ehrlich. Da Sie ein praktischer Mensch sind, sollten Sie eine gute Grundlage legen. Obwohl Sie ein liebevolles

Wesen haben, disziplinieren Sie sich in dem Maße, daß Sie eine Abneigung haben, irgendeine Zuneigung zu zeigen. Sie arbeiten unermüdlich und gut im Detail. Sie treiben sich und andere, schnell zu erledigen, was Sie begonnen haben. Sie haben eine negative Art, eigensinnig und festgefahren in Ihren Gewohnheiten zu sein. Es fehlt Ihnen oft an Takt, das entsteht aus Ihrem Eifer, ehrlich zu sein. Sie lieben keine Veränderungen, sollten jedoch lernen, das hin und wieder etwas leichter zu nehmen.

Sie könnten erfolgreich sein als Unternehmer, Architekt, technischer Zeichner, Mechaniker, Sekretär, Büroleiter, Bauunternehmer, Soldat, Revisor, Stenograf, tüchtiger Experte oder im Staatsdienst.

Zahl 5 des Geburtstages

Wenn Ihr Geburtstag am 5. Tag irgendeines Monats ist, sind Sie psychisch veranlagt und sollten Ihren Ahnungen folgen. Sie sind intellektuell, vielseitig, erforschend und einfallsreich. Sie sollten lernen, mit dem anderen Geschlecht umzugehen. Sie sollten Erfahrungen und Veränderungen willkommen heißen. Sie strahlen Enthusiasmus aus und besitzen eine magnetische Persönlichkeit. Sie könnten daher ein guter Verkäufer sein. Sie sollten jung heiraten, um sich zu festigen, denn Sie lieben es nicht, festgebunden und diszipliniert zu werden. Sie sollten viel reisen.

Sie könnten erfolgreich sein in einem Maklerberuf, oder als Verkäufer, Diagnostiker, Schadenssachverständiger der Versicherung, Analytiker, Redakteur, Apotheker, Berufsschuldirektor, Sporttrainer, oder in Aktien und Wertpapieren.

Zahl 6 des Geburtstages

Wenn Ihr Geburtstag am 6. Tag irgendeines Monats ist, sind Sie tief im Heim und in der Gemeinschaft verwurzelt, denn Sie haben ein tiefes, liebevolles Wesen. Sie würden aufopfernd sein als Vater oder

Mutter, obwohl Sie ebenfalls Kinder lieben, die nicht Ihre eigenen sind. Lob und Anerkennung sind wesentlich für Ihr Glück, denn Sie brauchen Gemeinschaft, Liebe, Anerkennung und sind unglücklich, wenn Sie kritisiert werden. Sie sollten sowohl in der Gemeinschaft wie auch in Ihrem Heim Verantwortung übernehmen. Sie neigen zu Eigensinn und Streitlust. Sie sind ein Perfektionist und suchen immer nach Ihrem Ideal, das Sie selten finden.

Sie sollten an Musik interessiert sein, besonders an Singen und dem Spielen eines Instrumentes. Sie gehören auf ein Gebiet, das Gesundheit, Schönheit und Komfort fördert. Sie haben einen guten Sinn für Mimikry oder Imitation, denn Sie sind eher mental als intellektuell.

Sie sollten in der Öffentlichkeits- oder Gemeinschaftsarbeit erfolgreich sein, in Musik, Malerei, Schauspielkunst oder als Leiter eines Institutes wie ein Waisenhaus oder ein Heim für Pensionäre. Weitere harmonische Gebiete für Sie sind das Hotel- oder Restaurantgewerbe, ein Gesundheitszentrum oder einen Schönheitssalon zu führen, als Küchenchef, Florist oder Modedesigner tätig zu sein, oder ein kleines Geschäft zu betreiben.

Zahl 7 des Geburtstages

Wenn Ihr Geburtstag am 7. Tag irgendeines Monats ist, sind Sie ein Perfektionist. Sie sind individualistisch und sollten sich auf einem wissenschaftlichen Gebiet spezialisieren, denn Sie besitzen einen scharf denkenden Geist und sind tiefer mentaler Analyse fähig. Sie sind sehr psychisch und sensitiv und sollten Ihren Ahnungen folgen. Es ist am besten für Sie, allein zu arbeiten, da Sie nicht gut Anweisungen von anderen annehmen. Sie sollten Glücksspiel und Spekulation vermeiden. Gehen Sie nie eine Partnerschaft auf der Basis von 50 : 50 ein. Eine Ehe könnte unvorteilhaft sein, besonders, wenn Sie einen Partner wählen, der am 15., 24. oder 26. irgendeines Monats geboren ist. Sie neigen dazu, egozentrisch und eigensinnig zu sein.

Sie könnten erfolgreich sein als Wissenschaftler, Schriftsteller, Landschaftsgärtner, Lehrer, Okkultist, Chirurg, Bankier, Antiquitätenhändler, Juwelier oder Makler.

Zahl 8 des Geburtstages

Wenn Ihr Geburtstag am 8. Tag irgendeines Monats ist, gehören Sie in die Geschäftswelt, denn Sie sind fortschrittlich, kreativ, und haben leitende Fähigkeiten. Sie besitzen einen guten Wertmaßstab. Die Zahl 8 wird als glücklicher Geburtstag für finanziellen Gewinn angesehen, denn Sie brauchen niemals Entbehrung kennenzulernen, wenn Sie konstruktiv leben. Sie haben einen ausgezeichneten Geburtstag für Finanzen, wenn Ihr Name jedoch nicht in Harmonie mit Ihrem Geburtstag ist, könnten Sie während der späteren Jahre Ihres Lebens schwierige Umstände erfahren. Sie machen gern einen guten Eindruck und sollten ein Geschäft besitzen oder leiten. Sie würden gern eine Bibliothek haben, Sie sind jedoch mehr daran interessiert, Bücher zu besitzen, als zu lesen. Sie haben eine Vorliebe für Schaustellung und großer Gesten, so wie Instituten Geld zu spenden oder ein Sammler zu werden.

Sie sollten erfolgreich sein als Bankier, Rechtsanwalt, Leiter eines Unternehmens, Ingenieur, Personaldirektor, Orchesterleiter, Rechnungsführer oder Fabrikant.

Zahl 9 des Geburtstages

Wenn Ihr Geburtstag am 9. Tag irgendeines Monats ist, sind Sie im wesentlichen ein Philanthrop und Humanitarier, denn Sie werden als großer Bruder von allen betrachtet. Sie sind künstlerisch und intellektuell. Sie sind durch Ihre Emotionen zu beeinflussen, die Sie großzügig werden lassen. In einem Neuner Zyklus sollten Sie die Ehe vermeiden, denn die Zahl 9 ist abschließend und es könnte mit einer Scheidung oder irgendeiner Art von Trennung ausgehen. Sie reisen möglicherweise viel und erfahren viele Veränderungen. Sie werden viele Enttäuschungen erleben und könnten Ihnen Nahestehende verlieren oder von ihnen getrennt werden.

Sie sollten in künstlerischen oder literarischen Berufen erfolgreich sein, wie Schauspielkunst, Schriftstellerei, Lehren, Malerei, Landwirtschaftsgärtnerei, Innendekoration oder im Ölgeschäft, in Versicherungen, Werbung, Reisen, Vorträgen oder im religiösen Werk. Ihren größten Lohn werden Sie durch den Dienst an anderen finden, und nicht, indem Sie ein persönliches, selbstsüchtiges Leben führen.

Zahl 10 des Geburtstages

Wenn Sie am 10. Tag irgendeines Monats geboren sind, sollten Sie allein arbeiten oder in der Leitung eines Geschäftes sein, denn Sie nehmen nicht gern Anweisungen von anderen an. Sie haben keine häuslichen Neigungen und möchten nicht gern mit familiären Problemen behelligt werden. Sie sind schöpferisch und originell. Sie könnten jeden künstlerischen Beruf ausüben, besonders als Nebenbeschäftigung. Sie sollten sich in verschiedenen Bereichen der Aktivität engagieren. Sie sind ein Idealist und versuchen ständig, Ihre Umgebung zu verbessern. Sie neigen zu Eifersucht auf Ihre Freunde und Kollegen. Sie fühlen sich möglicherweise allein, denn Sie könnten gezwungen sein, auf eigenen Füßen zu stehen, und erhalten wenig Hilfe von anderen. Sie haben ein gutes Gemüt und sind furchtlos.

Sie könnten erfolgreich sein in einer individuellen Beschäftigung, wie als Erfinder, Gründer, Pilot, Lehrer, Rechtsanwalt, Werbefachmann, Schriftsteller oder Verkäufer.

Zahl 11 des Geburtstages

Wenn Ihr Geburtstag am 11. Tag irgendeines Monats ist, haben Sie hohe Ideale und Bestrebungen. Sie haben den Geburtstag einer Meisterzahl und werden von Inspiration geführt. Sie sollten vermeiden, ein Träumer zu sein, und stattdessen handeln. Sie werden oft in Ihren Wünschen schwanken und unpraktisch sein. Seien Sie achtsam, damit Ihr Intellekt nicht Ihre Intuition überschattet, denn Sie sind psychisch und sollten nach Ihren Eindrücken handeln, ohne innezuhalten, um die Dinge zu durchdenken. Während Sie äußerlich ruhig und beherrscht erscheinen, sind Sie tatsächlich innerlich stark gespannt und nervös. In Ihren Liebeangelegenheiten sind Sie emotionell und extrem, und neigen dazu, Ihre moralischen Ansichten anderen aufzudrängen. Vermeiden Sie, mit Ihrem Geld kleinlich und geizig zu sein. Sie gehören in das Scheinwerferlicht der Öffentlichkeit.

Sie könnten erfolgreich sein als Vortragender, Tänzer, Auktionator, Gründer oder auf den Gebieten von Elektrizität, Philosophie, Kunst, nationaler Werbung, Filmarbeit oder als Statistiker, Buchhalter oder Sekretär.

Zahl 12 des Geburtstages

Wenn Ihr Geburtstag am 12. Tag irgendeines Monats ist, besitzen Sie einen guten logischen Geist und sind im allgemeinen sehr begabt. Sie vermögen sich gut und genau auszudrücken. Sie könnten sich zum Redner oder Schriftsteller eignen. Sie sollten Takt und Diplomatie entwickeln, denn Sie neigen dazu, frei heraus zu sprechen und sich Feinde zu schaffen. Das könnte Ihren Erfolg beeinträchtigen. Sie sind sehr praktisch und lieben Aktivität. Sie haben eine Neigung, nervös und ungeduldig zu sein. Sie, wie alle Zahlen, die sich zu 3 reduzieren, sollten lernen, Ihre Energien nicht zu zerstreuen. Sie sind an vielen Tätigkeitsbereichen interessiert und sollten intellektuell beschäftigt gehalten werden, da Sie sonst möglicherweise an Verstimmungen oder Depressionen leiden. Sie sind ein guter Elternteil oder Lehrer, Sie sind jedoch ein strenger Zuchtmeister. Sie könnten ein ausgezeichneter Strafverteidiger sein, denn Sie sind überzeugend und imstande, sich mit einer Beweisführung durchzusetzen. Sie haben eine Neigung zur Gestaltung, wie man sie in der Architektur verwendet.

Sie könnten guten Erfolg haben als Rechtsanwalt, Schriftsteller, Redner, Designer, Leiter einer Klinik, Arzt, Unterhaltungskünstler, Gründer, Drogist oder Werbefachmann. Weitere Berufe, die Ihnen offenstehen, sind Lebensmittelhandel, ein Schönheitssalon oder eine Schule für die Entwicklung von Charm.

Zahl 13 des Geburtstages

Wenn Ihr Geburtstag am 13. Tag irgendeines Monats ist, befinden Sie sich mit Ihren Wünschen auf dem Boden der Tatsachen. Sie könnten ein guter Geschäftsführer oder Büroleiter sein, denn Sie sind ordentlich, praktisch und gut in Details. Sie arbeiten schwer und treiben sowohl sich selbst wie auch andere an. Sie brauchen eine häusliche Umgebung, um erfolgreich zu sein. Sie haben ein sehr liebevolles Wesen, finden es jedoch schwierig, sich zum Ausdruck zu bringen. Sie neigen dazu, diktatorisch zu sein, und werden oft als unvernünftig betrachtet. Sie könnten sich zur Bauindustrie hingezogen fühlen.

Sie gehören in die Geschäftswelt und könnten erfolgreich sein im Baugewerbe, in der Buchhaltung, im Warenhandel, in der Gestaltung, im Bergbau, in Geologie, Architektur, Büroarbeit oder Stenografie, Holzschnitzerei oder in einem Geschäftszweig, der viele Details und Statistiken erfordert. Sie sind nicht der schöpferische Typ. Weitere gut für Sie geeignete Berufe sind Elektriker, Installateur oder Mechaniker. Staatsdienst oder politische Arbeit ist enfalls günstig für Sie.

Zahl 14 des Geburtstages

Wenn Ihr Geburtstag am 14. Tag irgendeines Monats ist, sind Sie vielseitig, dualistisch in Ihrem Wesen und lieben Veränderung oder alles Neue. Sie haben Glück im Spiel und versuchen gern Ihr Glück. Sie sollten früh im Leben heiraten, denn das wirkt als festigender Einfluß. Seien Sie vorsichtig, nicht körperlichen Lastern wie Trinken, Sex oder Glücksspiel zu verfallen. Sie sind mitfühlend, emotionell und können leicht durch Ihre Gefühle beeinflußt werden. Sie sind psychisch und besitzen einen prophetischen Geist. Sie haben jedoch sowohl konstruktive wie auch destruktive Neigungen. Sie sollten sich mehr geschäftlich engagieren als auf einem künstlerischen Gebiet.

Sie sollten erfolgreich sein, indem Sie Ihren Ahnungen folgen, oder auf dem Gebiet des Verkaufs, besonders von Reisen, in Systemen der

Bodenbeförderung, im Bergbau oder im Maklergeschäft. Ein weiterer Beruf für Sie ist Spezialist für Hals-Nasen-Ohren und für Augen.

Zahl 15 des Geburtstages

Wenn Ihr Geburtstag am 15. Tag irgendeines Monats ist, lieben Sie Ihr Heim und Ihre Familie. Sie würden ein ausgezeichneter Lehrer oder Elternteil sein, denn Sie sind tüchtig und verantwortungsvoll. Sie sollten finanziellen Erfolg haben, denn Sie haben die Gabe, gute Gelegenheiten und harmonische Bedingungen anzuziehen. Sie eignen sich Wissen eher durch Beobachtung als durch Studium und Erforschung an. Sie werden immer jugendlich und aktiv sein. Frauen dieses Geburtstages sind üblicherweise gute Köchinnen, sie richten sich jedoch nicht nach Rezepten.

Sie sind künstlerisch veranlagt und fühlen sich oft zur Musik hingezogen, entweder ein Instrument zu spielen oder zu singen. Sie könnten erfolgreich sein im Verwaltungsdienst oder in irgendeiner Gemeinschaftsarbeit. Sie sind großzügig und überzeugend und zu großer Selbstaufopferung fähig, oft tragen Sie die Lasten älterer Leute. Möglicherweise sind Sie streitlustig und ziemlich eigensinnig.

Sie könnten erfolgreich sein in intellektuellen oder künstlerischen Berufen wie Lehren, Pflegen, Vorträge zu halten, Medizin, Singen, Modeentwürfe oder Verlagstätigkeit. Anstalten, Krankenhaus, Gemeinschaftsarbeit oder öffentliche Ämter sind weitere Berufe, in denen Sie erfolgreich sein könnten.

Zahl 16 des Geburtstages

Wenn Ihr Geburtstag am 16. Tag irgendeines Monats ist, sind Sie ein Perfektionist. Sie sind oft verstimmt und grübeln, wenn andere verfehlen, Ihren Anforderungen gemäß zu leben. Sie neigen dazu, ein einsamer Wolf und zurückhaltend zu sein, in Wirklichkeit wünschen Sie jedoch Zuneigung. Sie sollten sich in einem Geschäft engagieren, das Ihnen weltweite Kontakte bringt. Auf dem Lande oder am Stadtrand zu wohnen ist ein guter Ort, um Ihre Nerven zu beruhigen. Sie sind sehr psychisch und sollten Ihren Ahnungen folgen. Das ist oft schwierig, denn Sie sind von Natur aus analytisch und versuchen, Dinge zu durchdenken. Ihre Träume haben oft prophetische Bedeutung. Sie haben es nicht gern, wenn andere sich in Ihre Pläne einmischen, obwohl Sie zurückhaltend sind und oft zögern.

Sie könnten erfolgreich sein in wissenschaftlicher Arbeit, die Spezialisierung verlangt, wie als Erzieher, Schriftsteller, Redakteur, Rechtsanwalt, Florist oder in Metallurgie oder Landschaftsgärtnerei. Die Farbe Purpur wird Sie vor ungünstigen Umständen schützen.

Zahl 17 des Geburtstages

Wenn Ihr Geburtstag am 17. Tag irgendeines Monats ist, haben Sie einen glücklichen, für Geschäfte günstigen Geburtstag. Sie sind möglicherweise sehr schlau und rücksichtslos im Geschäft, obwohl Sie im Grunde genommen ehrlich sind. Sie sind sehr festgefahren in Ihren Gewohnheiten und können selten von Ihren Ideen abgebracht werden. Sie sind wie eine Wippe, in einer Minute konservativ und hochherzig, und in der nächsten extravagant. Sie würden ein ausgezeichneter Bankier sein, denn Sie arbeiten gut in einer leitenden Stellung, in der Sie Untergebene haben, welche die Detail- und Routinearbeit erledigen. Sie sind materiell veranlagt, nicht spirituell, denn Sie benötigen Beweis. Sie sollten Ihr eigenes Geschäft führen oder sich mit einem über weite Gebiete ausgedehnten Unternehmen befassen. Sie fühlen sich möglicherweise zur Schriftstellerei hingezogen, es wird jedoch auf technischem oder geschichtlichem Gebiet sein.

Sie werden erfolgreich sein als Registrator, Redakteur, Verleger, Bankier, Makler, Bibliothekar, Rechtsanwalt, Geschäftsführer oder in einem mit der Erde verbundenen Geschäft wie Öl oder Bergbau.

Zahl 18 des Geburtstages

Wenn Ihr Geburtstag am 18. Tag irgendeines Monats ist, haben Sie möglicherweise viele Enttäuschungen, Verluste und Veränderungen, bis Sie lernen, für andere zu leben, und nicht für Ihren eigenen persönlichen Aufstieg. Sie würden ein ausgezeichneter Chirurg sein, denn von Ihnen werden große Dinge erwartet. Ihr Geburtstag zeigt in der Schule des Lebens ein aktives Fach an, zu reisen und Veränderungen zu erfahren. Ihre Aufgabe wird möglicherweise sein, die Last der Kranken, Hilflosen und Betagten zu tragen. Sie sind intellektuell, emotionell und kultiviert, Sie streiten jedoch gern und üben oft Kritik an anderen. Sie sind imstande, sehr unabhängig und tüchtig zu sein, und besitzen die Fähigkeit, weisen Rat zu erteilen. Sie lieben Musik und Kunst und könnten ein Kritiker oder Autor von Schauspielen sein.

Sie könnten erfolgreich sein als Chirurg, Rechtsanwalt, Schauspieler, Künstler oder im Geschäftsbereich von Eisenbahnen, Öl, Reisen, in der Politik, in der Religion oder in der Statistik.

Zahl 19 des Geburtstages

Wenn Ihr Geburtstag am 19. Tag irgendeines Monats ist, sind Sie unabhängig, künstlerisch und originell. Sie verfallen in Extreme, entweder zum Himmel hoch jauchzend oder zu Tode betrübt. Sie lieben Veränderung und Vielseitigkeit und wünschen immer, die Umstände zu verbessern. Da die Schwingung der Zahl 19 alle Zahlen von 1 bis 9 umfaßt, sind die Wirkungen weitreichend. Sie gehören eher in das berufliche als in das geschäftliche Gebiet. Sie sind nervös und werden leicht ärgerlich. Sie sind jedoch nicht nachtragend und vergessen einen Vorfall schnell. Sie finden selten volles Glück in der Ehe, denn Sie fühlen sich möglicherweise allein, selbst wenn Sie verheiratet sind. Sie halten sich nicht gern an Konventionen und haben möglicherweise viele Berichtigungen vorzunehmen, da Sie es ablehnen, von anderen Rat anzunehmen und durch eigene bittere Erfahrung lernen müssen.

Sie werden sehr erfolgreich sein als mächtiger Politiker, als Musiker, Designer, Rechtsanwalt, Erfinder, Verkäufer, Elektriker, Pilot, Kraftfahrzeugmechaniker oder medizinischer Spezialist.

Zahl 20 des Geburtstages

Wenn Ihr Geburtstag am 20. Tag irgendeines Monats ist, sind Sie von Natur aus ein Friedensstifter. Sie könnten ein ausgezeichneter Politiker sein, oder sich gut im Staatsdienst bewähren. Sie könnten Ihr eigenes kleines Geschäft besitzen oder für ein kleines Unternehmen arbeiten, da Sie dazu neigen, zufrieden zu sein, zusammen mit anderen oder für andere zu arbeiten, anstatt sie in einem großen Unternehmen zu leiten. Sie sind musikalisch, lieben Schönheit und könnten singen. Sie sind diplomatisch und taktvoll und lieben Ihre Familie. Da Sie ein sehr liebevolles Wesen haben, sollten Sie darauf achten, sich für Ihre eigenen Rechte einzusetzen, da Leute die Neigung haben, Sie auszunutzen oder als Prügelknaben zu behandeln.

Sie könnten erfolgreich sein als Politiker, Statistiker, Musiker, Sekretär, Buchhalter, Stenograf, Büroangestellter, Bibliothekar, Autor, Kassierer, Sänger oder Analytiker.

Zahl 21 des Geburtstages

Wenn Ihr Geburtstag am 21. Tag irgendeines Monats ist, sind Sie gesellig veranlagt. Sie sind daran interessiert, soviele Dinge zu tun, daß Sie vorsichtig sein sollten, da Sie sonst Ihre Bestrebungen zu sehr zerstreuen. Sie sollten lernen, sich zu konzentrieren, da Sie es schwierig finden, etwas zu beenden, was Sie begonnen haben. Sie sind auch nervös und etwas unstet. Sie könnten sich zum Schauspiel hingezogen fühlen, da Sie andere eindrucksvoll zu unterhalten vermögen. Sie sind ein besserer Freund als Ehepartner, denn Sie sind möglicherweise mißtrauisch und ungeduldig. Sie sind emotionell und unterliegen wie alle Dreier dem Auf und Ab der Stimmungen. Sie sollten jedoch entwickeln, heiter zu sein, und nicht launisch.

Sie könnten erfolgreich sein auf jedem Gebiet des Ausdrucks, in dem Sie Worte gebrauchen, wie Schreiben, Sprechen oder Schauspielkunst, denn Sie sind ein guter Schauspieler. Weitere Gebiete für Sie sind Werbung, Recht, Medizin, Verlegen, Tanz, Journalismus und auch die Bereiche von Musik und Kunst.

Zahl 22 des Geburtstages

Wenn Ihr Geburtstag am 22. Tag irgendeines Monats ist, haben Sie eine Meisterzahl des Geburtstages. Sie können gut in der materiellen oder geschäftlichen Welt tätig sein. Sie sollten darauf achten, eine gleichmäßige Balance zwischen Ihren Emotionen und der praktischen Seite Ihres Wesens zu halten. Sie sind nervös und sehr angespannt und benötigen viel Ruhe. Sie sollten ein Universalist sein und sich nicht lediglich für persönlichen Erfolg interessieren, denn Ihre Macht ist weitreichend. Sie haben Ahnungen, denen Sie folgen sollten, denn Sie sind sehr intuitiv. Da alles doppelt in Ihnen geschieht, sollten Sie sich bemühen, konstruktiv und harmonisch zu leben. Sie haben ein solch tiefes Wesen, daß Sie sich manchmal selbst nicht verstehen. Sie sollten Takt und Organisationstalent entwickeln, ein Werk in der Öffentlichkeit mit großen Gruppen ausführen.

Sie könnten sehr erfolgreich sein als Botschafter, Erschließer von Grundstücken, Wirtschaftsjurist, Organisator von Kettenläden, Exporteur, Einkäufer, fähiger Experte, Lehrer, Mechaniker, Sekretär, Ingenieur, Erfinder, Dichter oder religiöser Prediger. Sie sollten zum allgemeinen Guten der Menschheit beitragen.

Zahl 23 des Geburtstages

Wenn Ihr Geburtstag am 23. Tag irgendeines Monats ist, sollten Sie beruflicher Arbeit nachgehen, anstatt auf geschäftlichem Gebiet tätig zu sein. Sie würden ein ausgezeichneter Diagnostiker, Psychiatrist oder Heiler sein. Sie gehören in die intellektuelle Welt, denn Sie sind ein schneller Denker. Sie sind möglicherweise interessiert an Chemie, Körperkultur, Verkaufstechnik oder am Maklergeschäft. Sie besitzen eine charmante Persönlichkeit und vermögen tatsächlich, mit dem anderen Geschlecht besser umzugehen, als mit Ihrem eigenen. Sie sollten sich ein hohes Ziel setzen, denn es ist notwendig für Sie, daß Sie auf Ihre Leistungen stolz sein können.

Sie könnten erfolgreich sein als Lehrer der Körperkultur, Diagnostiker, Krankenpfleger, Psychiatrist, Psychologe, Schriftsteller, Wissenschaftler, Schauspieler, Maler, Unterhaltungskünstler, Reisender, Bildhauer, Verkäufer oder Experte im Golfspiel.

Zahl 24 des Geburtstages

Wenn Ihr Geburtstag am 24. Tag irgendeines Monats ist, sind Sie von Natur aus mütterlich oder ein Lehrer, denn Ihre Liebe konzentriert sich auf Ihre Familie und Ihre Liebsten. Sie werden möglicherweise gebeten, für ältere Leute zu sorgen. Sie würden ein ausgezeichneter Krankenpfleger oder Arzt sein. Sie sind von Natur aus ein Koch. Ihr Interesse sollte auch sein, in der Gemeinschaft Fürsorgedienst zu leisten. Sie haben möglicherweise die Neigung, eigensinnig und streitlustig zu sein. Sie sind jedoch ein solider Bürger. Sie haben eine schöne Stimme und sollten sich auf Singen spezialisieren. Da Sie eine anziehende Persönlichkeit besitzen, sollten Sie sich persönlich um das bemühen, was Sie erreichen wollen, und nicht zum Telefon greifen oder Briefe schreiben. Sie sollten auf die negativen Neigungen von Eifersucht, Trägheit, Nörgelei und sich zu sorgen achten.

Sie könnten erfolgreich sein als Lehrer, Krankenschwester, Fürsorger, Koch, Gastwirt, Musiker, Arzt, Kaufmann, Geistlicher oder Leiter einer öffentlichen Einrichtung.

Zahl 25 des Geburtstages

Wenn Ihr Geburtstag am 25. Tag irgendeines Monats ist, sind Sie ein Perfektionist und stellen hohe Ansprüche an sich selbst wie auch an andere. Sie sind intuitiv und prophetisch und sollten an metaphysischen Dingen interessiert sein. Sie sollten lernen, sich zu konzentrieren, um mächtig und gefestigt zu sein, denn Sie schwanken oft. Sie sollten nahe der Natur auf dem Lande oder in einem Vorort wohnen, denn die Stille wird Ihre Nerven beruhigen. Ihr größter Fehler ist die Unterschätzung der eigenen Fähigkeit. Ihre erste Reaktion auf jeden Vorschlag ist gewöhnlich *nein*. Daher sollten Sie nachdenken und Dinge reiflich erwägen, bevor Sie eine Entscheidung treffen. Vermeiden Sie, träge, tadelsüchtig und unbeständig zu sein.

Sie könnten erfolgreich sein als Naturarzt, Wissenschaftler, Politiker, Statistiker, Maler, Student des Okkulten, F. B. I.-Ermittlungsbeamter, Rechtsanwalt, Lehrer oder als Detektiv, da Ihnen nichts verborgen bleibt.

Zahl 26 des Geburtstages

Wenn Ihr Geburtstag am 26. Tag irgendeines Monats ist, sollten Sie sich auf das Geschäftsgebiet begeben, denn Sie sind ein guter Rechner, ein ausgezeichneter Organisator und ein guter Geschäftsführer. Sie sollten darauf achten, zu Ende zu führen, was Sie beginnen. Für finanzielle Dinge ist dies ein guter Geburtstag. Sie brauchen niemals drückende Not zu erfahren, denn Sie haben die Macht, Geld, Menschen und alles Nötige anzuziehen, auch im späteren Leben. Sie sollten Optimismus entwickeln und sich enthalten, in der Vergangenheit zu leben. Sie sind eigen in bezug auf Ihre Familie und Ihre Habe, und lieben Schaustellung, denn Sie machen gern Eindruck. Da Sie extremen Emotionen ausgesetzt sind, sich entweder in Höhen oder Tiefen bewegen, sollten Sie wegen des festigenden Einflusses früh heiraten.

Sie könnten erfolgreich sein als Ingenieur, Diplomat, Künstler, Politiker, Verleger, Wirtschaftsjurist, Buchhalter, Leiter eines Orchesters, Registrator oder Reiseveranstalter.

Zahl 27 des Geburtstages

Wenn Ihr Geburtstag am 27. Tag irgendeines Monats ist, sind Sie gut in Literatur, Schauspiel oder in religiösem Werk. Sie sind von Natur aus ein Führer, denn Sie sind stark, ruhig entschlossen und vielseitig. Sie haben einen Hang zu den esoterischen Lehren, denn Sie sind sehr psychisch und medial veranlagt. Daher sollten Sie achtgeben, nicht zu sehr hineingezogen zu werden, denn es könnte leicht geschehen, daß Sie gestört werden und den Einflüssen unterliegen. Sie legen nicht gern Rechenschaft ab für Ihr Verhalten, folglich arbeiten Sie am besten in einer individuellen Beschäftigung. Wie alle Neuner (2 + 7) können Sie nicht lediglich ein persönliches Leben führen. Eine Ehe könnte in einem Neuner Zyklus ebenfalls enttäuschend sein. Sie sind sehr liebevoll, emotionell und etwas nervös und unbeständig.

Sie könnten erfolgreich sein als Schriftsteller, Werbefachmann, Rechtsanwalt, Arzt, Diplomat, Journalist, Dichter, Lehrer, Makler, Heiler, Schauspieler, Landschaftsgärtner, Versicherungsagent, Redner oder Verkäufer von Lebensmitteln und Gesundheits- oder Schönheitserzeugnissen.

Zahl 28 des Geburtstages

Wenn Ihr Geburtstag am 28. Tag irgendeines Monats ist, sind Sie sehr liebevoll und haben hohe Ideale. Sie sind unabhängig, haben einen starken Willen und sind bereit, viel zu opfern, um Ihr Ziel zu erreichen. Sie lieben die Freiheit, leiden jedoch oft durch Begrenzungen. Sie beginnen gern etwas, versäumen jedoch oft, es zu Ende zu führen. Sie sind möglicherweise ein Tagträumer, was zu Trägheit führen könnte, wenn Sie diese Neigung nicht zügeln. Passen Sie auf, daß Sie nicht in dem Augenblick das Interesse verlieren, in dem Sie Erfolg haben. Sie neigen dazu, Ihre Schwierigkeiten zu übertreiben, und erleben daher viele Enttäuschungen.

Sie könnten erfolgreich sein als Lehrer, Elektriker, Erfinder, Pilot, Rechtsanwalt, Verkäufer, Dekorateur, Werbefachmann, Ingenieur,

Direktor in der Modebranche oder Wissenschaftler. Sie sind von Natur aus ein Geschäftsführer.

Zahl 29 des Geburtstages

Wenn Ihr Geburtstag am 29. Tag irgendeines Monats ist, haben Sie eine starke Zahl des Geburtstages. 2 + 9 ergibt die Meisterzahl 11. Wenn Sie sich in der richtigen Richtung bewegen, kann dies ein günstiger Geburtstag sein. Sie neigen zu Extremen und sind entweder fröhlich oder deprimiert. Sie sollten lernen, Ihren Weg in Ordnung zu bringen, und anderen zu helfen, den ihren zu ordnen. Sie sind oft so von Träumen, Idealen und Sorgen in Anspruch genommen, daß Sie versäumen, anderen Beachtung zu schenken. Sie sollten sich ein bestimmtes Interessengebiet suchen, das Sie ruhig und in guter Ausgeglichenheit erhält. Möglicherweise wenden Sie sich der Religion zu, denn Sie vermögen inspiriert zu sein. Sie haben lieber viele gelegentliche Freunde, als einige intime. Um erfolgreich zu sein, sollte Ihr Name in Harmonie mit Ihrem Geburtsweg sein. Sie brauchen eine häusliche Umgebung, es ist jedoch nicht immer leicht, mit Ihnen zu leben.

Sie könnten erfolgreich sein im Luftverkehr, in der Elektrobranche, in der Kraftfahrzeugtechnik, im Verkauf, Recht, Lehrberuf, Rundfunk, in Vorträgen oder im Handel mit Lebensmitteln oder Gebrauchsgegenständen.

Zahl 30 des Geburtstages

Wenn Ihr Geburtstag am 30. Tag irgendeines Monats ist, brauchen Sie individuellen Selbstausdruck für Ihr Glück, wie es allen Zahlen des Geburtstages entspricht, die sich zu 3 reduzieren. Sie könnten ein guter Manager sein. Sie lieben jedoch keine schwere Arbeit. Sie haben eine Vorliebe für Schauspiel und könnten auftreten, oder ein Schauspieler sein. Sie sind festgelegt in Ihren Ansichten und denken stets, daß Sie recht haben. Sie haben eine gute Imagination und einige

110

intuitive Fähigkeiten. Sie sollten sich jedoch vor jeder Besessenheit hüten und keine Ausflüge in den mystischen Bereich unternehmen.

Sie könnten erfolgreich sein als Werbefachmann, Lehrer, Fürsorger, Schriftsteller, Künstler, Redner, Manager oder auf den Gebieten von Gesundheit, Schönheit oder Ernährung. Jedes Gebiet, das die Anwendung von Worten erfordert, wäre harmonisch für Sie.

Zahl 31 des Geburtstages

Wenn Ihr Geburtstag am 31. Tag irgendeines Monats ist, sind Sie ein praktischer Erbauer und besitzen gute Geschäftsfähigkeiten. Sie arbeiten sehr schwer und sind ehrlich, loyal, entschlossen und sparsam. Sie vergessen weder eine Freundlichkeit noch eine Beleidigung. Sie sollten sich niemals in psychische Probleme vertiefen. Sie sollten früh heiraten, da Sie Verantwortung zum Zweck der Festigung benötigen. Sie reisen gern und lieben es nicht, allein zu leben. Sie neigen dazu, eigensinnig und festgefahren in Ihren Gewohnheiten zu sein. Sie stellen hohe Anforderungen an sich selbst und sind möglicherweise enttäuscht, wenn es Ihnen nicht gelingt, Ihren Erwartungen zu entsprechen.

Sie könnten erfolgreich sein als Apotheker oder Drogist, da Sie von Natur aus ein Wissen über Medikamente besitzen. Weitere Berufe für Sie sind Buchhalter, Sekretär, Architekt, Büroleiter, fähiger Experte, Stenograf, Unternehmer, Statistiker oder technischer Zeichner. Sie könnten ebenfalls gut geeignet sein für den Bereich der Fabrikation oder als Führer im Militärdienst.

Wie man die Macht der Konkordanzen in Numerologie anwendet

Alle Geburtstage werden in drei Gruppen, *Konkordanzen* genannt, eingeteilt. Es ist die Luft- (künstlerische), Wasser- (wissenschaftliche) und Feuer- (geschäftliche) Konkordanz.

Luft- oder künstlerische Konkordanz

Geburtstage, die sich zu 3, 6 oder 9 reduzieren, bilden die Luft- oder künstlerische Konkordanz. 3 ist der Eckstein, 6 der Schlüssel und 9 der Deckstein, die ein Dreieck bilden. Das Element von Luft ist Geist. Menschen mit Geburtstagen in dieser Konkordanz wollen Freiheit in Gedanken und Bewegung haben. Es sind künstlerische, literarische, ausdrucksfähige und unpersönliche Menschen. Sie sind oft sehr gesprächig, Plaudertaschen manchmal sogar, nicht greifbar und sehr aktiv. Sie gehören in die Öffentlichkeit, entweder im Reden, Schreiben oder in der Schauspielkunst, denn sie sind der inspirierte Typ.

Die Luft-Geburtstage jedes Monats sind der 3., 6., 9., 12., 15., 18., 21., 24., 27. und 30. Diese Konkordanz bringt Schriftsteller, Künstler, Schauspieler, Ärzte, Rechtsanwälte, Musiker und Werbefachleute hervor.

Beispiele für Geburtstage in der künstlerischen Konkordanz:

3. Februar	12. Juni
6. März	18. Juli
9. Mai	24. August

Wasser- oder wissenschaftliche Konkordanz

Geburtstage, die sich zu 1, 5 oder 7 reduzieren, sind die Wasser- oder wissenschaftliche Konkordanz. 1 ist der Eckstein, 5 der Schlüssel und 7 der Deckstein. Das Element von Wasser ist Gemüt. Daher sollten Menschen mit Geburtstag in dieser Konkordanz studieren und sich viel Wissen aneignen. Menschen mit der Zahl 1 sind schöpferisch, originell, intellektuell und wissenschaftlich. Menschen mit der Zahl 5 sind veränderlich, ruhelos, magnetisch in ihrer Persönlichkeit und vielseitig. Sie können unbeständig sein. Menschen mit der Zahl 7 sind gelehrtenhaft, oft psychisch, zurückhaltend und analytisch. Alle drei sind intuitiv.

Die Wasser-Geburtstage jedes Monats sind der 1., 5., 7., 10., 14., 16., 23., 25. und 28. Sie sollten Gebiete wählen wie Technik, Luftverkehr, Verkauf, Schriftstellerei, Lehren, selbständige Führung eines Geschäftes oder Diagnostik oder Wissenschaft.

Beispiele für Geburtstage in der wissenschaftlichen Konkordanz:

1. Februar	19. Juni
5. April	23. August
7. Mai	25. Dezember

Feuer- oder geschäftliche Konkordanz

Geburtstage, die sich zu 2, 4, 8, 11 und 22 reduzieren, sind die Feuer- oder geschäftliche Konkordanz. 11 und 22 sind Meisterzahlen. Menschen mit Geburtstagen in dieser Konkordanz werden sich zur Geschäftswelt hingezogen fühlen. Sie sind enthusiastisch, aggressiv und besitzen männliche Eigenschaften. Das Element des Feuers ist Gefühl.

Die Feuer-Geburtstage jedes Monats sind der 2., 4., 8., 11., 13., 17., 20., 22., 26., 29. und 31. Sie machen zu erfolgreichen Geschäftsmanagern, Bankiers, Unternehmern, Kaufleuten, Wirtschaftsprüfern, Stenografen, Geschäftsführern, Designern und Politikern.

Beispiele für Geburtstage in der geschäftlichen Konkordanz:

2. Januar	11. Oktober
4. März	22. November
8. Juni	29. Dezember

9. Kapitel

Ihre endgültige Gelegenheit oder Ihre Ziel-Machtzahl

Ihre Machtzahl ist Ihr Leuchtfeuer, das Sie Ihr ganzes Leben hindurch leitet. Am meisten bemerkbar und am wirksamsten ist sie jedoch in der späteren Zeit Ihres Lebens. Sie wirkt als Summierung all Ihrer persönlichen Zahlen, vereinigt sie unter einem Brennpunkt oder endgültigem Ziel.

Wie man seine Machtzahl ermittelt

Sie können Ihre Machtzahl ermitteln, indem Sie Ihren vollständigen Geburtsweg und Ihre vollständige Schicksalszahl addieren. Das bedeutet, die Buchstaben Ihres vollständigen Geburtsnamens (Schicksal) zu addieren und auf eine Endzahl zu reduzieren, Ihren vollständigen Geburtsweg hinzuzufügen, der Tag, Monat und Jahr Ihres Geburtsdatums enthält, und das Ergebnis auf eine einstellige Grundzahl zu reduzieren. Die anzuwendende Methode ist sehr einfach. Ihre Machtzahl ist Ihr Wegweiser, der Sie zu einer späteren Zeit der Freude, de Entspannung und sogar des Gewinns führt. Wir werden nun einige Beispiele für Sie aufstellen, die Sie verfolgen können.

Lawrence Welk, der sehr bekannt war wegen seines berühmten Orchesters, wurde am 11. März 1903 geboren.

```
L A W R E N C E   W E L K   11.   März   1903   = (11 + 7)
3 1 5 9 5 5 3 5   5 5 3 2   11     3      13         9
―――――――――――――――   ―――――――                  ――
       36            15                     4
        9       +     6 = 15 = 6
```

(6 + 9 = 15 = 6) (Machtzahl)

Seine Schicksalszahl ist 6. Seine Zahl des Geburtsweges ist (11 + 7) mit einer zugrundliegenden 9. Sein Schicksal (6) und sein Geburtsweg (9) ergeben seine Machtzahl (6).

Die Machtzahl von Lawrence Welk ist 6, sie ist sehr mächtig, denn sie vereinigt die beiden mächtigsten Zahlen in einem Numeroskop, nämlich die Schicksalszahl und die Zahl des Geburtsweges.

Bevor Sie nun Ihre eigene Machtzahl errechnen, wollen wir ein weiteres Beispiel aufstellen.

$$\begin{array}{ccc}
\text{A N N A} & \text{E L E A N O R} & \text{R O O S E V E L T} \\
\underline{1\ 5\ 5\ 1} & \underline{5\ 3\ 5\ 1\ 5\ 6\ 9} & \underline{9\ 6\ 6\ 1\ 5\ 4\ 5\ 3\ 2} \\
\underline{12} & \underline{34} & \underline{41} \\
3 & 7 & 5 = 15 = 6
\end{array}$$

<u>11. Oktober 1884</u>

$$\begin{array}{ccc}
\underline{11} & \underline{10} & \underline{21} \\
11\ + & 1\ + & 3 = (11–4) = 6
\end{array}$$

Die Machtzahl wird ermittelt aus Schicksal (6) und Geburtsweg (6) = 3.

Sie werden ebenfalls die vollständige Harmonie ihres vollen Namens mit ihrem Geburtsweg bemerkt haben, das läßt Erfolg unmittelbar werden. Ihre Machtzahl 3 gab ihr freien Selbstausdruck. Sie war eine ausgezeichnete Rednerin und Journalistin.

Stellen Sie nun Ihren Namen und Ihr Geburtsdatum auf und reduzieren Sie diese auf eine einstellige Grundzahl. Befolgen Sie die unten aufgeführten vier Schritte.

1. Schritt: Um Ihre Machtzahl zu ermitteln, stellen Sie Ihren vollen Geburtsnamen auf und reduzieren ihn auf eine einstellige Grundzahl.

2. Schritt: Addieren Sie ihr volles Geburtsdatum und reduzieren Sie das Ergebnis auf eine einstellige Grundzahl.

3. Schritt: Addieren Sie die ermittelten einstelligen Grundzahlen Ihres Namens und Ihres Geburtsdatums.

4. Schritt: Sehen Sie in die Tabelle (Seite 117), um zu lesen, was Ihnen jetzt und in späteren Jahren bevorsteht.

Bemerkung: Sehen Sie wegen weiterer Einzelheiten unter der entsprechenden Zahl in der Tabelle *Allgemeine Bedeutung der Zahlen* in Kapitel 2 nach.

Bedeutung der Machtzahlen

Zahl 1

Sie werden die Gelegenheit zur Führung bekommen. Sie werden sehr unabhängig, kreativ, originell und aktiv sein. Sie eignen sich zum Pionier auf einem neuen Gebiet. Sie werden ehrgeizig, geschickt und aggressiv sein. Vermeiden Sie zu starken Eigensinn, zu dominieren und festgefahrene Gewohnheiten zu haben. Lesen Sie zur weiteren Information die Eigenschaften der Zahl 1 unter *Allgemeine Bedeutung der Zahlen* in Kapitel 2.

Zahl 2

Jetzt ist die Zeit, sich an einer der schönen Künste zu beteiligen, Musik, Kunst oder Tanz. Da Sie die Eigenschaften eines Diplomaten besitzen, vermögen Sie mit anderen auszukommen und sie zur Zusammenarbeit zu bringen. Beratung, oder jede Art von beratender Tätigkeit, würde sich als erfolgreich und erfreulich für Sie erweisen. Es liegt Ihnen, Daten zu sammeln und zusammenzutragen. Möglicherweise haben Sie ein Interesse an Bibliotheken und Museen. Da Sie spirituell veranlagt sind, wenden Sie sich möglicherweise der Religion zu. Sie sollten vermeiden, ein Prügelknabe zu sein. (Siehe Zahl 2 unter *Allgemeine Bedeutung der Zahlen* in Kapitel 2.)

Zahl 3

Dies ist Ihre Gelegenheit zum wahren Selbstausdruck in Worten, entweder in Rede, Schrift oder Darstellung. Halten Sie Vorträge über ein Thema Ihrer Wahl, oder unterhalten Sie auf der Bühne, denn Sie haben ein Talent des wörtlichen Ausdrucks und einen guten Humorsinn. Sie sind kreativ und haben eine gute Imagination. Vergeuden Sie jetzt keine Zeit durch Zerstreuung Ihrer Talente, sondern arbeiten Sie mit einem bestimmten Ziel. (Siehe Zahl 3 unter *Allgemeine Bedeutung der Zahlen* in Kapitel 2.)

Zahl 4

Wenn Sie eine praktische Grundlage gelegt haben, vermögen Sie jetzt, Ihr Ziel zu verwirklichen und Ihre Ideen zur Auswirkung zu bringen, es wird jedoch beträchtliche Bemühung erfordern. Ihre Zielstrebigkeit und die Tatsache, daß Sie mitfühlend, ordentlich und ehrlich sind, werden Ihnen helfen, die Grundlage des Erfolgs zu verstärken. Sie wenden sich möglicherweise wissenschaftlichen oder religiösen Beschäftigungen zu, diese werden jedoch orthodoxer Art sein und keine neuen Methoden enthalten. Sie werden gezwungen sein, sich ranzuhalten, das Ergebnis wird sich jedoch lohnen. (Wegen weiterer Einzelheiten siehe die Wesensmerkmale der Zahl 4 unter *Allgemeine Bedeutung der Zahlen* in Kapitel 2.)

Zahl 5

Dies ist Ihre Chance für große Erfahrung. Sie werden frei sein, um weit zu reisen, und in einem neuen Projekt sehr aktiv zu sein, denn Sie haben einen wißbegierigen Geist. Ihre Aktivität sollte jedoch auf die Verbesserung und den Fortschritt der breiten Öffentlichkeit gerichtet sein. Dies ist keine Zeit, um sich auszuruhen. Seien Sie sicher, Ihre Interessen auszusieben. Die Zahl 5 ist symbolisch für den fünfstrahligen Stern, sie ist jedoch oft zu mannigfaltig und könnte sich in dieser Zeit des Lebens in zuviele Richtungen ausstrecken. Sie sollten wählerisch sein und sich auf die Erfüllung einer Hauptaufgabe konzentrieren. (Wegen weiterer Einzelheiten siehe Wesensmerkmale der Zahl 5 unter *Allgemeine Bedeutung der Zahlen* in Kapitel 3.)

Zahl 6

Ihre Gelegenheit zum Dienst befindet sich auf dem Höhepunkt. Das bezieht sich mehr auf Gemeinschaftsarbeit, als nur für Ihre eigene Familie zu sorgen, denn die Machtzahl 6 ist unpersönlich. Sie können die Annehmlichkeit eines Zuhause haben, denn Sie sind wohlbehütet und werden geliebt, und Sie haben finanzielle Zufriedenheit. Sie werden noch Verantwortung übernehmen müssen. (Zur weiteren Information siehe die Eigenschaften der Zahl 6 unter *Allgemeine Bedeutung der Zahlen* in Kapitel 2.)

Zahl 7

Sie haben die Gelegenheit, mentalen und spirituellen Beschäftigungen nachzugehen. Als Erzieher werden Sie wegen Ihres Wissens und Ihrer Weisheit gesucht sein. Sie könnten den Wunsch haben, allein zu sein, um sich zurückzuziehen und zu meditieren. Möglicherweise schreiben Sie auch über metaphysische Themen oder gehen einer ungewöhnlichen erfinderischen oder wissenschaftlichen Beschäftigungsart nach. Sie könnten introvertiert werden. (Wegen weiterer Einzelheiten siehe Zahl 7 unter *Allgemeine Bedeutung der Zahlen* in Kapitel 2.

Zahl 8

Sie haben jetzt die Chance zur Expansion, zum Ruhm, zur Macht und Anerkennung. Sie werden sich disziplinieren müssen, denn Führungsqualitäten werden erforderlich sein. Dies ist Ihre Gelegenheit zur Analyse, Forschung und Beratung. Die Angelegenheiten anderer zu überwachen und zu lenken könnte Ihr Ziel sein. Sie fühlen sich möglicherweise zu Immobilien hingezogen. (Wegen weiterer Einzelheiten siehe Zahl 8 unter *Allgemeine Bedeutung der Zahlen* in Kapitel 2.)

Zahl 9

Jetzt können Sie ein großer Bruder der ganzen Menschheit sein. Sie sollten eine universale Einstellung haben, denn die Welt ist Ihr Kampfplatz. Sie sollten ein unpersönliches Leben anstreben, denn persönliche Interessen könnten enttäuschend sein. Die Gebiete des Schauspiels, der Literatur und der Künste stehen Ihnen offen. Philanthropie und Dienst kann lohnend sein. (Wegen weiterer Einzelheiten siehe Wesensmerkmale der Zahl 9 unter *Allgemeine Bedeutung der Zahlen* in Kapitel 2.)

Zahl 11

Sie werden jetzt die Gelegenheit haben, im Scheinwerferlicht zu erscheinen, denn Sie könnten ein Führer sein. Sie fühlen sich möglicherweise zum Podium hingezogen. Viele Idealisten, wie religiöse Führer und Evangelisten, haben diese Machtzahl, denn sie kann inspirierend und spirituell in ihrer Wirkung sein. Möglicherweise möchten Sie sich für den Frieden oder irgendeine gute Sache einsetzen. Die Gebiete von Luftverkehr, Elektrizität, Fernsehen oder Erfindung könnten Ihnen ebenfalls zusagen. Ruhm und Auszeichnung werden Ihr Lohn sein, wenn Sie sich früher vorbereitet haben. (Wegen zusätzlicher Einzelheiten siehe ebenfalls Zahl 2 unter *Allgemeine Bedeutung der Zahlen* in Kapitel 2.)

Zahl 22

Dies ist Ihre Chance für nationale und auch internationale Anerkennung, wenn Sie eine gute Grundlage gelegt haben. Sie sollten sowohl ein praktischer Erbauer wie auch ein Idealist sein. Viele große Staatsmänner und auch Botschafter haben diese Machtzahl, denn sie hat mehr universale als persönliche Wirkung. Sie sollten ebenso für das Wohlergehen der Welt wie auch für sich selbst arbeiten. (Siehe ebenfalls die Wesensmerkmale der Zahl 4 unter *Allgemeine Bedeutung der Zahlen* in Kapitel 2.)

Als ich begann, Numerologie zu studieren, war ich zuerst sehr entmutigt, denn ich glaubte nicht, die von meinen Zahlen gekennzeichnete Persönlichkeit zu sein und fand, daß meine Tabelle kein wahres Bild von mir zeigte. Der Grund war, als ich die Zahlen unter meinen vollen Geburtsnamen setzte, zeigte die Tabelle, daß mir die Zahl 1 fehlte, und das bedeutet Mangel an Originalität, Unabhängigkeit und Aggressivität. Ich war sicher, daß ich eine ganze Menge Initiative und kreative Ideen besaß, und daß ich gewiß kein Prügelknabe oder ein scheues Veilchen war. Ich erkannte später, daß ich versäumt hatte, meine Machtzahl in Betracht zu ziehen. Die Zahlen meines Schicksals (7) und meines Geburtsweges (3) ergeben die Machtzahl 10, was nicht nur für die Zahl 1 steht, sondern zehnmal stärker ist als die Eins und auf das Potential von überdurchschnittlicher Unabhängigkeit und Originalität hinweist.

Wie man sich auf ein glückliches Alter vorbereiten kann

Das Leben war bei Ihrer Geburt vorausgeplant. Die meisten von uns sind jedoch zu sehr damit beschäftigt, den Lebensunterhalt zu verdienen und die Verantwortung für eine Familie zu übernehmen, um die

Mächte und Kräfte zu erkennen, die der Machtzahl zugrunde liegen, bis man Zeit findet, die Lebenswerte wieder neu zu entdecken. Die späteren Jahre können die besten des ganzen Lebens sein, denn in der Zeit kann die Machtzahl mit voller Kraft wirken. Sie weist auf eine weitere Erfahrung hin, oder auf eine Lektion, die noch zu lernen ist, und auch auf eine weitere Gelegenheit. Eine Möglichkeit, sich darauf vorzubereiten ist, ein Hobby oder eine Nebenbeschäftigung zu haben, die man später voll ausüben kann.

10. Kapitel

Wie Sie Ihre Herausforderungen erkennen: die Warnzeichen Ihrer Hindernisse

Wo Sie Ihre Heruasforderungen feststellen

Eine Herausforderung wird im Geburtsweg eines Menschen fest-gestellt. Indem man das nach unten zeigende Dreieck oder die Pyramide unter Anwendung von Tag, Monat und Jahr des Geburtsda-tums aufstellt, kann man durch das Studium des sich ergebenden numerologischen Faktors erfahren, welche Schwächen man besitzt. Weiterhin kann man daran arbeiten, die Hürden zu überwinden, und so durch Anziehung von Gelegenheiten, Macht und wünschenswerten Freundschaften die Herausforderung für sich arbeiten zu lassen. Die sich ergebende numerologische Schlüsselzahl der Herausforderung stellt den Defekt dar. Sie sollten jedoch auch die Zahlen hinter der schließlich einstelligen Grundzahl als verborgene Unter-Herausforde-rung erkennen und lernen, ihre Warnungen während der bestimmten Zeiten zu beachten.

Wie Sie Ihre schwachen Charakterzüge überwinden können

Das Leben würde überaus langweilig sein, würden einen nicht seine Hindernisse oder Herausforderungen aus der natürlichen Lethargie aufschütteln und zwingen, gegen die Umstände und Behinderungen zu kämpfen, welche die Erreichung des Zieles verhindern. Eine Heraus-forderung ist tatsächlich ein schwacher Charakterzug, oder ist mög-licherweise kein gänzlich fehlender Vorzug, sondern ein nicht entwikkeltes Talent. Sie stellt einen Charakterzug dar, den man mit seiner Willenskraft stärken sollte, wenn man erwartet, seine Schwierigkeiten zu überwinden. Sie wirkt als Hindernis oder Warnzeichen, drängt Sie, sich vor ihren Gefahren in acht zu nehmen, denn sie muß Sie nicht beherrschen.

Ihre Herausforderung ist nicht dieselbe wie die eines anderen, denn sie ist unterschiedlich bei jedem Einzelnen. Einige Herausforderungen kommen jedoch öfter vor als andere, und zwar die Eins, Zwei und Drei. Die Vier und Fünf erscheinen am nächst häufigsten. Die Sechs und Sieben kommen selten als Herausforderungen vor. Die Acht wird niemals als solche festgestellt, außer in Verbindung mit der Null. Die Neun findet man niemals als Herausforderung, denn sie ist eine universale Zahl.

Regeln für die Feststellung Ihrer Herausforderung

Ihre Herausforderung ist in Ihrem Geburtsweg angegeben und Sie werden die Regel der Subtraktion anwenden. Wenn eine Meisterzahl in Ihrem Geburtsdatum erscheint, sollten Sie diese vor der Subtraktion auf eine einstellige Grundzahl reduzieren. Lassen Sie uns nun wie folgt vorgehen:

1. Schritt: Ziehen Sie die einstellige Grundzahl des Monats und die einstellige Grundzahl des Tages voneinander ab. Dies ist Ihre *erste Unter-Herausforderung.*

2. Schritt: Ziehen Sie die einstellige Grundzahl des Tages und die einstellige Grundzahl des Jahres voneinander ab. Dies ist Ihre *zweite Unter-Herausforderung.*

3. Schritt: Ziehen Sie die verbleibenden zwei Zahlen voneinander ab. Dies ist Ihre dritte und wichtigste Herausforderung.

4. Schritt: Ziehen Sie die einstellige Grundzahl des Monats und die einstellige Grundzahl des Jahres voneinander ab. Dies ist Ihre *vierte Herausforderung,* die Ihrer dritten oder Haupt-Herausforderung untergeordnet ist. Üblicherweise werden die dritte und vierte Herausforderung identisch sein.

Wenn sie unterschiedlich sind, haben Sie mehr als eine Herausforderung. Das bedeutet, daß während des späteren Teiles Ihres Lebens eine weitere Herausforderung zu der fast das ganze Leben hindurch wirksamen hinzu kommt. Das wird Verständnis, eine zusätzliche Bemühung, Ordnung zu erhalten, Organisation und Balance notwendig machen.

Zur praktischen Übung wollen wir einen angenommenen Geburtstag aufstellen und die Herausforderung errechnen. Siehe Bild 10–1.

Um die erste Unter-Herausforderung festzustellen, ziehen Sie die einstellige Grundzahl des Tages (8) und des Monats (Dezember = 12 = 3) voneinander ab: (8 - 3 = 5).

Um die zweite Unter-Herausforderung zu ermitteln, ziehen Sie die einstellige Grundzahl des Tages (8) und die einstellige Grundzahl des Jahres (1931 = 14 = 5) voneinander ab: (8 - 5 = 3).

Um die dritte und Haupt-Herausforderung zu ermitteln, ziehen Sie die beiden verbleibenden Zahlen voneinander ab: (5 - 3 = 2).

Beispiel:

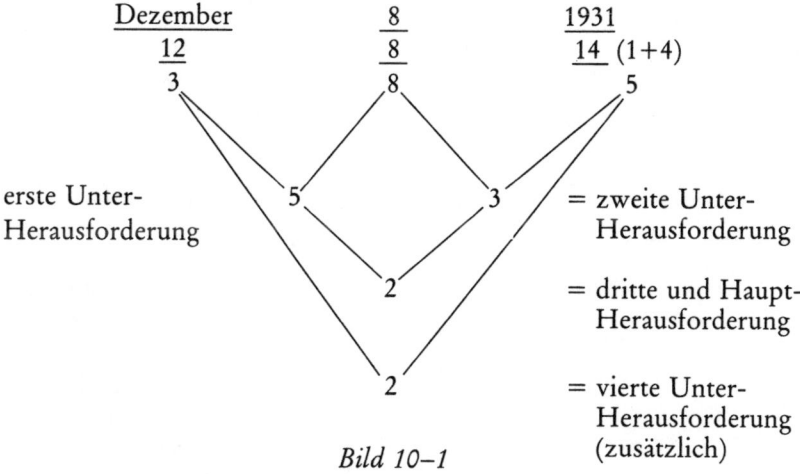

Bild 10–1

Um die vierte und zusätzliche Herausforderung zu ermitteln, ziehen Sie die einstellig Grundzahl des Monats (3) und die einstellige Grundzahl des Jahres voneinander ab: (5 – 3 = 2).

Die Zahl 2 wird das ganze Leben hindurch die wirksamste Herausforderung dieses Menschen mit dem oben angegebenen Geburtsweg sein. Die dritte und vierte Herausforderung sind wie vorher erwähnt üblicherweise identisch, wir müssen jedoch die vierte errechnen für den Fall, daß eine zusätzliche Herausforderung vorhanden ist. Wird im obigen Falle die Zweier-Herausforderung entwickelt, so wandelt sie sich zu einem Talent oder Vorzug.

Nun wollen wir ein weiteres Geburtsdatum mit einer doppelten Herausforderung aufstellen. Siehe Bild 10–2.

Beispiel:

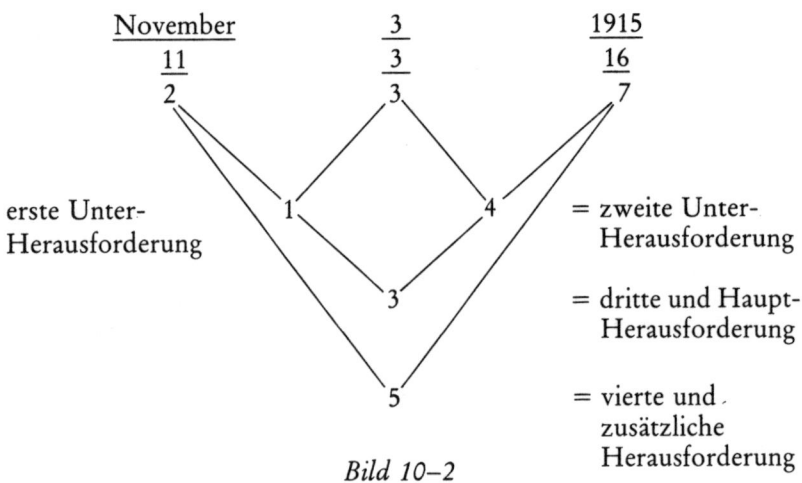

Bild 10–2

126

Dieser Mensch hat eine gemischte Herausforderung, die Zahl 3 wirkt sein ganzes Leben hindurch und die Zahl 5 kommt in der späteren Zeit seines Lebens hinzu.

Nun wollen wir einen Geburtstag mit einer 0 – Herausforderung aufstellen. Siehe Bild 10–3.

Beispiel:

Edward Kennedy wurde am 22. Februar 1932 geboren.

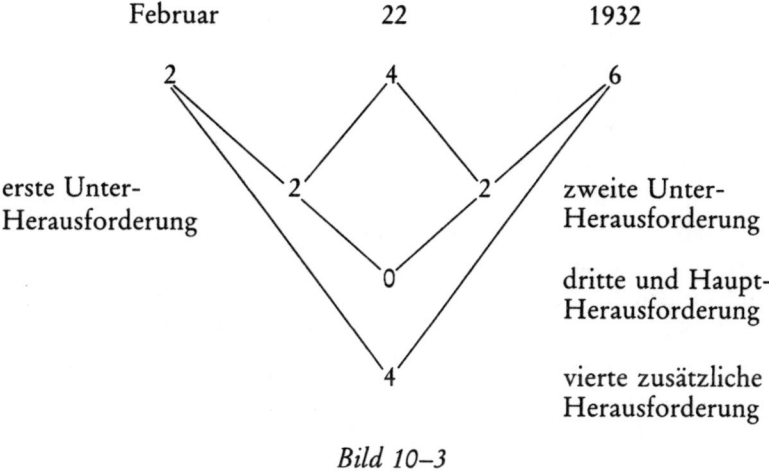

Bild 10–3

Die Null- oder Haupt-Herausforderung sagt aus, daß sich Senator Kennedy entweder allen Hindernissen stellen muß, um sie zu überwinden, oder daß er keine Hindernisse zu seinem Erfolg haben wird. Mit anderen Worten, es wird entweder alles glatt gehen, oder es werden ständig Hindernisse seinen Erfolg verhindern. Er hat die Fähigkeit, alle Probleme zu überwinden, wenn er die Bemühung

127

aufbringt, denn er ist eine alte Seele (0). Er muß sich entscheiden, denn er wird vielen Prüfungen ausgesetzt sein. Er hat in der späteren Zeit seines Lebens eine zusätzliche Herausforderung der Zahl 4. Das ist schwierig, denn er muß lernen, die praktische Seite seines Lebens zu entwickeln und sich zu disziplinieren, pünktlich, systematisch und ordentlich zu sein. Er neigt zur Abneigung gegen Arbeit und Sparsamkeit und muß achtgeben, um nicht träge und eigensinnig zu werden. Harte Arbeit wird von ihm verlangt, wenn er erwartet, seine Herausforderungen zu überwinden.

Stellen Sie nun Ihren eigenen Geburtsweg (Monat, Tag und Jahr) in einem nach unten zeigenden Dreieck auf, wie in diesem Kapitel vorher dargestellt, und rechnen Sie Ihre Herausforderung aus. Befolgen Sie die vier angegebenen Schritte. Lesen Sie anschließend die Bedeutung Ihrer endgültigen Herausforderung in den folgend in diesem Kapitel dargestellten Faktoren. Versuchen Sie zu beschreiben, was aufgrund Ihrer dritten oder Haupt-Herausforderung von Ihnen erwartet wird.

Als ich mit einer Freundin einen Einkaufsbummel machte, bemerkte ich, daß sie beträchtliche Schwierigkeiten hatte, sich auch nur wegen des belanglosesten Gegenstandes zu entscheiden. Sie wog Für und Wider ab, ob sie einen unbedeutenden Artikel kaufen sollte, oder nicht. Als sie schließlich ihre Wahl getroffen hatte, zögerte sie wieder und hielt den Artikel abwägend in ihrer Hand. Endlich beschloß sie, sich die Sache zu überlegen, und kaufte daher gar nichts.

Als wir zusammen nach Hause fuhren, fragte ich sie, ob es ihr recht wäre, mir ihr Geburtsdatum zu nennen. Es war der 3. November 1915. Wie ich vermutet hatte, war ihre Zahl der Herausforderung 3 (im späteren Teil ihres Lebens zusätzlich 5). Die Zahl 3 bedeutet Unentschlossenheit.

Um sich von dieser Unentschlossenheit zu kurieren, sollte sie sich zu einer schnellen Auswahl zwingen und dann an ihrer ursprünglichen Wahl festhalten, wie sehr sie auch wünschen mochte, ihren Sinn zu ändern oder zu schwanken. Durch Beharrlichkeit vermochte sie schließlich ihre Herausforderung zu überwinden und war zu einer schnellen Beurteilung fähig, oder zumindest, bei ihrer Wahl zu bleiben und damit zufrieden zu sein.

Bedeutung der in diesem Kapitel durch Zahlen ausgedrückten Herausforderungen

0

Ist Ihre endgültige Herausforderungs- oder Prüfungszahl 0, bedeutet dies, (1) daß Sie sich entweder allen Herausforderungen stellen müssen (2) oder, daß es für Sie keine Herausforderungen gibt. Sie haben die Wahl bei Ihrer Entscheidung und es wird von Ihnen erwartet, daß Sie weise wählen, denn in Ihnen sind die Kenntnisse und Talente aller Zahlen vorhanden. Die andere Möglichkeit besteht darin, daß alles ein Hindernis für Ihr Fortkommen darstellt und daß Sie ständig Kämpfe zu bestehen und Hindernisse zu überwinden haben, da für Sie keine bestimmte Schwäche angegeben ist, die es zu stärken gilt. Es ist der Hinweis auf eine alte Seele.

1

Sie sollten lernen, Willenskraft, Charakterstärke und Mut zu entwickeln, sonst werden Sie von anderen herumkommandiert und unterdrückt, besonders von Ihrer Verwandtschaft. Man wird sich oft in ihre Angelegenheiten einmischen, sie sollten jedoch nicht anderen die Schuld geben oder ärgerlich und kampfeslustig reagieren. Sie schwanken möglicherweise und verhalten sich immer so, wie es anderen gefällt, werden jedoch nichts erreichen, nicht einmal mit sich selbst zufrieden sein, bis Sie entschlossen sind, sich Respekt bei anderen zu verschaffen. Sie haben kreative und originelle Ideen; Sie sollten diese allerdings auch nutzbar anwenden. Versichern Sie sich zuerst, ob Sie Recht haben und übernehmen Sie dann die Führung, jedoch nicht mit Zorn geladen, sondern bestimmt.

2

Sie sollten Selbstvertrauen entwickeln, sonst werden Sie zu befangen. Sie sind sehr sensibel und leicht verletzbar. Vergeben und vergessen ist schwer für Sie. Seien Sie vorsichtig, nicht einen Minderwertigkeitskomplex zu entwickeln und ein Prügelknabe für andere zu werden. Sie sollten sich nicht wegen der geringsten Provokation verletzt fühlen. Sie sollten mehr Abstand zu den Dingen gewinnen und nicht alles auf sich beziehen. Wenden Sie Ihre eigenen Fähigkeiten an, statt andere zu kopieren. Sie lieben den Frieden; Sie sollten jedoch nicht unaufrichtig sein oder der Wahrheit aus dem Weg gehen, nur weil Sie Harmonie wünschen, und auch nicht nett sein, nur um einen guten Eindruck zu machen. Sie haben beträchtliche psychische Kräfte, die Sie jedoch nur zur persönlichen Befriedigung anwenden sollten, und nicht für finanziellen Gewinn.

3

Sie sollten vermeiden, Ihre Fähigkeiten zu verzetteln, denn Sie neigen dazu, zu viele Dinge auf einmal zu tun. Sie haben eine gute Imagination und Redebegabung, finden es jedoch oft schwierig, sich wirkungsvoll auszudrücken. Sie können keine Kritik vertragen und ziehen sich oft zurück, wenn Sie eigentlich unter Leute gehen und Freundschaften pflegen sollten. Sie sollten schreiben oder Vorträge halten, denn Sie sind kreativ. Interessieren Sie sich für Tanz, Gesang, Darstellungskunst oder Rhetorik, sodaß Sie eine willkommene Bereicherung einer Gruppe sind. Sie sollten lernen, nicht extravagant zu sein und weder Zeit, noch Geld, noch zu viele Worte zu verlieren. Sie sollten nicht klatschen und nicht Ihren Launen nachgeben. Anstatt Ihre Fähigkeiten zu verbergen, sollten Sie diese entfalten, damit sie sich vervielfachen und anderen Menschen Freude bringen.

4

Haben Sie eine Vierer Herausforderung, dann sollten Sie sich dazu disziplinieren, ordentlich, pünktlich und systematisch zu sein, denn Sie haben einen gut entwickelten Sinn für brachliegende Werte. Sie neigen dazu, träge, achtlos, eigenwillig und starrsinnig zu sein, sowie Details und Verabredungen außer acht zu lassen. Sie haben eine Abneigung gegen Arbeit und Sparsamkeit und zögern oft. Sie neigen ebenfalls dazu, sich unnötig Sorgen zu machen. Sie können Erfolg haben, wenn Sie Ihre praktische Seite entwickeln. Ständige Veränderungen oder Ruhelosigkeit sind kein Ansporn zu harter Arbeit, die noch von Ihnen verlangt wird.

5

Haben Sie eine Fünfer Herausforderung, dann wünschen Sie Freiheit um jeden Preis. Ein unsteter Mensch schafft sich jedoch selten eine solide Basis. Sie sind neugierig in bezug auf Sex und die Sinne. Dies ist eine schwierige Herausforderung für Sie, denn sie könnte Sie zu impulsiv werden lassen. Möglicherweise möchten Sie alles wenigstens einmal probieren und dies könnte dazu führen, daß es Ihnen an Stabilität mangelt. Eine andere, wesentliche Freiheit der Fünfer Herausforderung ist zu lernen, Menschen und Dinge aufzugeben. Sie sollten die gesunde Art der Veränderung pflegen. Sie sollten erkennen, wann etwas aufzugeben ist, und was, denn dies bringt Fortschritt. Achten Sie darauf, Veränderungen nicht nur um der Befriedigung sinnlichen Begehrens willen zu wünschen. Der Wunsch nach Freiheit könnte auch eine Flucht vor der Verantwortung bedeuten. Die Fünfer Herausforderung ist ausgezeichnet für eine Arbeit, bei der Sie mit der Öffentlichkeit in Berührung kommen, wie z.B. Verkaufsförderung, Werbung, Reisen oder Öffentlichkeitsarbeit. Sie sollten lernen, Ihre Impulse zu beherrschen.

6

Haben Sie eine Sechser Herausforderung, dann sind Sie idealistisch, können jedoch auch herrisch und zudringlich sein. Sie möchten möglicherweise, daß jeder Ihren Prinzipien und Ihrer Denkweise zustimmt. Sie könnten zu sehr davon überzeugt sein, was Sie für richtig oder falsch halten. Sie bekommen mit jedem Streit, der mit den von Ihnen aufgestellten Regeln nicht einverstanden ist. Dies führt oft zu Meinungsverschiedenheiten zwischen Ihnen und Ihrem Partner, da Sie glauben, daß alle Fehler machen – nur Sie nicht. Sie würden erfolgreicher sein, indem Sie sich vor Ihre Ideale spannen und versuchen, sie zu verwirklichen, anstatt sich an Menschen zu klammern und sie neu schaffen zu wollen. Sie werden nie völlig glücklich sein oder Liebe und Anerkennung finden, wenn Sie nicht lernen, daß andere ein Recht auf ihre eigenen Ideen und Maßstäbe haben.

7

Haben Sie eine Siebener Herausforderung, dann sind Sie rebellisch gegen die herrschenden Zustände, unternehmen jedoch leider keine Bemühung, diese zu verändern oder zu verbessern, oder für die Förderung von etwas Neuem zu arbeiten. Dies ist eine tragische und schwer zu ertragende Herausforderung; glücklicherweise haben es jedoch nur wenige Menschen mit einer Siebener Herausforderung aufzunehmen. Sie bringt üblicherweise eine schwere Prüfung oder Unterdrückung mit sich. Zuviel falscher Stolz, Zurückhaltung und reserviertes Verhalten verbergen die wirklichen Gefühle unter der Oberfläche. Sie benötigen eine gute Ausbildung, um eine scharfe Analyse und technische Fertigkeiten entwickeln zu können. Sie sollten Anflüge von Melancholie vermeiden und nicht Ihre Zuflucht im Alkohol suchen. Sie haben eine zugrundeliegende spirituelle Qualität, verbringen jedoch zuviel Zeit damit, über Ihre Begrenzungen nachzudenken. Infolgedessen ziehen Sie Furcht anstatt Glauben heran. Wenn Sie lernen, Ihre Fertigkeiten zu vervollkommnen, können Sie das Beste im Leben heranziehen.

8

Bei einer Achter Herausforderung haben Sie ausgezeichnete Chancen, anerkannt und gefördert zu werden, wenn Ihre Motive über jeden Vorwurf erhaben sind. Üblicherweise streben Sie nach Macht und Geld. Auf materiellen Besitz gegründete persönliche Freiheit ist Ihr Hauptziel. Sie haben falsche Wertbegriffe, denn Sie fürchten Mangel, Verlust oder Einschränkungen und locken dadurch diese Zustände an. Sie sollten lernen, daß Geld allen gehört, nicht nur Ihnen. Die Achter Herausforderung erscheint üblicherweise zusammen mit einer Null, die entweder die ersten 35 Jahre oder den letzten Teil Ihres Lebens beherrscht. Erscheint die 0 als erste Unter-Herausforderung, bedeutet dies, daß Sie aus eigener Kraft emporkommen können. Die Achter Herausforderung verursacht viel Streß. Sie sollten eine philosophische Verfassung des Geistes entwickeln, um beide Seiten einer Situation zu erkennen. Sie können Erfolg haben, wenn Sie fest auf den eigenen Beinen stehen und nach einem harmonischen Verhältnis der Realitäten trachten.

9

Die Zahl 9 erscheint nicht als Herausforderung. Da die Neun die höchste Einzelziffer ist, kann von ihr nichts abgezogen werden und trotzdem neun übrigbleiben. Jeder Mensch hat eine Schwäche oder Herausforderung in seiner Veranlagung. Für Sie ist keine Aufgabe zu schwierig, denn Sie besitzen die Fähigkeit, alles zu vollbringen, was das Leben von Ihnen verlangt. Einer Herausforderung direkt zu begegnen und entschlossen zu sein, ihre Hürden durch konstruktive Anwendung der Fähigkeiten zu überwinden, entwickelt Charakter. So werden Sie eine entscheidende Wende in Ihrem Leben zu Fortschritt und Erfolg erfahren. Dies ist eine der hohen Belohnungen dafür, daß Sie Ihre Herausforderungen durch die Numerologie kennen.

11. Kapitel

Ihre Höhepunkte: Wie man erfährt, was man zu bestehen hat oder erfahren wird

Ihre Höhepunkte sind vergleichbar mit einem Examen oder einer Prüfung, der man sich unterziehen muß und die zu akzeptieren ist, denn man kann ihre Erfahrung nicht vermeiden. Die Voraussagen der Höhepunkte sind genau, ganz gleich, ob man gerüstet ist, ihren Anforderungen gerecht zu werden, oder nicht.

Wo Sie Ihre Höhepunkte feststellen können

Höhepunkte werden im Geburtsweg festgestellt. Indem Sie unter Anwendung von Tag, Monat und Jahr des Geburtsdatums ein nach oben zeigendes Dreieck oder eine Pyramide aufstellen, zeigen die vier Gipfel oder Höhepunkte eindeutige Veränderungen in Ihrem Leben. Beachten Sie, Herausforderungen zeigen nach unten, um ein Dreieck aus Ihrem Geburtsweg zu bilden, während Höhepunkte nach oben zeigen.

Wie Sie sich von Ihren Höhepunkten leiten lassen

Sie alle sind schon einmal an eine Kreuzung oder Gabelung der Straße des Lebens gekommen, an der eine Entscheidung zu treffen war, um dem richtigen Weg zu folgen. In dem Augenblick hätte es sich gelohnt, die Zahl des Höhepunktes zu konsultieren, um festzustellen, unter welchem Einfluß Sie sich zu der Zeit befanden und welche künftigen Höhepunkte Ihnen bevorstanden. Ihr Höhepunkt, oder Wegweiser, wird in die Richtung zeigen, in die Sie um der besten Ergebnisse willen reisen sollten. Er wird nicht nur auf Gelegenheiten hinweisen, sondern auch auf die Hindernisse, die, obwohl anscheinend katastrophal, in Wirklichkeit *verkleidete Segen* sind. Ihre Höhepunkte zu studieren wird Ihnen helfen, den Wechsel Ihrer Stimmungen, Ihre Einstellung zu Menschen und Dingen und Ihr allgemeines Auf und Ab zu verstehen. Keine dieser Umstände sind unglücklich, wenn Sie verstehen und bereit sind, zu akzeptieren, denn sie wirken als Schutzmaßnahme für Sie.

Um den Vorgang zu erläutern: wenn eine Sieben als eine Zeitspanne in Ihrem Geburtsweg erscheint, erfahren Sie möglicherweise viel Einsamkeit, wenn Sie nicht wenigstens einen Teil Ihrer früheren Jahre damit verbracht haben, zu lernen, allein zu leben, ohne einsam zu sein, und die gelehrtenhafte Seite Ihres Wesens zu entwickeln. Gesellschaftliche und materielle Angelegenheiten werden sehr heruntergekommen und enttäuschend sein, während Sie durch diesen Höhepunkt gehen. Ein Neuner Höhepunkt ist oft enttäuschend wegen der mit ihm verbundenen Schwierigkeiten und Verluste. Es kann und wird lohnend sein, wenn Sie seine Anforderungen verstehen und gelernt haben, ein unpersönliches und universales Leben zu führen.

Dauer der Höhepunkte

Der Neuner Zyklus ist wirksam in der Bestimmung der Dauer eines Höhepunktes. Ein Kreis hat 360 Grad und kann in vier Abschnitte von 90 Grad unterteilt werden $(3 + 6 + 0 = 9)$. Wenn man die Neun als den Zyklus des Menschen annimmt und die Vier als die Zeiten der Erreichung, kommen wir zu $4 \times 9 = 36$ als unserem Ausgangspunkt für die Errechnung der Höhepunkte. Um die Dauer des ersten Höhepunktes festzustellen, ziehen Sie die Zahl Ihres Geburtsweges von 36 ab. Um die Dauer des zweiten Höhepunktes zu ermitteln, addieren Sie neun Jahre zum Ende des ersten Höhepunktes. Für die dritte Periode addieren wir weitere neun Jahre zum Ende des zweiten Höhepunktes.

Der vierte Höhepunkt beginnt am Ende der dritten Periode und ist das ganze weitere Leben hindurch wirksam. Die Grundlage für die Errechnung der Höhepunkte ist der Geburtsweg. Die folgenden Regeln sollten beachtet werden:

Regeln für die Ermittlung der Höhepunkte

Erster Höhepunkt: Addieren Sie die einstellige Grundzahl des Monats zur einstelligen Grundzahl des Tages.

Zweiter Höhepunkt: Addieren Sie die einstellige Grundzahl des Tages zur einstelligen Grundzahl des Jahres.

Dritter Höhepunkt: Addieren Sie den ersten und zweiten Höhepunkt.

Vierter Höhepunkt: Addieren Sie die einstelligen Grundzahlen von Monat und Jahr des Geburtsdatums.

Um den Vorgang zu erläutern, werden wir den Geburtsweg von Helen Hayes Brown, geboren am 10. Oktober 1900, aufstellen. Die First Lady des Theaters ist unter dem Namen Helen Hayes bekannt, und ihr Geburtsweg kann als Beispiel aufgestellt werden. Siehe Bild 11–1.

Indem wir die Zahl 3 des Geburtsweges von 36 abziehen, erfahren wir, daß sich der erste Zweier Höhepunkt von der Geburt bis zu ihrem 33. Lebensjahr erstreckt. Der zweite Zweier Höhepunkt dauert neun Jahre lang von ihrem 34. bis 43. Lebensjahr. Der dritte Vierer Höhepunkt, der ebenfalls neun Jahre dauert, endet in ihrem 52. Lebensjahr. Der vierte Zweier Höhepunkt begann in ihrem 53. Lebensjahr und erstreckt sich über die ganze übrige Zeit ihres Lebens. So viele identische Zweier Höhepunkte sind ungewöhnlich, Sie werden jedoch bemerken, daß ihr Geburtsweg lauter Zehner Zyklen beinhaltet (Tag = 10), Oktober = 10) und (1900 = 10). Es spielt keine Rolle, wo die Eins erscheint, sie bedeutet stets Unabhängigkeit und Führerschaft. Die Zwei kennzeichnet hingegen künstlerische Talente, besonders eine vortreffliche Stimme, entweder im Sprechen oder Singen.

Da dies etwas kompliziert ist, stelle ich einen weiteren Fall auf, bevor Sie Ihre eigenen Höhepunkte errechnen. Siehe Bild 11–2.

Indem wir die Zahl 11 des Geburtsweges von 36 abziehen, erfahren wir, daß sich der erste Dreier Höhepunkt von seiner Geburt bis zu seinem 25. Lebensjahr erstreckt. Der zweite Neuner Höhepunkt dauert neun Jahre lang von seinem 36. bis 45. Lebensjahr. Der vierte Zehner Höhepunkt beginnt im Alter von 46 Jahren und dauert sein ganzes weiteres Leben hindurch.

Nun sollten Sie imstande sein, Ihr eigenes Geburtsdatum aufzustellen und sowohl die Höhepunkte wie auch deren Dauer zu errechnen.

Vergleiche

Wenn die Zahl einer Ihrer Höhepunkte in der Tabelle erscheint, die Sie mit dem vollen Geburtsnamen und Geburtsdatum erstellen, hat das eine besondere Bedeutung.

Zum Beispiel:

1. Wenn die Zahl Ihrer Bestrebung oder der Sehnsucht Ihrer Seele mit der Zahl Ihres Höhepunktes identisch ist, werden sich Gelegenheit und Geschehnisse zur Erfüllung Ihres Wunsches einstellen.

2. Wenn Ihre Schicksalszahl mit der Zahl Ihres Höhepunktes identisch ist, werden Sie Hilfe bekommen, um das Werk Ihrer Talente oder Fähigkeiten auszuführen.

3. Wenn die Zahl Ihres Geburtsweges mit der Zahl Ihres Höhepunktes identisch ist, werden sich nicht nur die Gelegenheiten für Ihre Aktivitäten einstellen, sondern Sie werden ebenfalls eine leichte Zeit haben, um die erforderlichen Lektionen zu lernen.

Beispiel:

Vierter Höhepunkt:

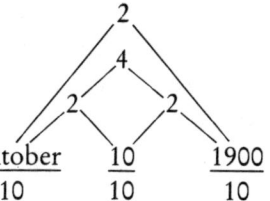

Dritter Höhepunkt

Erster Höhepunkt:

Zweiter Höhepunkt

Geburtsdatum: Oktober   10   1900
                    10   10   10   = 3 (Geburtsweg)

Erster Höhepunkt: 1. bis 33. Lebensjahr = 2
Zweiter Höhepunkt: 34. bis 43. Lebensjahr = 2
Dritter Höhepunkt: 44. bis 53. Lebensjahr = 4
Vierter Höhepunkt: Vom 53. Lebensjahr an = 2

Bild 11–1

Beispiel:

Richard Burton, der Schauspieler, wurde am 10. November 1925 geboren.

Vierter Höhepunkt

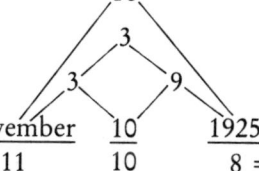

Dritter Höhepunkt

Erster Höhepunkt:

Zweiter Höhepunkt

                November   10   1925
                    11   10   8 = (11 − 9) = 11
                                          (Geburtsweg)

Erster Höhepunkt: 1. bis 25. Lebensjahr = 3
Zweiter Höhepunkt: 26. bis 35. Lebensjahr = 9
Dritter Höhepunkt: 36. bis 45. Lebensjahr = 3
Vierter Höhepunkt: Vom 46 Lebensjahr an = 10

Bild 11–2

4. Wenn die Zahlen Ihres Höhepunktes und Ihrer karmischen Lektion übereinstimmen, wird es eine schwierige Zeit sein, wenn Sie nicht vorher Ihre Lektion gelernt haben.

5. Wenn die Zahl Ihres Höhepunktes und Ihre Machtzahl übereinstimmen, werden Sie unmittelbaren Erfolg haben, wenn Sie Ihre Fähigkeiten voll einsetzen.

Tabelle der Bedeutung Ihrer Höhepunkte

Eins

Der Einer Höhepunkt gibt Ihnen die Gelegenheit, ein Führer zu sein, denn Sie haben Führungsqualitäten, sind individuell im Denken und Handeln, sowie unabhängig und originell. Dieser und ein Zehner Höhepunkt zwingen Sie oft, auf Ihren eigenen Füßen zu stehen und sich hinsichtlich Ihres Erfolges nur auf sich selbst und nicht auf andere zu verlassen. Wenn dies als erster Höhepunkt erscheint, kann es eine schwierige Zeit für Sie bedeuten, denn ein junger Mensch ist nicht immer darauf vorbereitet, mutig und unabhängig zu sein, und daher werden Sie oft die große gebotene Gelegenheit versäumen, originelle Ideen zu verwenden. Dies kann sogar dazu führen, daß Sie eigensinnig und herrisch werden. Als späterer Höhepunkt gibt er Ihnen die Chance, hervorragende Arbeit zu leisten. Er bedeutet stets eine aktive, mit Veränderungen erfüllte Zeit.

Zwei

Der Zweier Höhepunkt erfordert Zusammenarbeit und Diplomatie. Er bringt oft Partner- oder Teilhaberschaften mit sich, da es für Sie besser ist, mit anderen oder für andere zu arbeiten, als in einem freien Beruf. Ihre Geduld wird auch auf die Probe gestellt, denn unter einer Zwei heißt es, *in der Eile geht alles schief.* Dies ist keine Zeit der Unabhängigkeit, denn Harmonie mit anderen und die Fähigkeit, mit ihnen zurechtzukommen, sind wichtig. Möglicherweise sind Sie während dieser Zeit sehr empfindsam, Sie sollten jedoch darauf achten,

Ihre Gefühle nicht zu zeigen. Sie arbeiten gut im Detail, in sammelnden Tätigkeiten und zusammen mit anderen. Schwierigkeiten in Partnerschaften (auch in der Ehe) können auftreten. Erscheint eine Elf als Ihr Höhepunkt, kann die Auflösung einer Partnerschaft (in der Ehe oder im Geschäft) eintreten, was Sie dazu veranlassen kann, Trost in der Religion oder in spirituellen Studien zu suchen.

Drei

Dies ist eine gute Zeit, um Ihre kreative oder künstlerische Fähigkeit zu entwickeln, denn Sie sind inspiriert und haben gute Ideen. Dies ist keine physische sondern eine mentale Periode. Sie haben möglicherweise die Gelegenheit zu schreiben, Reden zu halten sowie zu Innenarchitektur und Bühnen- oder Filmschauspielerei. Ihre Imagination und Ihr Gefühl befinden sich in Hochform. Dies ist eine ausgezeichnete Zeit, Geld zu verdienen. Als erster Höhepunkt wird die Drei möglicherweise ignoriert, denn wenige junge Leute sind ernsthaft genug, um die notwendige Bemühung aufzubringen, ihre Talente auf ein bestimmtes künstlerisches oder kreatives Gebiet zu lenken. Die Emotionen sollten immer gezügelt und unter Kontrolle gehalten werden.

Vier

Unter einem Vierer Höhepunkt ist es zweckmäßig, eine gute Grundlage für die Zukunft zu legen, es wird jedoch harte Arbeit von Ihnen verlangt. Dies ist eine praktische Periode, mit der es nicht leicht aufzunehmen ist, denn sie erfordert ständige Leistung und Bemühung. Es ist eine ausgezeichnete Zeit, um zu sparen und für spätere Bedürfnisse ein Bankkonto anwachsen zu lassen. Erscheint eine Vier als erster Höhepunkt, bedeutet dies, daß Ihre Kindheit ernst und schwierig verläuft. Sie sind möglicherweise gezwungen, Ihren Lebensunterhalt früh selbst zu verdienen. Dies ist ein Höhepunkt der Aufrechterhaltung von Ordnung, des Systematisierens, der Detailbehandlung und des Aufbaus, indem Ideen und Tatsachen in eine bestimmte Anordnung gebracht werden. Ihre Familie könnte eine ungeheure Verantwortung oder Pflicht für Sie bedeuten. Sparsamkeit wird erforderlich sein. Es kann eine willkommene Zeit sein, denn Sie haben eine Chance, Ihre Ideen in die Praxis umzusetzen.

Fünf

Da dies eine Zeit der Freiheit ist, sollten Sie bereit sein, Vergangenes hinter sich zu lassen und Veränderungen zu akzeptieren. Sie werden Rastlosigkeit, Veränderung und Ungewißheit erfahren, denn dies ist nicht die Zeit, um zu Hause zu bleiben und sich zu entspannen. Ein Fünfer Höhepunkt erfordert Vielseitigkeit, Aktivität, öffentliches Leben und viel Erfahrung, denn dies ist eine Zeit des Aufstiegs und des Fortschritts. Geldmittel werden schwanken, manchmal sind sie reichlich und dann wieder knapp. Sie werden eine Gelegenheit bekommen für staatsbürgerliche Interessen, Werbung, Verkauf, und eine neue Lebensphase. Möglicherweise werden Sie gezwungen sein, sich an neue Freunde und an eine neue Umgebung zu gewöhnen, Sie sollten jedoch nicht versuchen, impulsiv zu handeln. Dies ist eine Zeit der Aktivität und nicht der Zurückgezogenheit.

Sechs

Der Sechser Höhepunkt konzentriert sich auf viele Pflichten und Verantwortungen, besonders in der Familie, denn Sie haben möglicherweise Kinder, Verwandte oder Eigentum zu betreuen. Dies gibt Ihnen die Gelegenheit, sich nützlich zu machen, Liebe zu entwickeln und bereitwillig zu dienen. Sie gehen möglicherweise über Ihre Familie hinaus und dienen der Menschheit. Sie können Geld verdienen, dafür müssen Sie jedoch viel arbeiten und seßhaft werden. Dies ist kein Höhepunkt für lediglich persönliche Interessen. Glück erwächst Ihnen daraus, daß Sie anderen wie auch Ihrer Familie geben und ihnen helfen. Die Sechs gibt Ihnen die Liebe und den Schutz durch die Familie. Es ist ein guter letzter Höhepunkt, denn er kann Belohnung für Ihre Bemühungen, finanziellen Erfolg und Glück bringen. Wenn

Sie ledig sind, heiraten Sie möglicherweise während dieses Höhepunktes, denn Sie werden jetzt die Gelegenheit dazu haben. Es wird gut sein.

Sieben

Bei einem Siebener Höhepunkt sollten Sie an erzieherischen und wissenschaftlichen Beschäftigungen interessiert sein. Sie sollten sich spezialisieren, da Vollkommenheit erforderlich ist. Dies ist eine gute Zeit für das Studium der Metaphysik und der verborgenen Kräfte der Natur. In dieser Zeit sind Sie an spirituellem Fortschritt und nicht an materiellem Erfolg interessiert. Möglicherweise werden Sie sich zurückziehen, nach innen wenden, sich niedergeschlagen fühlen und launisch sein, was zu Schwierigkeiten in Ihrer Familie führen könnte. Sie fühlen möglicherweise, Geldmangel zu haben; wenn Sie jedoch studieren, Ihren Geist trainieren, lernen und ein gutes Verständnis für den Sinn des Lebens entwickeln, werden Ihnen ihre Kenntnisse und Fähigkeiten auf lange Sicht Erfolg bringen. Sie sollten aufrichtig, geduldig und verständnisvoll sein, sonst könnten sie Schwierigkeiten in der Ehe oder irgendeiner Partnerschaft haben.

Acht

Dies ist finanziell eine ausgezeichnete Zeit für Sie. Durch die Anwendung guter Beurteilung können Sie eine Stellung der Autorität und des Ruhms erlangen. Obwohl dies ein ausgezeichneter Höhepunkt für materiellen Gewinn ist, so ist er doch nicht leicht, denn er erfordert Stärke, Mut, Ehrgeiz und ständige Bemühung. Trägheit und mangelnder Ehrgeiz werden unter diesem Einfluß nicht toleriert. Sie befassen sich möglicherweise früh im Leben mit geschäftlichen Dingen. Bei diesem Höhepunkt ist unter Umständen eine große Geldausgabe nötig, um ein Unternehmen zu führen. Sie könnten viele Probleme bekommen, indem Sie den falschen Menschen vertrauen oder sich auf das Glück verlassen. Ein gutes Urteilsvermögen zu besitzen und andere völlig zu verstehen, eher nach vernünftigen

Prinzipien als nach dem Gefühl, ist sehr wesentlich. Sie können ein außergewöhnlicher Mensch sein, wenn Sie unablässig arbeiten.

Neun

Dies ist ein Höhepunkt der Vollendung. Wenn Sie gelernt haben, unpersönlich und selbstlos zu sein und eine universale Einstellung zu haben, sowie nicht nach persönlicher Liebe und Freundschaft zu trachten, ist dies ein lohnender Höhepunkt. Diese Zeit kann Ihnen Schönheit, Kunst und Philantropie bringen. Viel Mitgefühl, Toleranz und ein Leben für andere wird von Ihnen erwartet. Dies ist ein schwieriger Höhepunkt, denn nur wenige Menschen haben gelernt zu lieben und zu geben, ohne eine Gegenleistung dafür zu erwarten. Wenn Sie empfindlich oder selbstsüchtig sind, ist dies eine unglückliche Zeit. Ist die Neun der erste Höhepunkt, kann sich eine Scheidung oder eine unglückliche Liebe ereignen, was sich jedoch oft schließlich als Segen erweist. Dies ist eine ausgezeichnete Zeit für das Geldverdienen und den Erfolg, wenn Sie Ihr Ziel hoch genug gesteckt haben, für das Wohl der Menschheit und nicht nur für sich selbst zu arbeiten. Geldverluste können eintreten, es wird jedoch wieder gewonnen. Als Neuner werden Sie ständig in Ihrem Mitgefühl und Ihrer Liebe zu anderen geprüft. Erscheint dies als zweiter oder dritter Höhepunkt, werden Sie viele emotionale Erfahrungen machen.

Elf

Eine Elf als Höhepunkt gibt Ihnen die Gelegenheit, im Rampenlicht zu stehen und in der Öffentlichkeit zu erscheinen. Dies ist eine gute Zeit für spirituellen Aufschwung. Sie stehen möglicherweise unter großer nervlicher Belastung, denn es wird viel von Ihnen erwartet, und ihre Ideale sollten überdurchschnittlich sein. Dies ist eine gute Zeit für Ruhm, Erleuchtung und Inspiration. Sie könnten dahin geführt werden, erfinderische Fähigkeiten oder religiöse Neigungen zu entdecken.

144

Zweiundzwanzig

In dieser Zeit sind Materialismus und Idealismus miteinander verbunden. Dieser Höhepunkt umfaßt ein weites Gebiet und kann Ihnen Größe bringen. Mit dem Meister-Höhepunkt der Zahl 22, dem höchsten erreichbaren, interessieren Sie sich möglicherweise dafür, nationale oder internationale Angelegenheiten zu fördern, denn Sie haben die Fähigkeit, weitgesteckte Entwicklungsmöglichkeiten zu erkennen. Nur wenige Menschen sind privilegiert, diesen Höhepunkt zu erfahren, denn nur wenige haben sich in dem Maße entwickelt, daß sie seinen Anforderungen gerecht zu werden vermögen. Während Sie unter diesem mächtigen Höhepunkt leben, müssen Sie im großen Maßstab und für das Wohlergehen der Welt denken.

12. Kapitel

Wie man durch Anwendung des kosmischen Alphabets seine Zahlen besser versteht

Der Plan für unser Zahlensystem beinhaltet eine bestimmte Folge. Um Ordnung aufrechtzuerhalten, mußten Namen oder Zahlen eingeführt werden. Sie enthüllen die wissenschaftliche Grundlage unseres Zahlensystems. Wenn Sie den Grund für die bestimmte Reihenfolge von Symbolen oder Zahlen erfahren haben, werden Sie leicht erkennen, warum sie ihrer bestimmten Anordnung folgen mußten. Ebenso, wie man beim Bau eines Hauses zuerst das Fundament legt und dann die Seitenwände und das Dach errichtet, haben sich die Zahlen zwangsläufig in ihrer gegenwärtigen Anordnung entwickelt. Sie folgen dabei der Entwicklung oder dem Wachstum des Menschen.

Wenn Sie die Aspekte aller Zahlen in ihrer genauen Reihenfolge studiert haben, werden Sie die Prinzipien Ihrer eigenen Zahlen besser verstehen, während Sie Ihre Tabelle erstellen, die Zahlen analysieren und ihre Bedeutung interpretieren.

Der Plan für die Bildung und Interpretierung des kosmischen Alphabets

Ziffer 0

Am Anfang, während der Schöpfung, war unsere Welt oder unser Universum eine nebelhafte Masse oder eine Kugel, die sich gemäß ihrer eigenen Schwingung drehte. Sie war ohne Anfang und Ende, das Kennzeichen der Ewigkeit, und glich einem Kreis oder einer Null. Eine Null oder ein Kreis ist der Embryo aller

147

Zahlen. Da kein Leben oder keine Aktivität in diesem Universum existierte, gab es keine Motivierung. Als ein Same (oder die Lebenskraft) in den Kreis gelegt wurde, begann er sich bald in ein Wesen oder einen Menschen zu entwickeln. Wir werden diese Idee kennzeichnen, indem wir einen Punkt oder einen Samen in die Mitte des Kreises oder unserer Kugel setzen. Als der Same wuchs, entwickelte er sich zu einer Linie, welche die Vorfahren kennzeichneten als:

Zahl 1. Monade – Einheit

Die Zahl 1 bedeutet den Mann, oder das männliche Prinzip. Sie ist das Symbol der Sonne, und sie ist der Vater der Zahlen oder Einheit. Der Wilde wies auf sich selbst hin und stellte das Prinzip des Ichs oder der Eins dar, indem er einen Stock in den Sand steckte. Die Eins steht allein. Sie ist kreativ und erzeugt Originalität und Führerschaft. Sie kennzeichnet die Quelle der Ideen und weist auf die erste Bewußtheit des Menschen seiner selbst hin.

Zahl 2. Dyade – Dualität

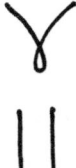

Viele Jahre später entwickelte sich der Wilde hinreichend, um zu erkennen, daß er eine Gefährtin besaß. Er kennzeichnete diese Idee, indem er erst auf sich selbst zeigte *(Ich)* und dann auf seine Gefährtin *(Mein oder Du)*. Er stellte dieses Prinzip dar, indem er zwei Stöcke in den Sand steckte, die zwei Einsen bedeuteten. Die beiden Schwingen eines Vogels waren ein weiteres Symbol, mit dem er diese Idee zum Ausdruck brachte.

Zahl 3. Triade – Dreiheit

Das Ergebnis der Zeugung des Mannes und seiner Gefährtin war der Sprößling oder das Kind. Drei ist der Ausdruck von eins und zwei. Nun mußte der Mann ein Symbol finden, das sie alle drei einbezog. Er stellte dies dar, indem er ein Dreieck oder eine dreilinige Form zeichnete, welche den ersten geschlossenen Bereich oder den Familienkreis bildete. Es ist die erste perfekte Zahl oder die Dreiheit und hat eine spirituelle Bedeutung. Drei bedeutet Vollendung. Ein dreiblättriges Kleeblatt und zwei Halbkreise waren weitere Symbole, mit denen der Mensch diese Idee kennzeichnete.

Zahl 4. Tetrade – Fundament

Als der Mann erkannt hatte, daß er eine Gefährtin und ein Kind besaß, wurde es unumgänglich, sie mit Schutz und Obdach zu versorgen. Das bedeutete, eine Behausung oder ein Fundament zu errichten. Vier ist eine materielle Zahl. Der Mensch hat diese Idee auf verschiedene Weisen zum Ausdruck gebracht. Er zeichnete ein Quadrat mit vier Linien. Dies Symbol ist konkret, realistisch und deutet ein solides Fundament und viel harte Arbeit an, die Leistungsfähigkeit erfordert. Ein Mann, welcher ein Dreieck hochhält und die Zeichnung von vier Tierbeinen waren weitere Symbole, die unsere Vorfahren anwandten. Das Symbol des Vierecks symbolisiert das Leben oder die Idee der universalen Ebene.

Zahl 5. Pentade – Abenteuer

Nun, da er seine Familie mit einer Wohnstätte versorgt hatte, in der sie leben konnte, fühlte der Mann, das Recht verdient zu haben, sich umzuschauen und zu erfreuen. Das beinhaltete Wißbegier über das Leben und Sex, die fünf Sinne, Reisen und Veränderung. Er wurde ein Abenteurer, der in fünf Richtungen vorstieß. Der Mensch symbolisierte diese Idee mit der Zeichnung eines fünfstrahligen Sternes und ebenfalls durch die Darstellung der fünf Finger einer Hand.

Zahl 6. Hexade – Häuslichkeit

Nun, da er seine Wißbegier gestillt hatte, war der Mensch bereit, ein Heim zu gründen und Interesse am Gemeinschaftsleben zu gewinnen. Ein Haus zu errichten (4) und ein Heim zu gründen (6) unterscheidet sich darin, daß letzteres Liebe, Ehe, Mitgefühl und ein Interesse an anderen mit einbezieht. Der Urmensch brachte diese Idee zum Ausdruck, indem er zwei Dreiecke oder sechs Linien zeichnete, die zwei geschlossene Figuren darstellten. Ein Mann, der neben seinem Familienkreis stand, war ein weiteres Symbol.

Zahl 7. Heptade – Vollkommenheit

Nun mit Liebe, einem Heim und einer Familie versorgt, war der Mensch vom evolutionsmäßigen Standpunkt aus bereit, Interesse an spirituellem Fortschritt zu gewinnen. Dies brachte er zum Ausdruck, indem er mit der Zeichnung von sieben Linien das Dreieck des Geistes über das Viereck der Materie setzte. Das Viereck aus vier Linien ist solide und realistisch, indes das Dreieck aus drei Linien kreativ und inspiriert ist.

Zahl 8. Og-do-ade – Ausdehnung

Nun, da er Zeit gehabt hatte, sein spirituelles Wesen zu entwickeln, konzentrierte sich der Mensch auf physische Ausdehnung und das große Geschäft, das ihm weltlichen Erfolg brachte. Er kennzeichnete dies durch zwei übereinanderliegende Kreise oder zwei Vierecke aus vier Linien. Die Acht stellt harte Arbeit und Ausdehnung in der materiellen Welt dar.

Zahl 9. Ennaede – Menschheit

Die Neun entstand, als der Mensch sich hinreichend zum Humanitarier entwickelt hatte, um seinem Nächsten zu helfen. Dies wird enthüllt durch den Mann, der die Welt oder den Kreis hochhält. Das dreifache Dreieck beinhaltet ebenfalls dieselbe Botschaft. Nun hatte er die ganze Stufenleiter der Emotionen und Erfahrungen durchschritten.

Was die Zahl Ihres Lebensalters für Sie tun kann

Die einstellige Grundzahl Ihres Lebensalters ist eine weitere zusätzliche Kraft, die Sie führen wird, Ihre Entscheidungen zu treffen und es mit Ihren Erfahrungen aufzunehmen. Sie alle haben Verantwortungen, deren Umfang durch die numerologische Zahl Ihres Lebensalters bestimmt wird.

Die Errechnung der Zahl des Lebensalters

Sie sollten dem Kalender von Januar bis Januar folgen. Wir wollen annehmen, der universale Kalendertag ist der 1. März 1972. Sie sind 23 Jahr alt und werden es bis zu Ihrem Geburtstag am 1. Oktober 1972 sein, an dem Sie 24 Jahre alt werden. Im Jahre 1972 sind Sie sowohl 23 wie auch 24 Jahre alt. Die Zahl Ihres Lebensalters für das Jahr 1972 ist:

$$\frac{23}{5} + \frac{24}{6} = 11$$

Die Zahl Ihres Lebensalters für das Jahr 1972 ist 11. Entnehmen Sie der Tabelle (Seite 152) die Erläuterung der Zahl 2. Nach Ihrem Geburtstag im Oktober wird die Zahl 6, die sich aus 24 ergibt, bis zum Jahresende einflußreicher sein, obwohl die Zahl 11 (2) das ganze Jahr bis zum 1. Januar 1973 wirksam ist. Im Jahre 1973 sind Sie sowohl 24 wie auch 25 Jahre alt:

$$\frac{24}{6} + \frac{25}{7} = 13 = 4$$

Die Zahl Ihres Lebensalters für das Jahr 1973 ist 4.

Errechnen Sie nun Ihre eigene Zahl des Lebensalters. Entnehmen Sie anschließend zu Ihrer persönlichen Führung die Bedeutung der Zahl Ihres Lebensalters der folgenden Tabelle.

Tabelle der Zahlen des Lebensalters und ihrer Bedeutungen

Zahl 1: Stets ein Hinweis auf neue Interessen, neue Ideen und neue Beschäftigungen.

Zahl 2: Eine heikle Schwingung, die entweder begrenzend oder inspirierend sein kann. Sie bedeutet üblicherweise eine wohnliche, geschäftliche oder partnerschaftliche Veränderung.

Zahl 3: Gesellschaftlicher oder künstlerischer Beginn auf einem neuen Gebiet, deren Art durch den vorherrschenden Einfluß (persönliches Jahr) gekennzeichnet wird. Emotionale Verwirrung ist zu vermeiden.

Zahl 4: Kennzeichnet eher Routine als Handlung. Angelegenheiten sind in Ordnung zu bringen. Bedeutet Veränderung in geschäftlicher oder häuslicher Routine, über die man keine Macht hat.

Zahl 5: Weist auf gesellschaftliche oder künstlerische Veränderung hin. Gut für Verkauf oder kurze Reisen.

Zahl 6: Veränderungen in der Familie, die oft zur Scheidung oder Trennung führen. Es ist ratsam, sorgfältig zu überlegen, bevor man handelt. Häuslichkeit ist angezeigt.

Zahl 7: Eine Schwingung in der Ehe für ein weibliches Wesen und der Finanzen für einen Mann. Es ist eine gute Zeit für ein okkultes Studium, Meditation und Innenschau. Auf die Gesundheit und die Finanzen ist zu achten.

Zahl 8: Verwaltungsmäßige und geschäftliche Abschlüsse werden zufriedenstellend sein. Es ist eine gute Zeit, um Eigentum zu erwerben oder zu verkaufen. Viele Verzögerungen werden eintreten.

Zahl 9: Dies kennzeichnet den Abschluß einer Periode und den nahe bevorstehenden Beginn auf einem neuen Gebiet, bedingt durch häusliche Einflüsse. Auf die Gesundheit achtgeben. Verluste sind möglich.

Zahl 11: Eine Schwingung der Inspiration und des Friedens. Siehe ebenfalls Zahl 2.

Zahl 22: Kennzeichnet Meisterschaft. Es könnte eine Reise über das Wasser erfolgen. Diese Zahl erscheint nicht als eine Zahl des Lebensalters.

Die Bedeutung der Transite Ihrer Buchstaben

Der Buchstaben-Transit bedeutet, daß Sie von Ihrer Geburt an stets ein bestimmte Zeitlang nacheinander in der Schwingung eines jeden Buchstabens Ihres ursprünglichen Geburtsnamens leben. Mit anderen

Worten, in der Berechnung von Buchstaben-Transiten befinden Sie sich von Ihrer Geburt an unter dem Einfluß des ersten Buchstabens Ihres Vornamens, und zwar während der Anzahl von Jahren, die dem Wert des Buchstabens entsprechen. Nach Ablauf der Zeitspanne des ersten Buchstabens bewegen Sie sich weiter zum zweiten Buchstaben Ihres Namens, für die Dauer der Anzahl von Jahren, die dem Wert des Buchstabens entsprechen. Wenn Sie den vollen Namen transitiert haben, ist der Zyklus Ihres Namens vollendet. Sie beginnen anschließend wieder mit dem ersten Buchstaben Ihres Vornamens. Die Jahre, die den letzen Buchstaben des Vornamens und des Nachnamens entsprechen, sind eine kritische Zeit, besonders für ältere Leute.

Beispiel:

R O B E R T   B R O W N
9 6 2 5 9 2   2 9 6 5 5

Robert wird während der ersten neun Jahre seines Lebens unter dem Buchstaben R (Wert 9) transitieren. Daraufhin wird er während der folgenden sechs Jahre unter dem Einfluß des Buchstabens O sein. Bis dahin ist er 15 Jahre alt. Anschließend wird er während weiterer zwei Jahre unter der Schwingung des Buchstabens B sein, fünf Jahre unter der Schwingung von E, neun Jahre unter der Schwingung von R und zwei Jahre unter der Schwingung von T. Wenn er den Buchstaben-Transit seines Vornamens (Robert) das erste Mal vollendet hat, ist er 33 Jahre alt.

Nun wollen wir mit dem Nachnamen Brown beginnen. Er wird während der nächsten zwei Jahre unter der Schwingung von B sein, neun Jahre unter R, sechs Jahre unter O, fünf Jahre unter W und fünf Jahre unter N. Er wird 60 Jahre alt sein, wenn er seinen vollen Namen tranistiert hat. Er wird sein 61. Lebensjahr mit dem Buchstaben R seines Vornamens beginnen.

Tabelle der Werte der Buchstaben-Transite

A, J, S	= 1jähriger Transit		F, O, X	= 6jähriger Transit
B, K, T	= 2jähriger Transit		G, P, Y	= 7jähriger Transit
C, L, U	= 3jähriger Transit		H, Q, Z	= 8jähriger Transit
D, M, V	= 4jähriger Transit		I, R	= 9jähriger Transit
E, N, W	= 5jähriger Transit			

Warum Sie sich von anderen mit demselben numerischen Wert unterscheiden

1. Obwohl A, J und S den Wert 1 gemeinsam haben und dem Urheber, Führer und Pionier entsprechen, bestehen Unterschiede in ihrer Art. A ist aggressiv und wird nicht von seinem Ziel abweichen. Es ist ebenso wie J mental, J kann jedoch dazu neigen, Angelegenheiten aufzuschieben und die Aufgabe deswegen nicht zu vollenden. S ist eher emotional, folglich werden Gefühle Ihre Ansicht beeinflussen, die Ihr klares Denken beeinträchtigen können.

2. B, K und T haben alle den Wert 2. Sie entsprechen eher Anhängern als Führern. B ist schüchtern, emotional und braucht sowohl Zuneigung als auch Bemutterung. K ist intuitiv und folgt seinen Ahnungen. Es ist empfänglich. T ist nervös und strebt nach spiritueller Entwicklung.

3. C, L und U haben den Wert 3 und sind am Selbstausdruck interessiert. Sie sind gesellig und der leichteren Seite des Lebens zugeneigt. C hat psychische Begabung, erkennt jedoch nicht dies Geschenk. L ist mental und benutzt die Denkfähigkeit, während U schwächer ist als die anderen und unter seinem dualistischen Charakter leidet.

4. D, M und V haben den Wert 4. Sie sind realistisch und praktisch veranlagt. D ist tüchtig, leistet harte Arbeit und ist üblicherweise nicht emotional veranlagt. M ist so gründlich wie D, ist jedoch gehemmt und ausdruckslos und oft gefühllos gegen andere. V ist inspiriert und intuitiv veranlagt und hört auf seine kleine innere Stimme.

5. E, N und W haben den Wert 5. Sie sind physische Zahlen und oft in ihre Sinne verstrickt. E, obwohl physisch, vermag das Gebiet der Inspiration zu erreichen. N besitzt Imagination und schwankt in seinen Entschlüssen, obwohl es mentale Fähigkeiten bei seinen Interpretationen verwendet. W ist ebenfalls physisch und, obwohl es höhere Bestrebungen ersehnt, oft zerknirscht, weil es sie nicht zu erreichen vermag.

6. F, O und X haben den Wert 6. Als solche sind sie fähig, große Verantwortung zu tragen, und sie sind an häusliche Aufgaben gebunden. F ist intuitiv veranlagt, hat jedoch einen zwiespältigen Charakter. Ihm ist eine Last auferlegt. O ist inspiriert, jedoch geneigt, sich Macht anzueignen. Aufgrund seines konservativen Charakters besitzt es nur geringe Ausstrahlung. X ist der schwierigste der Sechser, denn es beinhaltet üblicherweise ein Opfer. Es ist ein karmischer Buchstabe.

7. G, P und Y haben den Wert 7. Sie sind mental, analytisch und nach innen gewandt. G ist mental, jedoch zurückgezogen und braucht Verständnis, um es davon abzuhalten, eine Tragödie zu erleben. P ist ebenfalls mental, besitzt jedoch nicht die Willenskraft wie G. Es ist ausdruckslos und ohne Selbstsicherheit. Y ist zwiespältig. Es besitzt ausgezeichnete psychische Fähigkeiten, hat jedoch wegen seiner Zwiespältigkeit Schwierigkeiten zu wählen, welcher Weg zu gehen ist.

8. H, Q und Z haben den Wert 8. Sie sind die Buchstaben *dazwischen*, die das Bewußtsein überbrücken. H schreitet fort von der materiellen zur mentalen Ebene, schwankt jedoch bei Entscheidungen. Q fungiert in zwei Welten und kann daher bei fehlender Führung eine gefährliche Kraft sein. Z ist inspiriert und versteht menschliche Emotionen, da es fähig ist, emotionale Krisen auszubalancieren und zu kontrollieren.

9. I und R haben den Wert 9. Sie sind uneigennützige Buchstaben mit einem Interesse an der Menschheit. I ist der Träger des Lichtes. Es kann eine verlorene Seele führen oder ihr den Dolchstoß versetzen, denn es kann destruktiv sein. R ist uneigennütziger und verständnisvoller als jede andere Zahl oder jeder andere Buchstabe. Es ist anderen gegenüber tolerant, hat jedoch oft das Nachsehen, weil andere Vorteil daraus ziehen.

Anmerkung: Für die Erstellung eines Numeroskops ist es nicht wichtig, die Buchstaben-Transite zu kennen, sie geben jedoch zusätzliche Einsichten in den Charakter.

13. Kapitel

Wie man um seines größten Erfolges willen erkennt, welcher individuelle Typ man wirklich ist

Es gibt vier Ebenen des Bewußtseins oder des Ausdrucks, durch die man seine Persönlichkeit, seine Charakterzüge, sein Können und seine allgemeine Veranlagung enthüllt. Diese sind:

1. mental
2. physisch
3. emotionell
4. intuitiv

Der Grad der Balance zwischen ihnen wird nicht nur kennzeichnen, welcher individuelle Typ Sie wirklich sind, sondern ebenfalls, auf welchem Gebiet der Aktivität oder des Ausdrucks Sie Ihre beste Arbeit leisten werden. Die Ebene, auf der Sie die meiste Erfahrung und das meiste Wissen mitbringen, ist Ihr größer Vorzug in einer beruflichen Angelegenheit. Dies wird Sie in Ihrer Entscheidung leiten, ob Sie einer geschäftlichen, kreativen, wissenschaftlichen oder künstlerischen Laufbahn folgen sollten. Von Ihren Ebenen des Ausdrucks oder Temperaments werden Sie erfahren, ob Sie eine praktische, emotionelle oder phantasievolle Lebensanschauung besitzen. Sie sollten jedoch daran denken, um des letzten Wortes in der Berufswahl willen Ihre Schicksalszahl und Ihren Geburtsweg zu konsultieren.

Das Wesen der Ebenen des Temperaments

Die Ebenen des Temperaments zeigen die Veranlagung oder das Wesen eines Menschen – die Art, wie er sich zum Ausdruck bringen wird – wie er mit Verantwortung umgehen wird – und wie er seinen Charakter und seine Geschicklichkeiten enthüllen wird. Mit anderen Worten, die Ebenen zeigen die wahre geistige Verfassung eines Menschen.

Ebenen des Temperaments

Mental = Geist ... Denkfähigkeit, Gedanke
Physisch = Körper ... praktischer Nutzen, Stofflichkeit, Form
Emotionell = Herz ... Emotionen, Gefühle, Imagination
Intuitiv = Seele ... Intuition, innere Führung

Analyse der Ebenen, auf denen Sie sich möglicherweise befinden

1. *Die mentale Ebene* zeigt Ihren Geist oder Ihre Denkfähigkeit an. Viele Zahlen auf dieser Ebene setzen Sie in die Lage, geschäftliche Unternehmungen großen Maßstabs zu bewältigen. Sie besitzen die Fähigkeit, logisch zu denken und zu analysieren sowie Fakten zusammenzutragen und diese sorgfältig abzuwägen, da Sie nur erwiesene Tatsachen akzeptieren. Sie verkörpern Willensstärke und Entschlossenheit und haben einen ausgezeichneten Kopf für Führungsaufgaben, Logik und sachgerechte Schlußfolgerungen. Sie können sich dem Bereich der Erfindungen oder internationalen Beziehungen zuwenden oder Verfasser technischer Texte werden. Zu viele Zahlen auf dieser Ebene können anzeigen, daß Sie zu eigenwillig und unvernünftig sind. Dies könnte sogar Ihre Gesundheit beeinträchtigen.

2. *Die physische Ebene* stellt Ihren Köprer oder materielle Dinge mit einer äußeren Gestalt und einem praktischen Nutzen dar. Bei vielen Zahlen auf dieser Ebene sind Sie zu Sparsamkeit veranlagt und werden von Systematik und Ordnung beherrscht. Sie haben die Gabe, sich konzentrieren zu können. Da Sie realistisch sind, ziehen Sie es vor, sich eher auf Tatsachen als auf Ihre Imagination oder Ideen zu verlassen, denn Sie haben ein Gespür für das, was der gesunde Menschenverstand gebietet. Sie verkörpern den Baumeister, den

Arbeiter und den Wirtschaftsfachmann. Wenige physische Zahlen bedeuten, daß man sich nicht auf Ihren Sinn für Werte und Durchführbarkeit verlassen kann. Viele physische Zahlen zeigen an, daß Sie sehr ausdauernd sind, denn Sie sind fähig, Schwerarbeit zu leisten. Ein Mangel an physischen Zahlen kann auch ein Zeichen schwacher Gesundheit sein, während eine große Menge dieser Zahlen anzeigt, daß Sie, wenn Sie krank werden, die Krankheit wiederholt abwehren und genesen können.

3. *Die emotionale Ebene* wird von Ihren Emotionen oder Gefühlen beherrscht. Sie richten sich eher nach Ihrem Herzen als nach Ihrem Verstand. Viele Zahlen auf der emotionalen Ebene zeigen an, daß Sie mitfühlend und empfindsam sind und daß Liebe und Zuneigung bei Ihnen über Verstand und Logik rangieren. Sie haben eine ausgeprägte Imagination und sind sowohl künstlerisch als auch kreativ veranlagt, vertiefen sich jedoch eher in Ideen als in materielle Tatsachen. Wenige Zahlen zeigen an, daß es Ihnen schwerfällt, Ihre Gefühle auszudrükken. Zu viele Zahlen können anzeigen, daß Sie Schwierigkeiten haben, Ihrem Leben eine Richtung zu geben und daß Sie nervös sind.

4. *Die intuitive Ebene* bedeutet, daß Sie sich eher auf der spirituellen Gedankenebene bewegen als auf der praktischen oder physischen Ebene. Ihr Handeln beruht eher auf Einsicht und Weisheit als auf harten Tatsachen. Da Sie sich von innerer Gewißheit leiten lassen, dient das Spirituelle als Bezug für Ihr Verständnis auf allen anderen Ebenen. Sie haben die Fähigkeit, tiefgreifende Analysen durchzuführen, technische Tatsachen zu erfassen und die Gefühle anderer zu verstehen. Viele Zahlen auf dieser Ebene zeigen Fähigkeiten auf dem Gebiet der Literatur oder Religion an oder weisen auf Erfindungsgabe oder die Fähigkeit der Prophezeiung hin, allerdings nicht in einer Weise, die normalem Denken und Handeln entspricht. Die intuitive Ebene fördert Toleranz, Ehrerbietung, Mitgefühl, Freundlichkeit, Prophetengabe und innere Führung. Sie können unter schwacher Gesundheit leiden.

Die Zahlen in bezug auf bestimmte Ebenen

Mentale Ebene:	Auf der mentalen Ebene befinden sich alle *Einsen* und *Achten* (1 und 8)
Physische Ebene:	Auf der physischen Ebene befinden sich alle *Vieren* und *Fünfen (4 und 5)*
Emotionale Ebene:	Auf der emotionalen Ebene befinden sich alle *Zweien, Dreien* und *Sechsen* (2, 3, 6)
Intuitive Ebene:	Auf der intuitiven Ebene befinden sich alle *Siebenen und Neunen* (7 und 9)

Die Bedeutung der Zahlen

Die Zahlen 1 und 8

Wenn Sie viele Einsen und Achten haben, befinden Sie sich auf der mentalen Ebene und verkörpern geistige Qualitäten.

Der Einer ist ein unabhängiger Denker, ein schöpferischer Mensch und eine Führungspersönlichkeit. Er kann jedoch ausgeprägte Neigungen und Abneigungen haben. Er könnte eigenwillig und gelangweilt sein.

Der *Achter* wird von Logik und Vernunft beherrscht. Er besitzt Führungsqualitäten und strebt nach Macht. Da er sehr stolz ist, möchte er stets einen guten Eindruck hinterlassen. Er bemüht sich, ständig vorwärtszukommen. Er ist gern der Chef und es liegt ihm nicht, Anweisungen zu befolgen.

Die Zahlen 4 und 5

Wenn Sie viele *Vieren* und *Fünfen* haben, befinden Sie sich auf der physischen Ebene.

Vierer sind praktisch, tüchtig, leisten schwere Arbeit und man kann

162

sich auf ihr Verantwortungsbewußtsein verlassen. Sie sind nicht kreativ veranlagt, da sie sehr wenig Imagination besitzen. Sie können streitsüchtig sein, da sie neuen Ideen gegenüber nicht aufgeschlossen sind.

Fünfer sind abenteuerlustig und neugierig, allerdings nicht so praktisch veranlagt wie *Vierer*. Sie mögen Veränderungen, das Außergewöhnliche, das Neue und originelle Ideen.

Fünfer sind rastlos, wenn sie zu Routinearbeit gezwungen werden. Als aktive Menschen haben sie Organisationstalent und sind die geborenen Verkäufer.

Die Zahlen 2, 3 und 6

Wenn Sie viele *Zweien*, *Dreien* und *Sechsen* haben, befinden Sie sich auf der emotionalen Ebene.

Zweier verkörpern Gefühl und Imagination, da sie sehr empfindam sind. Sie befassen sich gerne mit Detailarbeiten, mit dem Zusammentragen von Tatsachen und mit allen schönen Dingen. Da es ihnen an Selbstbewußtsein fehlt, sollten sie sich mit anderen zusammentun und nicht ihr eigenes Unternehmen führen. Sie neigen dazu, sich Sorgen zu machen, sich zu fürchten und sich der Situation nicht gewachsen zu fühlen. Sie sind musikalisch und spirituell.

Dreier sind künstlerisch veranlagt und besitzen ein beträchtliches Talent, sich in in Wort und Schrift auszudrücken. *Dreier* neigen vielfach dazu, unordentlich und unsystematisch zu sein. Da sie eine ausgeprägte Imagination haben, lassen sie sich ungern auf reine Tatsachen beschränken. Sie sind ausgesprochen kreativ, handeln jedoch manchmal impulsiv. Da sie vielseitig begabt sind, neigen sie dazu, sich mit ihren Talenten zu verzetteln. Körperliche Arbeit ist nicht die starke Seite von *Dreiern*. Sie können andere glücklich machen, da sie unterhaltsam sind.

Wenn Sie viele *Siebenen* und *Neunen* haben, befinden Sie sich auf der intuitiven oder spirituellen Ebene.

Siebener sind psychisch, analytisch und lassen sich von übersinnlichen Wahrnehmungen oder ihrer Intuition leiten. Sie sind ausgezeichnet in der Wissenschaft. *Siebener* sind zurückhaltend, kultiviert und würdevoll. Sie sind nicht besonders freundlich oder gesellig. Sie verlangen Perfektion von sich selbst und anderen. *Siebener* können kritisch und sarkastisch sein und beträchtlichen Zorn zeigen. *Siebener* erforschen die verborgenen Kräfte der Natur.

Neuner sind sehr tiefe Denker. Sie können mit jedem zusammenarbeiten. Sie neigen zur Dramatik. Obwohl sie eine unpersönliche Art haben, stimmt es sie traurig, wenn sie keine Liebe und Zuneigung ernten, denn sie finden gerne Anklang in der Menge und suchen deren Bewunderung. *Neuner* sind in der Regel tolerant, mitfühlend und großzügig. Sie brauchen Führung, denn sie sind oft Träumer.

Wie man eine Analyse erstellt

Nun wollen wir einen Namen als Beispiel aufstellen, damit Sie wissen, wie man ermittelt, auf welcher Ebene man die meisten Zahlen hat. Wir wollen den folgenden Namen analysieren:

C A M E R O N   R I C H A R D   D A V I D S O N
3 1 4 5 9 6 5   9 9 3 8 1 9 4   4 1 4 9 4 1 6 5

Zuerst zählen Sie die Einsen in seinem vollen Namen, anschließend die Zweien usw., nehmen Sie so alle neun Zahlen durch. Tabellieren Sie ihre Feststellungen wie folgt:

Anzahl der Einsen 4
Anzahl der Zweien 0
Anzahl der Dreien 2
Anzahl der Vieren 5
Anzahl der Fünfen 3
Anzahl der Sechsen. 2

Anzahl der Siebenen 0

Anzahl der Achten 1

Anzahl der Neunen 5

Auf der mentalen Ebene hat Cameron Richard Davidson vier Einsen und eine Acht = 5 Zahlen.

Auf der physischen Ebene hat er fünf Vieren und drei Fünfen = 8 Zahlen.

Auf der emotionalen Ebene hat er keine Zweien, zwei Dreien und zwei Sechsen = 4 Zahlen.

Auf der intuitiven Ebene hat er keine Siebenen und fünf Neunen = 5 Zahlen.

Die meisten Menschen sind durchschnittlich und gut ausgeglichen und bewegen sich auf allen Ebenen des Ausdrucks, denn Sie besitzen einige Eigenschaften von jeder Ebene. Wenn jemand auf einer Ebene keine oder wenige Zahlen hat, bedeutet es einfach, daß er auf dem Gebiet nicht hervorragend ist, und daß seine Stärke stattdessen auf irgendeiner anderen Ebene des Temperaments liegt. Wenn jemand große Extreme ausweist, können wir nach einem ungewöhnlichen Menschen Ausschau halten, der möglicherweise unorthodox ist. Ein genialer Mensch ist oft unausgeglichen, denn er hat möglicherweise zu viele Zahlen auf der intuitiven Ebene und wenige oder keine auf der physischen.

Herr Davidson bewegt sich mit fünf *Vieren* und drei *Fünfen* in erster Linie auf der physischen Ebene. Mit vier *Einsen* hat er jedoch große Imagination und Mentalität, um seine Bestrebungen auszuführen. Er wird nicht von Emotionen beherrscht, denn er hält sich an materielle Tatsachen. Er ist nicht psychisch. Er ist gern mit Leuten zusammen und braucht und wünscht ihren Beifall. Mit fünf *Neunen* neigt er zur Dramatik und er kann ziemlich unpersönlich im Umgang mit anderen sein. Er ist praktisch und zuverlässig. Viele Zahlen auf dieser Ebene bedeuten, daß er harte Arbeit zu leisten vermag.

Wir wollen einen weiteren Namen zur Analyse aufstellen. Nehmen Sie Ihren Stift und analysieren Sie den folgenden wohlbekannten Namen:

DWIGHT DAVID EISENHOWER
4 5 9 7 8 2   4 1 4 9 4   5 9 1 5 5 8 6 5 5 9

Anzahl der Einsen 2

Anzahl der Zweien 1

Anzahl der Dreien 0

Anzahl der Vieren 4

Anzahl der Fünfen 6

Anzahl der Sechsen 1

Anzahl der Siebenen 1

Anzahl der Achten 2

Anzahl der Neunen 4

Auf der mentalen Ebene hat er zwei Einsen und zwei Achten = 4 Zahlen.

Auf der physischen Ebene hat er vier Vieren und sechs Fünfen = 10 Zahlen.

Auf der Emotionalen Ebene hat er eine Zwei; die Drei erscheint nicht; und eine Sechs = 2 Zahlen.

Auf der intuitiven Ebene hat er vier Neunen und eine Sieben = 5 Zahlen.

Herr Eisenhower, ehemaliger Präsident der Vereinigten Staaten, zeigt zehn Zahlen auf der physischen Ebene. Wenn jemand eine solche Menge wie zehn Zahlen auf dieser Ebene hat, sagt dies aus, daß sein Name zu irgendeiner Zeit seines Lebens in der Öffentlichkeit bekannt sein wird. Er erfüllte diese Anforderung im Militärdienst als General und auf dem politischen Gebiet als Präsident. Dwigth Eisenhower zeigt mit seinen vielen Zahlen auf der physischen Ebene, daß er die Gabe des gesunden Menschenverstandes besaß. Er war immer realistisch und sehr praktisch. Er war systematisch und ordentlich und hatte die Fähigkeit, hart zu arbeiten, sparsam zu sein (selbst sein 80-Dollar-Sarg, in dem er begraben werden wollte, zeigt dies) und er war an der Menschheit interessiert. Im Krankheitsfalle war er bei einigen Gelegenheiten imstande, wieder zu genesen, und bewies große physische Widerstandskraft. Er wurde nicht von seinen Emotionen (2 Zahlen) beherrscht oder beeinflußt, sondern verließ sich bei größeren Entscheidungen auf die Führung durch seine Intuition (5 Zahlen).

Stellen Sie nun Ihren eigenen Namen auf, um zu erfahren, auf welcher Ebene Sie sich hauptsächlich bewegen. Mit der Hilfe dieses Kapitels können Sie eine Beschreibung Ihrer hervorspringenden Punkte verfassen. Wenn Sie eine Stellung suchen, ist es wichtig zu wissen, welcher Typ Sie sind, und auf welcher Ebene Sie am erfolgreichsten sein werden. Gewarnt sein heißt gewappnet sein!

14. Kapitel

Universale Jahre, Monate und Tage: wie Sie von ihnen beeinflußt werden

Sie bewegen sich wie jeder und alles im ganzen Universum in einem bestimmten Zyklus, Sie haben jedoch Ihren eigenen Schwingungsgrad. Am Ende von zwölf Monaten beginnt ein neues Jahr, oder ein universaler Zyklus, und jedes Jahr hat einen bestimmten Einfluß gemäß einer der neun Grundzahlen, auf welche die Jahreszahl sich reduzieren läßt. Diese Zahl gibt die Art der Ereignisse oder der Aktivität an, die Sie in der Welt vor sich gehen sehen können. Der Zyklus des universalen Jahres bezieht sich auf jeden gleicherweise, während der persönliche Zyklus Sie individuell betrifft.

Universale Jahre

In der Errechnung des universalen Jahres, Monats und Tages folgt man dem Kalenderjahr von Januar bis Januar. Um die universale Schwingung eines Jahres festzustellen, addieren Sie die Ziffer der Jahreszahl und reduzieren diese auf eine schließliche einstellige Grundzahl.

Beispiel:

Die Schwingung des Jahres 1972 ist 1, denn 1972 reduziert sich zu 1:
   $(1 + 9 + 7 + 2 = 19 = 10 = 1)$
Das Jahr 1973 folgt als Zweier Jahr, usw.

Tabelle der universalen Jahre – die Schwingungen und ihre Bedeutungen

Schwingung 1

Ein Jahr der neuen Ereignisse oder Errungenschaften, besonders auf dem Gebiet des Ingenieurswesens, der Luftfahrt und der Erfindung. Es wird viel Kreativität geben. Pioniergeist und fortschrittliche Pläne sind eindeutig vorhanden. Eine Veränderung ist angezeigt.

Schwingung 2

Ein Jahr der Ruhe und des Friedens. Gruppenarbeit herrscht vor. In diesem Jahr sind Taktgefühl und Diplomatie erforderlich. Abkommen werden unterzeichnet und viele Statistiken werden aufgestellt. Regierungsgeschäfte und Politik stehen im Vordergrund.

Schwingung 3

Ein Jahr, in dem das gesellschaftliche Leben die meisten Personen in größtem Maße beschäftigt. Es entstehen mehr Theater und Vergnügungsstätten. Ruhelosigkeit und Leichtsinn machen sich bemerkbar. Sie neigen möglicherweise dazu, sich mit Ihren Talenten zu verzetteln.

Schwingung 4

Ein Jahr, um sich zu harter Arbeit niederzulassen. Nach dem üppigen Leben des vergangenen Jahres sind nun Sparsamkeit und Wirtschaftlichkeit an der Tagesordnung. Es ist notwendig, eine gute Grundlage zu schaffen. Stellen sind knapp, in der Fertigung und der Erziehung gibt es jedoch Fortschritte.

Schwingung 5

Ein Jahr der Expansion, neuer Interessen, der Neugier, der Veränderung, Vielseitigkeit und Aktivität. Die Interessen können zu Metaphysik, Psychologie oder den okkulten Wissenschaften tendieren. Eine Verjüngung ist fühlbar durch bessere Arbeitsbedingungen als in einem Vierer Jahr. Numerologie und Astrologie gedeihen.

Schwingung 6

Hochzeiten finden vermehrt statt. Ein Jahr, das der Liebe und dem Interesse in Heim und Familie gewidmet ist. Ein Fortschritt in erzieherischen und gesundheitlichen Verhältnissen wird sich bemerkbar machen. Viele Vereinshäuser, Schulen und Eigenheime werden erstellt.

Schwingung 7

Dies ist eine Schwingung der Perfektion und der Analyse anstatt der Expansion. Normalerweise ist dies ein gutes Jahr in finanzieller Hinsicht, besonders für diejenigen, die in der Landwirtschaft oder im Bergbau tätig sind. Eine spirituelle Welle wird spürbar und viele Menschen meditieren und gehen in sich, um Trost zu finden.

Schwingung 8

Ein Jahr starker geschäftlicher Expansion, des Fortschritts und des Wohlstandes. Projekte aus dem Bereich des Ingenieurwesens müßten Hochkonjunktur haben. Beziehungen mit dem Ausland müßten sich lohnen. Man sollte im großen Maßstab denken.

Schwingung 9

Eine Schwingung der Liebe zur Menschheit, in der selbstloses Dienen überwiegen sollte. Dies ist ein ausgezeichnetes Jahr für ein *Großreinemachen* in Ihrem Geschäft und die Erledigung von Kleinigkeiten. Sie sollten lernen, das Althergebrachte aufzugeben und Toleranz, Verständnis und Liebe zu pflegen.

Schwingung 11

Ein Meisterjahr, das von Idealismus und Inspiration beherrscht wird. Religiöses Interesse ist auf dem Höhepunkt und die Menschen interessieren sich für Okkultismus, Spiritualismus und missionarische Aktivitäten. Religiöse Versammlungen haben großen Zulauf. Die Psychologie ist ein Hauptdiskussionsthema. Dies ist ein gutes Jahr für Geschäfte im Bereich der Werbung, obwohl der Beruf im Denken der Menschen nicht den Vorrang hat.

Schwingung 22

Ein weiteres Meisterjahr, das jedoch eine weltliche Dynamik hat. Es ist sowohl materialistisch als auch idealistisch orientiert. Dieses Jahr bringt Größe auf dem Gebiet der geschäftlichen Expansion und eine starke humanitäre Kraft. Es wird eher das Ziel einer besseren Welt angestrebt als nur Verbesserungen im eignen Heimatort.

Universale Schwingungen der Monate

Um die Schwingung des universalen *Monats* festzustellen, addieren Sie die Zahl des Kalendermonats und die Zahl des universalen Jahres. Der Wert des Monats entspricht der Kalenderfolge.

Beispiel:

Januar	= 1	Juli	= 7
Februar	= 2	August	= 8
März	= 3	September	= 9
April	= 4	Oktober	= 10 oder 1
Mai	= 5	November	= 11 oder 2
Juni	= 6	Dezember	= 12 oder 3

Um die Schwingung des Monats März 1972 zu erhalten, addieren Sie:

März   1972
3   +   1   = 4

März 1972 ist ein *Vierer* Monat.

Der universale Monat wird vom universalen Jahr beeinflußt, jeder Monat gibt jedoch dem Jahr eine bestimmten Aspekt.

Die Bedeutung der universalen Monate

1. Führerschaft, neue Ideen, Fortschritt, Originalität.
2. Frieden, Zusammenarbeit, Sammlertätigkeit, Politik, Details.
3. Unterhaltung, Schöpfung, Freude, Aktivität.
4. Selbstdisziplin, Pünktlichkeit, harte Arbeit, Bildung einer Grundlage.
5. Reisen, Verkauf, Werbung, Sport, Spekulation, Enthusiasmus.
6. Öffentliche Angelegenheiten, Hochzeiten, Gesundheit, Schönheit, Ernährung, Häuslichkeit.
7. Intuition, Analyse, finanzieller Aufschwung, Stille, Erfindung.
8. Organisation, Geschäftsexpansion, Gesellschaften, Unternehmungen.
9. Vollendung, Ausschaltung, Fortschritt, Verständnis.
11. Spiritualität, Elektrizität, Luftfahrt, missionarische Aktivitäten.
22. Nationale und internationale Projekte, Politik, Eisenbahnen, Verbesserungen.

Universale Schwingungen der Tage

Ebenso wie jeder Mensch, hat auch jeder Tag des Jahres seinen eigenen Schwingungsgrad. Einige Tage sind günstig oder vorteilhaft, um sich eine neue Stellung zu suchen, während andere nützlicher verbracht werden, indem man zu Hause arbeitet, studiert oder sich ausruht. Wieder andere Tage eigenen sich am besten für die Unterhaltung. Die Tage, die in Ihre eigene Konkordanz fallen, sind üblicherweise am günstigsten für Sie. Wenn Ihr Geburtstag in die Luft- oder künstlerische Konkordanz der Zahlen 3, 6 und 9 fällt, werden die Tage, die mit irgendeiner dieser Zahlen harmonieren, oder sich auf diese reduzieren lassen, günstig für Sie sein. Wenn Ihr Geburtstag in der Wasser- oder wissenschaftlichen Konkordanz der Zahlen 1, 5 und 7 liegt, werden alle Tage, die mit diesen in Einklang sind, gut sein, gehören Sie jedoch zur Feuer- oder geschäftlichen Konkordanz der Zahlen 2, 4, 8, 11 und 22, werden die Tage, die mit diesen harmonieren, vorteilhaft für Sie sein.

Um die universale Schwingung eines bestimmten Tages zu ermitteln, addieren Sie Monat, Tag und Jahr des Datums und reduzieren das Ergebnis auf eine einstellige Grundzahl.

Beispiel:

November	6	1972	
2	6	1	= 9

November ist der elfte Monat. Wir addieren dies mit der Zahl 6 des Tages und der Zahl 1 des Jahres. Der 6. November 1972 ist ein neuner Tag, eine Zeit, um Kleinigkeiten zu erledigen. Es ist kein günstiger Tag, um etwas Neues zu beginnen. Er ist günstig für die Geburtstage, die auf irgendwelche Zahlen fallen, die zu 3, 6 oder 9 reduziert werden können, wie z. B. der 12., 15. oder 27.

174

1. Agression ist die Grundstimmung. Tatkraft, Entschlossenheit und Streiks können gefördert werden. Verkaufen Sie sich oder Ihre Idee. Bewirken Sie eine Veränderung, indem Sie etwas Neues beginnen.

2. Zusammenarbeit ist die Grundstimmung. Halten Sie sich zurück und sammeln Sie Material. Seien Sie diplomatisch und taktvoll. Todesfälle treten vermehrt auf.

3. Selbstausdruck ist die Grundstimmung. Dies ist ein geselliger Tag zur Unterhaltung. Besuchen Sie Schönheitssalons, das Theater oder Tanzveranstaltungen. Tatkraft und nervöse Anspannung überwiegen.

4. Harte Arbeit ist die Grundstimmung. Dieser Tag sollte der Routine, der Detailarbeit, der Sparsamkeit und der Ordnung Ihrer Angelegenheiten gewidmet werden. Märkte verhalten sich ruhig. Krankheiten oder Streiks können eintreten.

5. Enthusiasmus ist die Grundstimmung. Dies ist ein Tag der Freiheit, der Veränderungen und der Neugier. Treiben Sie Verkäufe voran, spekulieren Sie, reisen Sie und seien Sie aktiv.

6. Häuslichkeit ist die Grundstimmung. Essen Sie zu Hause statt in einem Restaurant. Vermeiden Sie Streit. Achten Sie auf Ihre Gesundheit und Ihre Ausbildung. Beginnen Sie mit dem Bau eines neuen Eigenheims oder unterschreiben Sie einen Mietvertrag.

7. Perfektion ist die Grundstimmung. Verbringen Sie einen ruhigen Tag zu Hause oder auf dem Land. Bergbauaktien können steigen. Dies ist ein ausgezeichneter Tag, um ein Testament aufzusetzen.

8. Organisation ist die Grundstimmung. Schließen Sie große Verträge ab, kaufen Sie Aktien und halten Sie Vorstandssitzungen ab. Dies ist ein Tag, an dem sich Geschäftstüchtigkeit und Führungsqualitäten hervorheben. Arbeiten Sie mit anderen zusammen.

9. Gefälligkeit ist die Grundstimmung. Arrangieren Sie es, an diesem Tag eine Rede zu halten. Werbung auf nationaler Ebene ist wirksam. Uneigennützigkeit, Toleranz, brüderliche Liebe und das Vollenden von Vorhaben stehen auf der Tagesordnung. Geschäfte

können genauso vorteilhaft über Telefon und Fernschreiber wie in einem persönlichen Gespräch abgewickelt werden.

11. Förderung ist die Grundstimmung. Stehen Sie im Rampenlicht. Dies ist ein Tag der Erleuchtung, der Inspiration und des Weitblicks. Dieser Tag hat die Eigenschaften einer Zwei, jedoch mit mehr Führungsqualitäten. Fördern Sie heute das Ingenieurwesen, das Fernsehen, die Luftfahrt und die Elektrizitätswirtschaft. Dies ist ein spiritueller Tag.

22. Internationalität ist die Grundstimmung. Dies ist ein guter Tag für Personen in der Politik oder in Regierungsgeschäften, wie z. B. Botschafter. Sowohl internationale wie auch nationale Projekte stehen im Vordergrund. Auf der internationalen Ebene werden Verbesserungen erkennbar. Die 22 besitzt die Eigenschaften der Vier, sie hat jedoch weit größere Wirkungen. Obwohl dies ein Tag materieller Angelegenheiten ist, wird Inspiration für die Durchführung großer Transaktionen erforderlich sein.

15. Kapitel

Der Einfluß Ihrer persönlichen Jahre, Monate und Tage

Außer den in Kapitel 14 erläuterten Schwingungen des universalen Jahres, Monats und Tages, die jeden gleicherweise beeinflussen, haben Sie ein *persönliches* Jahr, einen *persönlichen* Monat und Tag, deren Schwingungen Sie individuell betreffen. Ihr persönliches Jahr bietet Ihnen bestimmte Gelegenheiten und eine Chance, sich auf den in der Tabelle der Schwingungen angegebenen Gebieten zu entwickeln. Wenn Sie die in einem Einer Jahr vorhandene günstige Schwingung versäumen wahrzunehmen, müssen Sie neun Jahre warten, bis der Zyklus wieder ein Einer Jahr erreicht und Ihnen einen ebenso günstigen Einfluß durch eine ähnliche Schwingung bringt, um etwas Neues zu beginnen, kreativ zu sein und selbständig zu arbeiten.

Wie man feststellt, welche Arbeit man in seinem persönlichen Jahr ausführen sollte

Die Zahl Ihres persönlichen Jahres gibt an, welche Art von Arbeit Sie in dem Jahr ausführen sollten, um sich zu entwickeln und das bestmögliche aus Ihren Erfahrungen zu machen und so Harmonie und zufriedenstellende Ergebnisse zu bewirken.

Da der Zyklus und der Höhepunkt zu der Zeit in ihrer Auswirkung miteinander verflochten sind, können Sie ohne zur Wahrsagerei zu greifen analysieren, was möglicherweise geschehen wird und was Sie tun sollten, um sich auf die Anforderungen des persönlichen Jahres und Erfordernisse des Höhepunktes vorzubereiten.

Ihr persönliches Jahr

Um das persönliche Jahr zu ermitteln, müssen Sie den Umlauf oder das universale Jahr kennen.

Stellen Sie Ihr persönliches Jahr fest, indem Sie die einstelligen Grundzahlen des Monats und Tages Ihres Geburtsdatums und des augenblicklichen oder universalen Jahres addieren (das Jahr Ihres Geburtsdatums wird ausgelassen).

Beispiel:
Sie sind am 26. Januar 1918 geboren und möchten Ihr persönliches Jahr für 1971 ermitteln.

$$(1 + 9 + 7 + 1 = 18 = 9)$$

Monat	*Tag*	*Jahr (universal)*
Januar	26	1971
1	8	9

Nun addieren Sie den Monat (1) und den Tag (8) und das Jahr (9) = 18 = 9. Ihr persönliches Jahr für 1971 ist 9. In diesem Falle stimmt es mit dem universalen Jahr überein. Ihr persönliches Jahr für 1972 ist ebenso wie Ihr universales Jahr 10 = 1. Das bedeutet, daß das Jahr 1972 eine doppelte Wirkung der Eins für Sie hat. Dies ist ein ausgezeichnetes Jahr, um etwas Neues zu beginnen. Wenn Sie Pläne hatten, die Stellung oder den Wohnsitz zu wechseln, ist dies die richtige Zeit zur Ausführung. Für den Beginn eines neuen geschäftlichen Projektes ist das Jahr 1972 die geeignete Zeit. Da das universale Jahr ebenfalls 1 ist, und jeden als ein aktives und produktives Jahr beeinflußt, wirkt es auf Sie besonders, da es sowohl Ihr persönliches als auch Ihr universales Jahr ist.

Nun wollen wir ein weiteres persönliches Jahr errechnen. Wir wollen annehmen, Sie sind am 23. Juni 1934 geboren, und möchten Ihr persönliches Jahr für 1972 erfahren. Um es festzustellen, addieren Sie Ihren persönlichen Monat (Juni = 6) und Ihren persönlichen Tag (23) und Ihr universales Jahr 1972 (1).

Beispiel:

Juni	23	1972
6	5	<u>19</u>
		10

6 + 5 + 1 = 12 = 3

Ihr persönliches Jahr für 1972 ist 3, das universale Jahr 1. Dies ist für Sie persönlich ein geselliges und erfreuliches Jahr (3). Dies ist eine günstige Zeit für Vorträge, Unterhaltung und Schriftstellerei. Sehen Sie wegen weiterer Information in die nachfolgende Tabelle.

Tabelle der persönlichen Jahre

Schwingung 1

Sie treten in einen neuen Zyklus ein, der die nächsten neun Jahre andauern wird. Ein Einer Jahr ist hervorragend dazu geeignet, etwas Neues zu beginnen oder eine Veränderung vorzunehmen, zu der Sie sich bisher nicht durchringen konnten. Seien Sie individuell und fürchten Sie sich nicht davor, sich zu spezialisieren oder neue Ideen zu fördern. Sie sollten lernen, auf Ihren eigenen Füßen zu stehen, denn Erfolg wird sich nur durch Ihre eigenen Bemühungen einstellen. Nehmen Sie sich vor, ein Führer und Pionier zu sein. Sofern Sie an einen beruflichen Wechsel denken, ist dies die richtige Zeit, sich um eine neue Stelle zu bewerben. Dieses Jahr erfordert Arbeit, Organisation und klares Denken, kein Ausruhen.

Schwingung 2

In diesem Jahr gewinnen Sie mehr, wenn Sie sich im Hintergrund halten und die Dinge auf sich zukommen lassen. Geduld, Diplomatie und Takt sind im Umgang mit anderen erforderlich. Sie können Partnerschaften eingehen, Vereinbarungen treffen und neue Freunde gewinnen, wenn Sie sich als kooperativ, freundlich, ruhig und friedvoll erweisen. Sie sollten ansammeln und für künftigen Gebrauch bereithalten, forcieren Sie jedoch nichts, da dies weitere Verzögerungen verursachen könnte. Die Pläne des vergangenen Jahres brauchen Zeit, um zu reifen. Kenntnisse, die Sie in diesem Jahr sammeln, werden im nächsten Jahr ein großer Pluspunkt für Sie sein, denn dann bekommen Sie Gelegenheit zum Selbstausdruck. Seien Sie uneigennützig und bereit, mit anderen zu teilen.

Schwingung 3

Kreativität, Inspiration und Imagination warten darauf, zum Ausdruck zu kommen. Vorträge und Schriftstellerei erweisen sich als vorteilhaft für Sie. Sie sollten erhebliche Bemühungen aufbringen, um Ihre Ideen zu verwirklichen. Da dies ein geselliges Jahr ist, könnten Sie dazu neigen, sich treiben zu lassen und sich einfach nur zu amüsieren. Seien Sie wählerisch bei der Wahl Ihrer Begleiter. Ein guter Sinn für Humor bringt Ihnen Freundschaften und Glück als Lohn für Ihre Bemühungen in weisem Selbstausdruck. Sie können Vergnügungsreisen unternehmen und auch finanziell vorankommen.

Schwingung 4

Nach der Zeit des vergangenen Jahres für Unterhaltung ist dies das Jahr, um praktisch zu sein, sich ranzuhalten, um die im vorigen Jahre angeregten Pläne und Ideen auszuführen. Details, Systematik und Ordnung sind in diesem Jahr überaus wichtig. Möglicherweise müssen Sie sich um Ihre eigene Gesundheit oder die eines Familienmitgliedes kümmern. Sie haben auch andere Pflichten zu übernehmen, wie Vermögensangelegenheiten zu regeln, sparsam zu sein und sich mit Verkaufspolitik zu beschäftigen. Erfolg stellt sich nur ein, wenn Sie wirtschaftlich und praktisch vorgehen, anstatt sich auf Ihr Glück zu verlassen, um materielle Fortschritte zu erzielen.

Schwingung 5

Sie werden jetzt von einer Unruhe erfaßt, die Sie veranlassen kann, einige definitive Veränderungen vorzunehmen. Es ist gut, alte Ideen durch neue zu ersetzen, übereiltes Handeln führt jedoch häufig zu späterer Reue. Dies ist ein günstiges Jahr, um zu reisen, umzuziehen oder einmal etwas ganz anderes zu tun. Sorgen Sie dafür, daß Sie für Ihr Produkt werben. Dies kann ein aufregendes Jahr voller Abwechslung, Veränderung und Fortschritt sein.

Schwingung 6

Nach der Freiheit des vergangenen Jahres konzentrieren sich Ihre Interessen jetzt auf Ihr Heim und Ihre Gemeinde. Sie werden mit vielen häuslichen Verantwortlichkeiten und Pflichten konfrontiert. Liebe und Dienst an anderen Menschen sollten Ihr größtes Interesse sein. Dies ist ein gutes Jahr für den Erwerb oder Bau eines Heims, für eine Heirat oder für die aktive Teilnahme an einem Gemeindeprojekt. Sie können sogar finanziell vorankommen, vor allem dann, wenn Sie bereitwillig Verpflichtungen übernehmen und sich nicht über diese ärgern oder sie als Belastung empfinden.

Schwingung 7

Sie können dazu neigen, sich zu spezialisieren, zu studieren und intellektuellen Interessen nachzugehen, denn dies ist eine Zeit des geistigen Hausputzes. Möglicherweise wollen Sie allein sein, um zu meditieren und nach spirituellem Fortschritt zu streben. Dies ist kein Jahr für Geschäftsexpansion oder den Beginn neuer Dinge, sondern für die abschließende Behandlung von früher Begonnenem. Dies kann auch finanziell ein gutes Jahr sein, wenn Sie dem Geld nicht nachjagen. Die Intuition spielt in Ihrem Leben eine wichtige Rolle und dies sollte Ihnen helfen, sich selbst und andere besser zu verstehen. Es kann

Ihnen sogar Anerkennung bringen, wenn Sie Dinge gut durchdenken und jeden fair behandeln.

Schwingung 8

Jetzt ist die Zeit um zu ernten, was Sie in einem Einer Jahr gesät haben. Sie haben große Aufstiegsmöglichkeiten, wenn Sie hart arbeiten und Angelegenheiten energisch betreiben, um sie zum Abschluß zu bringen. Ein gutes Urteilsvermögen und Leistungsfähigkeit sind im Geschäftsleben ebenfalls erforderlich. Sie werden möglicherweise erhebliche Bemühungen und geistige Anstrengungen unternehmen müssen. Organisation, Planung, Leistungsfähigkeit und geschäftstüchtige Einstellung sind wesentlich. Denken Sie daran, daß dies ein Jahr der Tat ist. Lassen Sie nicht Ihre Emotionen oder Sentimentalität in Ihren Beziehungen die Oberhand gewinnen, sondern fassen Sie die Tatsachen ins Auge. Möglicherweise müssen Sie einige Dinge aufgeben, dies kann jedoch auf lange Sicht vorteilhaft sein.

Schwingung 9

Sie sollten Kleinigkeiten erledigen und bereit sein, vergangene Dinge aufzugeben. Sie schließen den Zyklus von neun Jahren ab und bereiten sich auf neue Erfahrungen vor. Sie können bei Geschäften und in Freundschaften Verluste erleiden, wenn Sie nicht unpersönlich leben. Sie sollten tolerant, mitfühlend und versöhnlich sein, dann ernten Sie den Lohn der Liebe, des Verständnisses und der Weisheit. Achten Sie in diesem Jahr auf Ihre Gesundheit.

Schwingung 11

Dies ist ein Meisterjahr. Wenn Sie nicht allen Anforderungen dieses Jahres vollstens entsprechen, fällt es wieder zurück auf eine Zwei, die

182

Sie an die Beschäftigung mit Details binden könnte. Dies ist ein Jahr der Inspiration und psychischen Erleuchtung. Es könnte Sie ins Rampenlicht stellen und Ihnen sogar Ruhm bringen, wenn Sie Ihrer Intuition folgen und nach Ihren Ahnungen oder Ideen handeln.

Schwingung 22

Das Meisterjahr mit der Schwingung 22 bringt eher universale Wirkung als irgend etwas Persönliches. Wenn man nicht seinen Möglichkeiten entsprechend lebt, fällt es auf eine Vier zurück und bringt harte Arbeit und Begrenzungen. In einem Jahr mit der Schwingung 22 sind nach oben keine Grenzen gesetzt. Es ist eine Zeit, um die Inspiration mit dem Praktischen zu verbinden und große Dinge zum Wohle der Menschheit oder der Welt zu tun, nicht nur für Sie oder Ihre Gemeinde.

Wie Sie Ihre persönlichen Monate analysieren

Um Ihren persönlichen Monat festzustellen, addieren Sie den Kalendermonat und Ihr persönliches Jahr. Sie werden sich erinnern, daß man zur Ermittlung des persönlichen Jahres den Tag und Monat des Geburtsdatums und das universale oder augenblickliche Jahr addiert. 1971 ist ein Neuner universales Jahr. Wenn Sie am 9. Juni irgendeines Jahres geboren sind, addieren Sie den Tag (9) und den Monat (6) Ihres Geburtsdatums und das universale Jahr (9), um das persönliche Jahr 6 (6 + 9 + 9 = 24 = 6) zu erhalten. Nun addieren wir den Kalendermonat und das persönliche Jahr. Wenn Sie Ihren persönlichen Monat im April 1971 erfahren möchten, addieren Sie:
April (4) und persönliches Jahr (6) = 10 persönlicher Monat.
Im April ist der universale Monat 4 und Ihr persönlicher Monat 10. Sehen Sie wegen der Interpretierung in der Tabelle nach. September, der neunte Monat, hat dieselbe Schwingung wie das Jahr.

Schwingungstabelle der persönlichen Monate

Schwingung 1. Handlung, Schöpfung, Originalität.
Schwingung 2. Harmonie, Stille, Passivität.
Schwingung 3. Unterhaltung, Selbstausdruck.
Schwingung 4. Praktische Veranlagung, Errichtung einer Grundlage, Arbeit.
Schwingung 5. Veränderung, Freiheit, neue Interessen.
Schwingung 6. Verantwortung, Dienst, Gesundheit, familiäre Liebe.
Schwingung 7. Vollkommenheit, Analyse, spirituelle Einstellung.
Schwingung 8. Weitblick, Macht, gute Beurteilungsfähigkeit.
Schwingung 9. Philantropie, Uneigennützigkeit, Dienst.
Schwingung 11. Erleuchtung, Idealismus, Religion, Rampenlicht.
Schwingung 22. Materialismus und Idealismus miteinander verbunden, weltliche Projekte.

Wie Sie Ihre persönlichen Tage analysieren

Um Ihren persönlichen Tag zu ermitteln, addieren Sie den Tag und Monat des Kalenders und Ihr persönliches Jahr. Ist z. B. Ihre persönliches Jahr 6 und der Tag und Monat des Kalenders der 4. Januar, so ist Ihr persönlicher Tag:

Kalendermonat = Januar = 1
Kalendertag   =   4
Persönliches Jahr =   6
(Ihr persönlicher Tag   11
am 4. Januar)

Nun wollen wir den persönlichen Tag für Albert Jones, geboren am 3. November 1933, feststellen. Der Kalendertag ist der 15. Januar 1972.

Januar   15.   1972
  1 + 6 + 1 =   8

Der universale Tag ist 8. Sein persönliches Jahr errechnet sich aus November (11) und Tag (3) und universales Jahr (1) = 6. Die Errechnung seines persönlichen Tages: Januar (1) und Tag 15 (6) und persönliches Jahr (6) = (1 + 6 + 6 = 13 = 4). Sein persönlicher Tag ist 4, der universale Tag 8. Während der universale Tag ihm und auch anderen nützt, betrifft ihn der persönliche Tag individuell. Er sollte sich heute auf seine Arbeit konzentrieren (4), für die Zukunft planen und organisieren. Sparsam und praktisch zu sein (4), wird später gute Ergebnisse bringen.

Sehen Sie wegen weiterer Einzelheiten in die Tabelle der persönlichen Tage.

Tabelle der persönlichen Tage

Schwingung 1. Fördern Sie neue Ideen, verkaufen Sie sich selbst, seien Sie aggressiv, beginnen Sie neue Dinge.

Schwingung 2. Seien Sie kooperativ, friedvoll, empfänglich, sammeln Sie und analysieren Sie Details.

Schwingung 3. Unterhalten Sie, seien Sie fröhlich, bringen Sie sich kreativ zum Ausdruck, gehen Sie unter Leute.

Schwingung 4. Seien Sie sparsam, organisieren und systematisieren Sie Arbeit, arbeiten Sie hart, konzentrieren Sie sich.

Schwingung 5. Seien Sie enthusiastisch, reisen Sie, kaufen oder verkaufen Sie, fördern Sie neue Ideen, handeln Sie.

Schwingung 6. Übernehmen Sie Verantwortung im Haus und in der Gemeinde, dienen Sie, vermeiden Sie Auseinandersetzungen.

Schwingung 7. Folgen Sie Ihren Ahnungen, ruhen Sie sich aus, vollenden Sie, was Sie begonnen haben, konzentrieren Sie sich.

185

Schwingung 8. Unterzeichnen Sie wichtige Verträge, gebrauchen Sie Takt und gute Beurteilung, investie-
ren Sie in Wertpapieren.

Schwingung 9. Seien Sie uneigennützig, bringen Sie Talente
zum Ausdruck, fördern Sie Liebe und Brüder-
lichkeit.

Schwingung 11. Seien Sie ein Führer, Gründer, leuchten Sie in
der Öffentlichkeit, folgen Sie Ahnungen,
machen Sie Reklame.

Schwingung 22. Seien Sie im großen Geschäft meisterhaft und
kooperativ, fördern Sie internationale Pro-
jekte.

Errechnen Sie nun Ihr eigenes persönliches Jahr, Ihren persönlichen
Monat und Tag, indem Sie die vorher in diesem Kapitel angegebenen
Anweisungen befolgen. Sehen Sie wegen einer Erläuterung derselben
in die verschiedenen Tabellen und entwickeln Sie eine Analyse zu Ihrer
Führung, um jedes Ziel zu erreichen, das Sie möglicherweise an-
streben.

186

16. Kapitel

Das karmische Gesetz von Ursache und Wirkung in der Numerologie

Die Macht des Karmas beruht auf dem Gesetz von Ursache und Wirkung. Alles, was Ihnen geschieht (Wirkung), hatte eine vorherige Ursache.

Die Wirkungsweise des karmischen Gesetzes bedeutet, daß Sie der Meister Ihres eigenen Schicksals sein können.

Wie man seine Sperre zum Erfolg erkennt

Ihre *karmischen Lektionen* spiegeln Eigenschaften wieder, an denen es Ihnen mangelt oder in denen Sie schwach sind und die Ihren Erfolg behindern. Sie weisen auf Erfahrungen und Verpflichtungen hin, die Sie vermieden haben oder denen Sie in irgendeinem früheren Leben entgehen konnten. Diese treten nun in Ihrem gegenwärtigen Leben als Sperren zu Ihrem Erfolg auf, wenn Sie nicht eine bewußte Bemühung unternehmen, um sie zu überwinden.

Wie man seine karmischen fehlenden Zahlen ermittelt

Um Ihre *karmischen Lektionen* zu ermitteln, müssen Sie Ihren vollen Geburtsnamen aufstellen. Irgendwelche fehlenden Buchstaben in Ihrem Namen sind Erfahrungen, die Sie machen werden und die Sie zu meistern versuchen sollten. Gelegentlich wird Ihr Mangel ausgeglichen oder Ihre Schwierigkeit überwunden, indem Sie Ihren Namen ändern. Sie müssen jedoch immer noch die Lektionen Ihres ursprünglichen Namens lernen und Ihren Charakter stärken, indem Sie die Notwendigkeit erkennen, die Schwächen endgültig zu überwinden. Wenn die fehlende Zahl an einer anderen bedeuttamen Stelle erscheint, wie z. B. in Ihrem Geburtsweg, der Sehnsucht Ihrer Seele, dem Schicksal oder der Machtzahl, dann wird die karmische Wirkung gemildert, die Forderung Ihres Karmas muß jedoch noch beglichen werden.

Beispiel:

MARTIN   LUTHER   KING
4 1 9 2 9 5   3 3 2 8 5 9   2 9 5 7

Die Analyse des obigen Namens:

Anzahl der Einsen	= 1	Anzahl der Sechsen	= 0
Anzahl der Zweien	= 3	Anzahl der Siebenen	= 1
Anzahl der Dreien	= 2	Anzahl der Achten	= 1
Anzahl der Vieren	= 1	Anzahl der Neunen	= 4
Anzahl der Fünfen	= 3		

Die Sechs ist die einzige fehlende Zahl im vollen Geburtsnamen von Martin Luther King (siehe oben: 6 = 0), dies bedeutet, daß es seine Aufgabe war zu lernen, Verantwortung als eine Pflicht zu akzeptieren. Er kam mit dem Anzeichen in diese Welt, daß es ihm in einem vergangenen Leben an diesem Wunsch gefehlt hat. Er war ebenfalls nicht aufgeschlossen für die Schönheit oder den Wert des Dienens, was er zu entwickeln hatte. Seine Talente oder starken Punkte waren vier Neunen. Viele Neunen zeigen an, daß er vor allem ein Friedensstifter und Humanitarier war, der für das Wohl aller arbeitete. Sie werden in seiner Tabelle bemerken, daß er drei Zweien und drei Fünfen hatte. Die Tatsache, daß er drei Fünfen hatte, ist belanglos, denn die Fünf ist die Zahl des Mannes und kommt in den meisten Tabellen reichlich vor. Es ist das Beste, zwei Fünfen von der Gesamtanzahl abzuziehen, um ein echtes Verhältnis der Zahl zu bekommen.

Numerologische Tabelle der karmischen Lektionen zur Führung

Zahl 1

Wenn Sie nur wenige oder keine *Einsen* haben, hat es Ihnen im vergangenen Leben an Initiative, Ehrgeiz, Originalität und Unabhängigkeit gemangelt. Dies bedeutet, daß Sie nicht vor allem an sich selbst denken. Sie zeigen keine dominierenden oder aggressiven Eigenschaften, sondern eher Furcht und mangelndes Selbstvertrauen. Sie fürchten sich davor, Entscheidungen zu treffen oder neue Dinge zu beginnen.

Zahl 2

Wenn Sie nur wenige oder keine *Zweien* aufweisen, hat es Ihnen in der Vergangenheit an Takt, Diplomatie und Kooperation gemangelt. Sie versäumen, Zeit zu bewahren und Geld zu sparen. Sie sind in dem Maße scheu, daß Sie Gefährten vermeiden, nun müssen Sie jedoch lernen, mit anderen zusammenzuarbeiten, Geduld zu entwickeln und sich mit Details zu befassen.

Zahl 3

Wenn Sie nur wenige oder keine *Dreien* haben, waren Sie in einem früheren Leben nicht imstande, sich selbst zum Ausdruck zu bringen. Es mangelt Ihnen an Selbstvertrauen und Sie möchten sich gern vor der Öffentlichkeit verbergen. Sie enthüllen auch Mangel an Imagination, sind leicht aufbrausend und verzetteln Ihre Talente.

Zahl 4

Wenn Sie nur wenige oder keine *Vieren* haben, hatten sie in einem früheren Leben eine Abneigung gegen harte Arbeit, sich mit Details zu befassen oder ordentlich zu sein. Sie sollten sich eine gute Grundlage schaffen, nicht durch Vermeidung von Arbeit, sondern indem Sie sich geduldig und bedachtsam auf Ihre Tätigkeit konzentrieren und keine Begrenzungen akzeptieren.

Zahl 5

Wenn Sie nur wenige oder keine *Fünfen* haben, hatten Sie in einem früheren Leben ständig Furcht davor, Veränderung oder irgend etwas Neues zu erleben. Ein Mangel an Verständnis, Wißbegier und Interesse an Ihren Mitmenschen ist angezeigt. Diese Zahl fehlt selten. Nun sollten Sie lernen, sich mit Veränderungen abzufinden.

Zahl 6

Wenn Sie nur wenige oder keine *Sechsen* haben, bedeutet dies, daß Sie in der Vergangenheit eine Abneigung dagegen hatten, Verantwortung zu übernehmen. Sie fürchten sich davor, an die Betreuung von Haus und Familie gebunden zu werden. Sie müssen viel in der Beziehung lernen, ein guter Ehepartner und Elternteil zu sein, denn viele Anpassungen werden notwendig sein, einschließlich der Verantwortung für die Familie und des Dienstes für andere.

Zahl 7

Wenn Sie nur wenige oder keine *Siebenen* haben, mangelte es Ihnen früher an der Unterscheidung zwischen dem Materiellen und dem Spirituellen, und Sie haben versäumt, sich nach innen zu wenden, um Führung zu erhalten. Sie fürchten sich vor dem Glauben und was er mit sich bringt. Sie enthüllen auch einen Mangel an Geschicklichkeit, Analyse und der Bereitschaft Ihren Geist zu trainieren, die Umstände zu überprüfen, bevor Sie Schlußfolgerungen ziehen.

Zahl 8

Wenn Sie nur wenige oder keine *Achten* haben, fehlte es Ihnen an der Befähigung oder Tüchtigkeit, geschäftliche Transaktionen und andere materielle Angelegenheiten durchzuführen. Sie sollten den Wert des Geldes erkennen und lernen, zu organisieren und zu leiten, denn das Karma wird Sie dazu zwingen, Ihr eigenes Geschäft zu betreiben.

Zahl 9

Wenn Sie nur wenige oder keine *Neunen* haben, mangelte es Ihnen an Gefühl und Verständnis. Dies bedeutet, Sie werden viele emotionelle Verwirrungen und Enttäuschungen erleiden, bis Sie gelernt haben, großzügig, mitfühlend, liebevoll und an anderen interessiert zu sein.

Tabelle der angeborenen Talente und der persönlichen Schwächen

(die häufigsten Zahlen)

Zahl 1: Viele *Einsen* bedeuten Ehrgeiz, Unabhängigkeit und individuelle Interessen. Dies kennzeichnet oft einen eigennützigen, herrischen Menschen.

Zahl 2: Viele *Zweien* zeigen Takt und Diplomatie an. Sie lieben Musik, Tanz, Harmonie und Farbe. Sie sind zur Zusammenarbeit mit anderen bereit.

Zahl 3: Viele *Dreien* zeigen an, daß Sie zu gutem Selbstausdruck fähig sind. Sie besitzen eine starke Imagination und einen guten Sinn für Humor. Sie sollten lernen, Verantwortung zu übernehmen. Vermeiden Sie, ungeduldig zu sein.

Zahl 4: Viele *Vieren* bedeuten Wirtschaftlichkeit, Sparsamkeit, Ordnung, Ehrlichkeit und einen Hang zu schwerer Arbeit. Sie sollten lernen, sich zu konzentrieren und gute Beurteilung anzuwenden. Sie sind gut in Details und Routine. Sie könnten eigensinnig sein.

Zahl 5: Viele *Fünfen* bedeuten ein Interesse am anderen Geschlecht und an den Sinnen. Sie sollten sich davor bewahren, impulsiv und nervös zu sein. Sie sollten Veränderung, Reisen und Aufregung gern akzeptieren.

Zahl 6: Viele *Sechsen* bedeuten die Fähigkeit, viel Verantwortung zu übernehmen. Sie sind zuverlässig, häuslich und ein geborener Elternteil oder Lehrer. Sie sollten vermeiden, streitsüchtig und zänkisch zu sein.

Zahl 7: Viele *Siebenen* bedeuten Analyse, mentale Wachheit und einen Wunsch nach Vollkommenheit. Sie zeigen Gelassenheit und Kultur. Wenn Sie viele *Siebenen* haben, sind Sie möglicherweise an metaphysischen Dingen interessiert oder auch zurückhaltend.

Zahl 8: Viele *Achten* zeigen Geschäftstüchtigkeit an. Sie könnten in finanziellen Unternehmungen erfolgreich sein, denn Sie besitzen geschäftsführende Fähigkeiten und beweisen Führungsqualitäten, Initiative, Takt und ein gutes Werturteil.

Zahl 9: Viele Neunen zeigen eine universale Einstellung an. Sie sind künstlerisch veranlagt und haben kreative und literarische Fähigkeiten. Sie sollten sich des Reisens erfreuen.

Stellen Sie nun Ihren eigenen Namen auf, um zu erfahren, welche Eigenschaften Ihnen fehlen, die Sie ausbilden sollten, und welche ausgleichenden Talente Sie besitzen.

Unheilvolle oder karmische Zahlen

Wie man ihre Wirkungen aufheben kann

Bitte beachten Sie, daß karmische Zahlen nicht dasselbe sind wie karmische Lektionen, die im ersten Teil dieses Kapitels ausführlich besprochen wurden. Nicht alle Menschen sind gezwungen, es mit karmischen Zahlen aufzunehmen. Nur wer im vergangenen Leben die Naturgesetze übertreten hat und nun den Preis dafür zu entrichten hat, wird davon betroffen.

Die Karmischen Zahlen 14, 16, 19 und manchmal 13 werden häufig als unheilvoll in ihrer Wirkung angesehen. In Wirklichkeit dienen sie jedoch dem Wiederaufbau, denn sie beinhalten Lektionen zu Ihrer Führung, um notwendige Erfahrung zu gewinnen. Sie geben Ihnen eine Warnung, Ihr Leben zu ändern, damit die Schwäche Ihnen nicht ständigen Kummer bereitet.

Sie müssen die karmische Forderung ausgleichen

Obwohl die Zeit des Wiederaufbaus ein Unheil zu sein scheint, während Sie durch ihre Schwingungen gehen, sind die Tests oder Prüfungen, die Sie zu bestehen haben, tatsächlich gut für Sie. Eins der kosmischen Gesetze besagt, daß Sie für Übertretungen in diesem Leben oder in einer früheren Inkarnation bezahlen müssen. Andererseits werden Sie jedoch auch den Lohn für irgendwelche guten Taten ernten. Wenn Sie die Warnungen verstehen und bestrebt sind, das Konto Ihrer Missetaten auszugleichen, indem Sie die Forderungen begleichen, dann werden Sie allmählich die unglückliche Wirkung aufheben.

Welches die karmischen Zahlen sind

Die karmischen Zahlen sind 13, 14, 16 und 19. Diese erscheinen möglicherweise als Summe der Sehnsucht Ihrer Seele, des Schicksals, des Geburtsweges oder der Machtzahl. Nachfolgend finden Sie die Erläuterung ihrer Bedeutungen.

Die unheilvolle oder karmische Zahl 13

Die Tarotkarte 13 der großen Arkana heißt *Tod* oder *Der Schnitter*. Ihr Symbol ist das Skelett, das bildlich gesehen die akzeptierte Gestalt des Todes ist. Man fürchtet den Tod hauptsächlich wegen des Unbekannten jenseits des Grabes. In der tatsächlichen Interpretation bedeutet der Tod jedoch nicht das Ende des Lebens, sondern Veränderung, Bewegung oder Verwandlung. Was wir Tod nennen, ist Veränderung. Mit anderen Worten, Tod ist Wiedergeburt, Erneuerung und ein inspirierender Beginn. Die Karte 13, oder die karmische Zahl 13, bedeutet, daß der Tod nur eine Veränderung des Bewußtseins ist.

Durch Aberglauben kam die Zahl 13 in einen schlechten Ruf. Sie betrifft tatsächlich eine Periode der Erneuerung. Die Losung ist Arbeit auf der materiellen Ebene. Sie gibt die Warnung, daß die Gefahr besteht, in das Negative und in Unfähigkeit zurückzufallen. Prüfungen und Tests der Tüchtigkeit werden auf der materiellen Ebene erfolgen und Arbeit ist die Lösung. Sie warnt davor, unzufrieden und ungehobelt zu sein.

Unheilvolle oder karmische Zahl 14

Die Arkana 14 stellt physischen Besitz dar. Sie warnt vor Verlust von Eigentum und Fehlschlag im Geschäft. Es ist schwierig für jemand mit der karmischen Zahl 14, seine Lektion zu lernen, denn er versucht oft Freiheit durch destruktive Methoden oder auf Kosten anderer zu gewinnen. Dies führt zu Verlust, Krankheit und Tod. Sie sind zu sehr an den physischen Sinnen interessiert. Die Zahl 14 ist ebenfalls symbolisch für Erfahrung.

Erscheint die Zahl 14 als Summe der Vokale, so werden Sie viele emotionale Verwirrungen und Verzögerungen erfahren.

Ist die Zahl 14 die Summe des Schicksals, so werden Sie von vielen Enttäuschungen und Verlusten betroffen.

Ist die Zahl 14 die Summe des Geburtsweges, so sollten Sie die Lektion des Loslassens lernen. Dies bedeutet, zu haben und loszulassen.

Die Warnung der Zahl 14 beinhaltet die grundsätzliche Botschaft, daß Mangel an Verständnis herrscht. Häufig verstehen wir nicht die Motive der anderen, nicht einmal unsere eigenen, denn wir handeln anders, als wir denken und fühlen. Durch Verständnis entwickeln wir Demut, Mitgefühl und überfließende Liebe. Wir sollten die Extreme vermeiden. Üben Sie Mäßigung.

Unheilvolle oder karmische Zahl 16

Die Tarotkarte 16, *Der Turm* genannt, stellt den Untergang dar. Der stürzende Turm symbolisiert die Vernichtung des Stolzes und der Eitelkeit im Menschen. Das Gebäude wurde durch Unwissenheit und falsches Handeln, durch Eigenwillen und ein egozentrisches Leben errichtet. Erst wenn wir das wahre Wesen der Willenskraft verstehen, geben wir falsche Ideen auf und lernen, was richtig ist.

Die Warnung der Zahl 16 bezieht sich auf irgendein ungewöhnliches Unglück, die Vereitelung eines Planes, Schande, Unfälle und Mißgeschick. Die Zahl 16 kennzeichnet das Karma früherer unrechtmäßiger Liebesbeziehungen und bedeutet den Test in Optimismus und Glauben.

Wird die Zahl 16 als Summe der Sehnsucht der Seele ermittelt, kennzeichnet dies falsche Freunde und zerbrochene Träume. Erscheint sie als Schicksalszahl, so warnt sie vor dem Verlust des guten Rufes, der Stellung, des Vermögens und der Macht. Erscheint sie als Summe des Geburtsweges, so heißt es, alle Tragödien zu lernen – Liebe, um zu

verlieren, Aufstieg, um zu fallen. Sie sollten nicht an materiellen
Dingen hängen.

Karmische Zahl 19

Die Tarotkarte 19 symbolisiert die *Sonne* oder *Wiedervereinigung*.
Sie ist nicht unbeseelt, sondern eine lebendige Kraft.

Die Zahl 19 ist der ausgleichende Faktor oder der Einsammler. Sie
verlangt *Auge um Auge*. Wir bekommen vom Leben gerade so viel, wie
wir hineinbringen.

Die Zahl 19 warnt Sie, nicht herrisch zu sein, sondern Toleranz
walten zu lassen. Sie haben im früheren Leben etwas genommen und
müssen es nun zurückzahlen. Dies ist ein Test der Ausdauer.

Ist die Summe der Sehnsucht Ihrer Seele 19, dann müssen Sie es mit
allen Geheimnissen des Lebens aufnehmen, die möglicherweise verborgen waren und jetzt ans Licht gezogen werden.

Ist die Zahl Ihres Schicksals 19, so könnten Sie am Ende Ihres
Lebens feststellen, daß Sie alles verloren haben.

Erscheint die Zahl 19 als Summe Ihres Geburtsweges, dann müssen
Sie Fehlschläge erleiden und ernten, was Sie gesät haben. Auch wenn
Sie gern frei sein möchten, müssen Sie jetzt die Zeche bezahlen.

Erscheint die Zahl 19 entweder als die Summe Ihres Herzenswunsches oder Ihrer Schicksalszahl, so ist die Bedeutung, daß Sie dies
Karma aus einem früheren Leben mitgebracht haben. Es handelt sich
um eine Charakterschwäche, die zu überwinden ist, indem man der
Testzahl entsprechend lebt.

Was Sie mit Ihren karmischen Zahlen tun sollten

Haben Sie eine oder mehrere dieser unheilvollen oder karmischen
Zahlen an einer der erwähnten Stellen, dann lesen Sie, was Sie tun
sollten, um die karmische Forderung zu begleichen. Haben Sie keine
der karmischen Zahlen, dann ist Ihr Konto auf der Erde ausgeglichen

196

und Sie sind frei, ohne karmische Verpflichtungen, die Ihren Fortschritt behindern. Stellen Sie nun Ihren eigenen Namen auf um
festzustellen, ob Sie frei sind von karmischen Forderungen. Zur
Erinnerung, die karmischen Zahlen sind 13, 14, 16 und 19.

17. Kapitel

Die Bedeutung des ersten Vokals in Ihrem Vornamen

Wenn Sie bei einer Party im Mittelpunkt der Aufmerksamkeit stehen möchten, oder ungewiß sind, wie Sie vorgehen sollten, um die Freundschaft eines bestimmten Menschen zu gewinnen, oder sich in Verlegenheit oder im Zweifel befinden, wie Sie Kinder behandeln sollten, dann machen Sie eine numerologische Notiz des Vornamens oder des Kosenamens, der als Rufname gilt. Der *erste* Vokal kennzeichnet den emotionellen Impuls des Menschen, seine Einstellung und wie er reagieren wird, das heißt, wie er voraussichtlich denken und handeln wird.

Was die ersten Vokale sind

Die Vokale sind A, E, I und U. Y ist ein Vokal in dem Falle, daß es in der Silbe kein weiteres Vokal gibt. Es gibt drei Arten Vokale: lang, kurz und als Doppellaut, wie nachfolgend beschrieben. Ist der Vokal lang, so sind die Eigenschaften stark ausgeprägt. Ist er kurz, so ist er weniger dynamisch in seinem Ausdruck. Erscheint der Vokal in einem Doppellaut, so ist er zwiespältiger Art, und seine Stärke ist mit dem anderen Vokal geteilt, mit dem er zusammen ausgesprochen wird.

Der erste Vokal Ihres Vornamens zeigt Ihre Reaktion auf äußere Reize an oder wie Sie denken, handeln und sich verhalten.

Beispiele langer Vokale:
A wie in Amy; E wie in Edith; I wie in Ivan; O wie in Joseph; U wie in Judith; Y wie in Byron.

Beispiele kurzer Vokale:
A wie in Cameron; E wie in Nelson; I wie in Virginia; O wie in Ronald; U wie in Duncan; Y wie in Lydia.

Beispiele für Doppelaut-Vokale:
A wie in Pauline; E wie in Eunice; I wie in Diana; O wie in Joan; U wie in Duane; Y wie in Yoyce.

Was Ihre ersten Vokale über Sie aussagen

Der Vokal A

Der Vokal *A* hat den numerischen Wert eins und ist mental in seinem Aspekt, er ist jedoch auch emotional, da er beträchtliches Gefühl besitzt. Als erster Vokal ist er fortschrittlich, abenteuerlustig, unabhängig und originell. Da er Pioniergeist besitzt, drängt er voran. Wenn *A* der erste Vokal Ihres Vornamens ist, sind Sie an neuen Ideen interessiert, Sie ziehen es jedoch vor, daß diese aus Ihrem eigenen fruchtbaren Geist kommen und nicht aus dem eines anderen, denn Sie möchten gern kreativ sein. Sie verteidigen Ihren Standpunkt selbst dann, wenn Sie die ganze Welt gegen sich haben. Da Sie sich nicht antreiben lassen, nehmen Sie einen Rat nur an, wenn er mit dem übereinstimmt, was Sie bereits glauben, und auch dann nur, um Ihre eigenen Ansichten nochmals zu überprüfen.

Der Vokal *A* zieht neue Kontakte, neue Gelegenheiten und neue Aktivitäten heran, die Veränderungen beinhalten. Sie möchten mit alten oder bewährten Traditionen brechen und sich ins Unbekannte hinauswagen.

Wenn *A* Ihr erster Vokal ist, sollten Sie sich davor bewahren, dominierend, eigensinnig und von falschem Stolz erfüllt zu sein. Sie sollten lernen, tolerant zu sein, verlieren Sie jedoch niemals Ihre Individualität.

Der Vokal E

Der Vokal *E* hat den numerischen Wert 5, ist physisch in seinem Aspekt und steht in Beziehung zu den fünf Sinnen. Er ist als die Würze des Lebens bezeichnet worden, denn er liebt Abwechslung, Veränderung und Aktivität.

Ist *E* Ihr erster Vokal, so geht Ihnen Freiheit für Ihre Entwicklung über alles andere, Sie sollten dafür jedoch nicht gegen die Regeln verstoßen. Das *E* wird als die Schwingung der Erfahrung bezeichnet und kommt in den Namen häufiger vor als jeder andere Vokal oder Buchstabe. Bei einem *E* ist das Unerwartete die Regel. Viele Probleme entstehen durch üübereilte Handlung. Wenn *E* Ihr erster Vokal ist, bringen Ihnen Kontakte mit der Öffentlichkeit Freude und häufig auch Reisen. Das Geld hat eine Art, in einem Augenblick reichlich und im nächsten wieder knapp zu sein, wegen der Einstellung eines *E* von *wie gewonnen, so zerronnen.*

Eheliche Partnerschaften sind möglicherweise unbeständig und die Familie könnte durch das fluktuierende weltliche Leben und die impulsiven Handlungen leiden. Die Erfahrungen des Lebens, von denen es viele geben wird, finden wie auf einer Bühne oder in einem Glashaus statt. Sie werden viele aufregende Situationen, Gelegenheiten und Probleme erfahren. Sie sollten sich deshalb auf dem Laufenden halten, denn Sie könnten dem Unerwarteten in jedem Augenblick begegnen. Sie sollten lernen, Versuchungen und übermäßige Leidenschaft, besonders in bezug auf das andere Geschlecht, zu überwinden. Sie sollten sich davor bewahren, zu rastlos und unbeständig zu werden, vor allem in Dingen der Liebe und der Spekulation.

Der Vokal I

Der Vokal *I* hat den numerischen Wert 9 und sollte universale Liebe entwickeln. Wenn *I* der erste Vokal Ihres Vornamens ist, sind Sie intensiv, emotionell und besitzen vitale Energie im Überfluß. Sie setzen sich über alle Konventionen hinweg. Ist der Vokal *I* mehrfach in Ihrem Namen vorhanden, so sind Sie bis zum Punkt der Empfindlichkeit sensitiv, Sie werden jedoch auch mitfühlend sein. Der Vokal *I* kann Verzögerungen bringen, denn er ist dualistisch und ein Wiederholer. Er bedeutet entweder das Genie oder den Taugenichts, verbreitet entweder Erleuchtung oder Terror. Jemand mit seiner Schwingung des ersten Vokals im Namen ist entweder ruhig, energisch und hilfsbereit oder sprunghaft und eigennützig. Er ist oft gelangweilt oder gleichgültig, obwohl er viele Talente besitzt. Er liebt keine Veränderungen, denn er versucht nicht gern irgend etwas Neues. Er zieht es vor, das was er weiß zu vervollkommnen und dann bei der bewährten Methode zu bleiben und dies ständig zu wiederholen. Das Herz und die Leidenschaft beherrschen den Geist eines Menschen mit der Schwingung des ersten Vokals *I*. Ist er gut entwickelt, so ist er mitfühlend und liebt es, der Menschheit zu dienen, und ist dies nicht der Fall, so ist er egozentrisch und bequem.

Der Vokal *I* kann Vermögen und Protektion heranziehen. Seine Schwingung bewirkt die Fähigkeit, die Bedürfnisse anderer zu verstehen, und kann so den Weg zum Erfolg und zu einem Vermögen ebnen. Ist jemand mit dem Vokal *I* ein Versager, so liegt dies an zu viel Optimismus, der ihn Fehler machen ließ.

Ist seine Intuition entwickelt, so hat er kreative Begabung. Er muß sich davor hüten, launisch zu sein, denn das könnte dazu führen, Gelegenheiten zu versäumen.

Der Vokal O

Der Vokal O hat den numerischen Wert 6 und ist am glücklichsten in der Beratung anderer oder wenn man ihn konsultiert. Er macht sich gern nützlich und ist der geborene Lehrer oder Erzieher.

Ist O Ihr erster Vokal, so brauchen Sie Verantwortung, um sich wichtig zu fühlen. Sie möchten die Chance haben, zu Hause oder in Ihrer Gemeinde zu glänzen. Sie sollten vermeiden, zu streiten. Obwohl Ihnen der Versuch Spaß macht, andere von der Richtigkeit Ihrer Meinung zu überzeugen, rufen Sie doch oft Feindschaft hervor. Wenn Sie unbedingt argumentieren müssen, so achten Sie darauf, taktvoll zu sein.

Da Sie ein ausgezeichneter Gastgeber und guter Koch sind, freuen sich andere auf Einladungen zu einer Party in Ihrem Haus. Sie sind an Verbesserungen interessiert.

Das Interesse eines O richtet sich auf alteingesessene Unternehmen. Dies gibt Ihnen die Gelegenheit oder erweckt in Ihnen den Wunsch, sich an einem Ort niederzulassen und nicht mehr umziehen zu müssen. Ein O braucht Harmonie und Schönheit in seiner Umgebung und arbeitet gerne im Garten.

O als erster Vokal gibt Ihnen die Gelegenheit, Ihrer Gemeinde zu dienen. Sie können oft nicht umhin, sich an das Traditionelle zu halten.

Viele konstruktive Vokale O haben eine Begabung für Musik, Kunst und Dichtung.

Zu viele Vokale O können Eigensinn, Schwerfälligkeit und Mutlosigkeit anzeigen.

Der Vokal U

Ist der erste Vokal Ihres Vornamens U, ist Ihre Einstellung im wesentlichen die eines sorglosen, jovialen und glücklichen Menschens. Da Sie ausgesprochen schlagfertig sind, könnten Sie sich als Tischredner qualifizieren, denn Sie haben die Fähigkeit, Worte wirkungsvoll zu gebrauchen. Sie sind bei den meisten Leuten beliebt und Sie sind ihnen wiederum ein guter Freund. Möglicherweise haben Sie seltsame Erlebnisse und leiden darunter. Sie lieben die Natur und bringen Blumen und Pflanzen zum üppigen Wachstum. Sie sind ein guter Kenner von Parfums und Antiquitäten.

Einige Vokale U haben eine Vorliebe für das Studium und die

mentale Analyse. Namen mit dem ersten Vokal *U* sind emotionell veranlagt. Sie können sich in verschiedenen Betätigungen zum Ausdruck bringen. Sie sind künstlerisch veranlagt und engagieren sich häufig in einem Beruf. Ihre Bemühungen sollten von einer eisernen Willenskraft geleitet werden, um ihre übermäßige emotionelle Art unter Kontrolle zu bringen. Sie unterliegen oft der Versuchung, sich auf unkonventionelle Liebesaffären einzulassen.

Das *U* möchte sich ausbreiten und etwas ganz anderes tun. Der Erfolg für ein *U* stellt sich durch kreative Aktivität ein. Selbstvervollkommnung ist das wesentliche Merkmal.

Sie sind üblicherweise charmant und bei Gruppen beliebt, denn sie bringen anderen Liebe und Freundschaft entgegen. Der Vokal *U* ist konservativ und ergreift keine Initiative. Er sollte sich auf seine Intuition verlassen. Ein entwickeltes *U* wird für den Aufschwung der Menschheit bestrebt sein. Lebt ein Vokal *U* in negativer Weise, so ist er eigennützig und engstirnig.

Der Vokal Y

Das *Y* hat den numerischen Wert 7 und kann entweder ein Vokal oder ein Konsonant sein. Das *Y* ist immer dann ein Vokal, wenn die Silbe keinen anderen Vokal enthält. Das *Y* ist eher anlehnend als dominierend oder unabhängig. Obwohl es Schutz braucht, ist es imstande, sich zu verhüllen.

Das *Y* ist nach innen gewendet. Da es sehr intuitiv ist, sollte es seinen Ahnungen folgen. Die Stärke des *Y* ist Intellekt und Logik. Es ist sehr mit der Natur verbunden, es fällt ihm jedoch schwer, sich frei zum Ausdruck zu bringen.

Ist *Y* der erste Vokal Ihres Vornamens, so können Sie viel gewinnen, wenn Sie taktvoll und diplomatisch sind und wissen, wann Sie reden oder schweigen sollten. Sie ergründen gern die Tiefen, um Kenntnisse zu gewinnen und psychische Phänomene zu erforschen.

Ein *Y* ist es wert, gefördert zu werden. Aufgrund Ihrer verschwiegenen Veranlagung behalten Sie viele Dinge für sich und wollen Ihre

Geheimnisse nicht einmal mit Ihren besten Freunden oder engsten Verwandten teilen. Sie sind gern für eine Weile in Stille und Betrachtung allein. Ein Vokal *Y* ist schwer zu verstehen, denn er unterdrückt seine Gefühle. Er bewundert intellektuelle Studien und mentale Kühnheit.

Sie sollten Unterscheidungsfähigkeit entwickeln, sonst könnten Sie sich von Äußerlichkeiten täuschen lassen. Ein *Y* entwickelt sich durch stilles Studium, Gebet, Beobachtung und Meditation. Wenn Sie in negativer Weise leben, fehlt es Ihnen an Takt, Analyse und Wissen.

Wie Sie Gäste bei einer Party mit dem Vokalspiel unterhalten können

Möchten Sie gern der Mittelpunkt einer Party sein? Sie können sehr begehrt sein und die beliebteste anwesende Person, indem Sie einfach nur die aus den ersten Vokalen gewonnene Information anbringen. Auf folgende Art kann dies geschehen:

Nehmen Sie einen Stift und einen Block (oder Sie können es mündlich tun, ohne Requisiten), gehen Sie in der Gruppe umher und lassen sich von jedem den Vornamen oder Kosenamen geben, mit dem er genannt wird. Analysieren Sie daraufhin rasch jeden Einzelnen, indem Sie den ersten Vokal seines Vornamens als Hinweis nehmen. Bereiten Sie sich vor, indem Sie jeden Vokal gut studiert haben, um in Ihrer Interpretierung genau zu sein.

18. Kapitel

Wie man in Numerologie die Zukunft vorhersagt

Es ist mein hauptsächliches Anliegen bei der Verfassung dieses Selbsthilfe-Buches, Sie Selbsthilfe zu lehren, damit Sie durch Interpretierung der verborgenen Bedeutung der Buchstaben das Beste aus Ihrem Leben zu machen vermögen und habe daher diese wertvolle Information über Vorhersagen in dies Buch mit einbezogen. Meines Wissens hat noch nie jemand dieses wissenschaftliche System der Voraussagen der Öffentlichkeit präsentiert. Es stellt die Erfahrung und harte Arbeit meinerseits von mehr als 25 Jahren dar und wurde gewonnen durch Beobachtung, Probieren und Forschung.

Numerologische Vorhersage der Zukunft beinhaltet weder Vermutung noch Zufall

Mein System der Zukunftsvorhersage beruht auf der esoterischen Bedeutung der Zahlen und nicht auf Spekulation. Es beinhaltet kein Element von gut und schlecht, denn meine Berechnungen werden aus dem vollständigen Geburtsweg gewonnen, der gleich der Natur unwandelbar und unveränderlich ist. Der Schlüssel zu diesen Vorhersagen liegt in den althergebrachten Tarotkarten. Indem man eifrig lernt und in die Numerologie eindringt, kann man erkennen, wann die Zeit günstig ist, um ein neues Unternehmen zu beginnen, zu welcher Zeit es weise ist, etwas aufzuschieben und untätig zu sein, um Verluste und Enttäuschungen zu vermeiden, und wann es an der Zeit ist, auf die Gesundheit und die Finanzen achtzugeben.

Jeder Zyklus Ihres Lebens ist mit einer Zahl gekennzeichnet und folgt einer bestimmten Anordnung. Nichts in der Welt geschieht zufällig. Es gibt eine richtige Zeit für den Beginn eines neuen Unternehmens und eine günstige Zeit, um Geduld zu haben, und den richtigen Augenblick abzuwarten. Ihr individuelles Jahr wird von einem Geburtstag bis zum nächsten gerechnet, und nicht entsprechend des Kalenderjahres.

Beispiel: Ist Ihr Geburtstag im Mai, so erstreckt sich Ihr Jahr von Mai bis Mai, und nicht von Januar bis Januar, wie es der Kalender darstellt. Ihr Geburtstag ist in drei Abschnitte von Tag, Monat und Jahr zuzüglich Ihres Charakterschlüssels unterteilt. Der erste Zyklus beherrscht den Unterton für das ganze Jahr. Die nächsten drei viermonatlichen Zyklen werden errechnet und mit dem Unterton ausgeglichen. Der letzte Zyklus beinhaltet den Charakterschlüssel, den man durch Berechnung des Systems von *Magi* ermittelt.

Wie man die Tabelle konsultiert, um mit ihrer Hilfe den Schlüssel zu finden

Bemerkung: Um Ihnen zu helfen, Ihre Vorhersagen rascher zu bestimmen, und auch um Ihnen umfangreiche Berechnungen zu ersparen, habe ich bereits den Charakterschlüssel für jeden Tag des Kalenderjahres ausgerechnet. Nun brauchen Sie nur die Tabelle aufzuschlagen und können dann den Schlüssel abschreiben und anwenden, anstatt mühselig erst das System von *Magi* auszurechnen. Jedoch für jene, die wissenschaftlich veranlagt sind, und wissen möchten, wie ich zu meiner Schlußfolgerung (Schlüssel) gekommen bin, stelle ich nachfolgend den ganzen Vorgang Schritt für Schritt dar.

System von Magi, wie Sie Ihren Charakterschlüssel ermitteln

Beispiel:

Ihr Geburtstag ist am 11. Dezember.
Wenn Ihr Geburtstag am 11. Dezember irgendeines Jahres ist, entneh-

men Sie der Tabelle den Wert des Monats Dezember (31). Ziehen Sie den Tag Ihres Geburtsdatums (11) davon ab. Das Ergebnis ist Ihr *Weg des Lebens*, nämlich (31 − 11 = 20). Addieren Sie die Ziffern des *Weges*, um das *Problem* zu erhalten (2 + 0 = 2). Ziehen Sie von den Zahlen 13 − 26 − 39 − 52 die höchstmögliche vom *Weg* ab, sodaß noch ein Rest übrigbleibt. Dies ist die Zahl des *Systems* von *Magi*: (20 − 13 = 7). Ziehen Sie vom *Magi* das *Problem* ab, oder das *Problem* vom *Magi*, je nachdem, welche Zahl größer ist: (7 − 2 = 5). Addieren Sie zu diesem Rest Ihren *Geburtsgrad* (siehe Tabelle): (Rest 5 + Grad 21 = 26). Reduzieren Sie dies auf eine einstellige Grundzahl, um den *Charakterschlüssel* zu ermitteln (2 + 6 = 8). Der *Charakterschlüssel* ist 8. Um dies zu überprüfen, sehen Sie unter dem 11. Dezember in der Tabelle nach. Sie werden bemerken, daß der *Charakterschlüssel* bereits errechnet worden ist. Nachfolgend ein weiteres Beispiel für Sie, um es auszurechnen und das Ergebnis zu vergleichen. Wir wollen annehmen, Ihr Geburtstag ist am

27. Februar.

Entnehmen Sie der Tabelle den Wert 51 für Februar.

Februar. 51
Geburtstag abziehen . . 27
Weg 24
Addition des Weges
ergibt das Problem . . . . 6 (2 + 4 = 6)
Vom Weg 13 abziehen . 11 (24 − 13 = 11) Methode von Magi
Das Problem vom
Magi abziehen . . . . . . 5 (11 − 6 = 5)
Grad der Geburt
addieren . . . . 14 (5 + Grad 9 = 14)
Auf einstellige Grund-
zahl reduzieren. . . . . . 5 (1 + 4 = 5) Charakterschlüssel

Sie können jedoch Ihren Charakterschlüssel der bereits errechneten Tabelle entnehmen.

Wenn nach Abzug des Geburtstages vom Monat der Rest zu klein ist, um 13 davon abzuziehen, wenden Sie den aufsteigenden Vorgang an, indem Sie den Geburtstag als *Weg* nehmen. Addieren Sie die Ziffern des Geburtstages, um das *Problem* zu erhalten. Der Rest, der nach Abzug des Geburtstages von der Zahl des Monats übrigbleibt, wird die Methode von *Magi* genannt. Fahren Sie wie üblich fort.

In der bereits errechneten Tabelle des Charakterschlüssels ist der aufsteigende Vorgang bereits berücksichtigt worden.

Tabelle des Systems von Magi

Januar	53	Juli	41
Februar	51	August	39
März	49	September	37
April	47	Oktober	35
Mai	45	November	33
Juni	43	Dezember	31

Kartenfarben

Herz	13	entspricht Frühling, Liebe, Freunden
Kreuz	26	entspricht Sommer, Wissen, Neuigkeiten
Karo	39	entspricht Herbst, Fülle, Geld
Pik	52	entspricht Winter, Geschäft, Arbeit.

210

Tabelle des Geburtstags-Grades in jedem Tierkreiszeichen

Geburtstag	Grad	Schlüssel	Geburtstag	Grad	Schlüssel
Januar 1	12	9	Januar 16	27	10
2	13	8	17	28	11
3	14	2	18	29	3
4	15	9	19	30	4
5	16	10	20	1	2
6	17	2	21	2	3
7	18	3	22	3	4
8	19	4	23	4	5
9	20	5	24	5	13
10	21	6	25	6	5
11	22	7	26	7	6
12	23	8	27	8	4
13	24	9	28	9	5
14	25	8	29	10	6
15	26	9	30	11	7
			31	12	8

Geburtstag	Grad	Schlüssel	Geburtstag	Grad	Schlüssel
Februar 1	13	10	Februar 16	28	11
2	14	8	17	29	3
3	15	9	18	30	4
4	16	10	19	1	2
5	17	2	20	2	3
6	18	3	21	3	4
7	19	4	22	4	1
8	20	5	23	5	4
9	21	6	24	6	5
10	22	7	25	7	12
11	23	8	26	8	4
12	24	7	27	9	5
13	25	8	28	10	6
14	26	9	29	11	7
15	27	10			

Geburtstag		Grad	Schlüssel	Geburtstag		Grad	Schlüssel
März	1	11	5	März	16	26	9
	2	12	6		17	27	10
	3	13	7		18	28	11
	4	14	8		19	29	3
	5	15	9		20	30	11
	6	16	10		21	1	9
	7	17	2		22	2	10
	8	18	3		23	3	8
	9	19	4		24	4	9
	10	20	3		25	5	10
	11	21	4		26	6	2
	12	22	5		27	7	3
	13	23	6		28	8	4
	14	24	7		29	9	5
	15	25	8		30	10	5
					31	11	6

Geburtstag		Grad	Schlüssel	Geburtstag		Grad	Schlüssel
April	1	12	6	April	16	27	10
	2	13	7		17	28	11
	3	14	8		18	29	10
	4	15	9		19	30	11
	5	16	10		20	1	9
	6	17	2		21	2	7
	7	18	3		22	3	8
	8	19	2		23	4	9
	9	20	3		24	5	10
	10	21	4		25	6	11
	11	22	5		26	7	3
	12	23	6		27	8	4
	13	24	7		28	9	4
	14	25	8		29	10	5
	15	26	9		30	11	6

Geburtstag		Grad	Schlüssel	Geburtstag		Grad	Schlüssel
Mai	1	12	6	Mai	16	27	8
	2	13	7		17	28	9
	3	14	8		18	29	10
	4	15	9		19	30	8
	5	16	10		20	1	6
	6	17	9		21	2	7
	7	18	1		22	3	8
	8	19	2		23	4	9
	9	20	3		24	5	1
	10	21	4		25	6	11
	11	22	5		26	7	11
	12	23	6		27	8	3
	13	24	7		28	9	4
	14	25	8		29	10	5
	15	26	9		30	11	6
					31	12	7

Geburtstag		Grad	Schlüssel	Geburtstag		Grad	Schlüssel
Juni	1	13	7	Juni	16	28	9
	2	14	8		17	29	7
	3	15	9		18	30	8
	4	16	8		19	1	6
	5	17	9		20	2	6
	6	18	10		21	3	7
	7	19	2		22	2	7
	8	20	3		23	3	8
	9	21	4		24	3	7
	10	22	5		25	4	8
	11	23	6		26	4	8
	12	24	7		27	5	9
	13	25	8		28	5	9
	14	26	7		29	6	1
	15	27	8		30	7	8

Geburtstag	Grad	Schlüssel	Geburtstag	Grad	Schlüssel
Juli 1	8	11	Juli 16	23	10
2	9	1	17	24	11
3	10	11	18	25	3
4	11	3	19	26	4
5	12	4	20	27	5
6	13	5	21	28	6
7	14	6	22	29	6
8	15	7	23	30	7
9	16	8	24	1	5
10	17	9	25	2	6
11	18	10	26	3	7
12	19	9	27	4	8
13	20	10	28	5	8
14	21	11	29	6	7
15	22	9	30	7	6
			31	8	5

Geburtstag	Grad	Schlüssel	Geburtstag	Grad	Schlüssel
August 1	9	10	August 16	24	11
2	10	11	17	25	3
3	11	3	18	26	4
4	12	4	19	27	5
5	13	5	20	28	5
6	14	6	21	29	6
7	15	7	22	30	7
8	16	8	23	1	5
9	17	9	24	2	6
10	18	8	25	3	7
11	19	9	26	4	9
12	20	10	27	5	8
13	21	8	28	6	7
14	22	9	29	7	8
15	23	10	30	8	5
			31	9	4

Geburtstag	Grad	Schlüssel	Geburtstag	Grad	Schlüssel
Septem. 1	10	11	Septem. 16	25	3
2	11	3	17	26	4
3	12	4	18	27	4
4	13	5	19	28	5
5	14	6	20	29	6
6	15	7	21	30	7
7	16	8	22	1	5
8	17	7	23	2	6
9	18	8	24	3	1
10	19	9	25	4	9
11	20	7	26	5	8
12	21	8	27	6	7
13	22	9	28	7	8
14	23	10	29	8	11
15	24	11	30	9	4

Geburtstag	Grad	Schlüssel	Geburtstag	Grad	Schlüssel
Oktob. 1	10	11	Oktob. 16	25	11
2	11	3	17	26	3
3	12	4	18	27	4
4	13	5	19	28	5
5	14	6	20	29	6
6	15	5	21	30	7
7	16	6	22	1	1
8	17	7	23	2	9
9	18	5	24	3	8
10	19	6	25	4	7
11	20	7	26	5	6
12	21	8	27	6	7
13	22	9	28	7	1
14	23	10	29	8	4
15	24	11	30	9	11
			31	10	1

Geburtstag	Grad	Schlüssel	Geburtstag	Grad	Schlüssel
Novem.1	11	3	Novem. 16	26	3
2	12	4	17	27	4
3	13	5	18	28	5
4	14	4	19	29	6
5	15	5	20	30	5
6	16	6	21	1	1
7	17	4	22	2	9
8	18	5	23	3	8
9	19	6	24	4	7
10	20	7	25	5	6
11	21	8	26	6	7
12	22	9	27	7	1
13	23	10	28	8	4
14	24	10	29	9	7
15	25	11	30	10	1

Geburtstag	Grad	Schlüssel	Geburtstag	Grad	Schlüssel
Dezem. 1	11	3	Dezem. 16	26	3
2	12	2	17	27	4
3	13	3	18	28	5
4	14	4	19	29	4
5	15	2	20	30	12
6	16	3	21	1	8
7	17	4	22	2	7
8	18	5	23	3	6
9	19	6	24	4	5
10	20	7	25	5	6
11	21	8	26	6	9
12	22	8	27	7	3
13	23	9	28	8	6
14	24	10	29	9	9
15	25	11	30	10	3
			31	11	4

Die Bedeutung des Charakterschlüssels

Zahl 1: Diese sind dominierend und eigensinnig, bestehen üblicherweise darauf, zu herrschen.

Zahl 2: Dies sind Prügelknaben, Friedensstifter, Diplomaten und Märtyrer der Familie.

Zahl 3: Diese finden es schwierig, Entschlüsse zu fassen. Sie sehen zu viele Seiten einer Angelegenheit.

Zahl 4: Diese versuchen mit bestehenden Verhältnissen zufrieden zu sein, was den Ehrgeiz zerstört.

Zahl 5: Dies sind rastlose Menschen, die Veränderung brauchen. Häufig wird Sex stark betont. Sie reisen viel.

Zahl 6: Diese sind eigensinnig, streitlustig und festgelegt in ihren Gewohnheiten. Sie sind an staatsbürgerlichen Angelegenheiten und an der Familie interessiert.

Zahl 7: Dies ist ein tragischer Schlüssel. Kämpfe und Hindernisse, jedoch psychische Wahrnehmung.

Zahl 8: Die Macht heranzuziehen, was man braucht. Finanzielle Sicherheit im Alter.

Zahl 9: Enttäuschungen, unglückliche Liebesaffären, Frustration, religiöser Führer.

Zahl 10: Erfolg, Macht, Führerschaft und Pioniergeist.

Zahl 11: Inspiriert und spirituell. Reist nicht gern. Schwankt oft.

Zahl 12: Weibliche Macht um zu herrschen. Setzt sich durch, indem sie Mitgefühl und Takt hervorruft.

Zahl 13: Positive dominierende Macht. Kann nicht beherrscht oder manipuliert werden. Nimmt sich, was er will.

Die Bedeutung der Vorhersagen Ihrer viermonatlichen Zyklen

Vorhersagen Ihrer Zukunft

Zahl 13: Eine Zahl der Warnung. Zeigt eine Änderung von Plänen oder einen Ortswechsel an. Es ist die Zahl des Todes, durchlebt man sie jedoch, ist es wie eine Wiedergeburt oder ein neuer Beginn. Sie erscheint nicht oft.

Zahl 14: Gut für geldliche Angelegenheiten, Spekulationen oder geschäftliche Veränderung, beinhaltet jedoch ein Risiko. Bedeutet häufig eine unkluge Scheidung. Es ist eine monotone und mühselige Periode. Üblicherweise bedeutet dies Arbeit aus gesellschaftlichen und familiären Verpflichtungen.

Zahl 15: Dies ist die persönliche Zahl. Sie bringt Liebe, Freude und Sorge. Sie bedeutet Geburten, Liebesaffären und in Kombination mit der Zahl 18 Tod oder Scheidung. Günstig, um Geld oder Gefälligkeiten von anderen zu erhalten.

Zahl 16: Das Unerwartete. Symbolisiert Unfälle, Schwierigkeiten, bringt jedoch manchmal unerwartete Gelegenheiten. Keine gute Zeit, um eine Reise zu unternehmen und Dokumente zu unterzeichnen, ohne den Rat eines Experten einzuholen.

Zahl 17: Eine gute finanzielle Schwingung. Man sollte das in früheren Erfahrungen gewonnene Wissen anwenden, um sich mit der gegenwärtigen Situation auseinanderzusetzen. Stern der Hoffnung oder des *Magi,* dies bedeutet eine Glückszahl.

Zahl 18: Bedeutet Unheil, Streitigkeiten, Kriege, Revolutionen und Feinde. Die schlimmstmögliche Schwingung. Dokumente sollten sehr vorsichtig oder gar nicht unterzeichnet werden. Man sollte sich im Geschäft und in persönlichen Angelegenheiten vor Täuschung hüten. Es ist keine Zeit, um zu reisen oder irgendetwas Neues zu beginnen.

Zahl 19: Eine günstige Zahl. Verspricht Erfolg, Glück und Ehre. Dies ist eine eheliche Zahl. Während die Zahl 15 einen Menschen betrifft, bezieht sich die Zahl 19, eine Liebesschwingung, auf zwei Menschen. Eine friedvolle Schwingung.

Zahl 20: Eine gute Veränderung, jedoch nicht unbedingt des Ortes oder der Umwelt. Dies ist eine der besten Zahlen. Neue Aktivitäten und Interessen und eine glückliche, geschäftliche Periode. Günstig, um für das nächste Jahr zu planen. Viele ältere Leute sterben während der Schwingung dieser Zahl. Die Zahlen 17, 20 und 21 sind die besten Schwingungen.

Zahl 21: Zeit des sicheren Erfolges. Eine Zeit, um Pläne auszuführen, Reisen zu unternehmen und Investierungen vorzunehmen. Dies ist günstig für künftige Ereignisse. Unter einer 21 können Sie alles vollbringen, was Sie sich vornehmen.

Zahl 22: Am besten ist es, nicht zu handeln, falls Sie es jedoch tun, fragen Sie jemanden um Rat, der gut informiert ist. Seien Sie vorsichtig. Es ist die Zeit für falsche Beurteilung. Möglicherweise ist es die Zeit einer oder vieler Entscheidungen. Sie können sich nicht auf Ihre eigene Beurteilung verlassen. Die Angelegenheiten werden in einem konzentrierten Zustand sein und im Begriff zu zerbrechen.

Zahl 23: Bringt viele Veränderungen, manchmal Gerichtsprozesse und die Abwicklung von Erbschaftsangelegenheiten. Häufig weite Reisen. Eigenartige Schwingung von nervöser und starker Spannung. Oft wird ein Arzt benötigt. Neue Kontakte. Lassen Frauen in mittleren Jahren die Zahl 23 herrschen, so sind sie in Gefahr, ihren Verstand zu verlieren. Diese Schwingung kann Erfolg bedeuten.

Zahl 24: Schwingung der Liebe in der Familie. Stets eine Familienangelegenheit. Dies könnte Krankheit in der Familie bringen. Gewinn durch Liebe und das andere Geschlecht. Günstig für Zukunftspläne.

Zahl 25: Weg der Prüfung, kleine Ärgernisse, störende gesundheitliche Beschwerden. Bringt manchmal Krankheit und Tod für ältere Leute.

Zahl 26: Dies ist eine ausgezeichnete finanzielle Zahl, ohne eine gute Beurteilung kann jedoch alles verschleudert werden, was man erworben hat. Viele Leute sterben an einem Schlaganfall in einer Periode der Zahl 26. Geben Sie acht auf Partnerschaften, Investierungen und ungünstige Spekulationen. Dies ist eine Warnung, vorsichtig zu sein.

Zahl 27: Dies ist ebenso wie die Periode der Zahl 18 eine Zeit der Schwierigkeiten und der Katastrophen. Keine günstige Zeit, um etwas Neues zu beginnen.

Bemerkung: Üblicherweise gehen die Zahlen nicht hierüber hinaus, wenn Sie jedoch auf irgendwelche stoßen, geben die nachfolgenden Ausführungen an, was diese bedeuten können.

Zahl 28: Widersprüche, Verlust durch Vertrauen auf andere, Widerstand und Konkurrenz. Kann entweder glücklich oder unglücklich sein.

Zahl 29: Unerwartete Gefahr, Warnung für die Zukunft, Ungewißheit, Täuschung, Verrat.

Zahl 30: Weder günstig noch ungünstig, nachdenkliche Schlußfolgerung, Rückblick und mentale Überlegenheit über andere. Kann mächtig sein.

Zahl 31: Sehr ähnlich der Zahl 30, außerdem jedoch unabhängiger, einsam und von Freunden isoliert. Vom weltlichen Standpunkt aus gesehen ungünstig. Schwankend.

Zahl 32: Magische Macht wie die Zahlen 5, 14 und 23. Günstig, wenn man sich an seine eigenen Beurteilungen hält. Günstig für die Zukunft.

Zahl 33: Dieselbe Bedeutung wie die Zahlen 15 oder 24.

Zahl 34: Dasselbe wie die Zahl 25.

Zahl 35: Dasselbe wie die Zahlen 17 oder 25.

Zahl 36: Dasselbe wie die Zahl 27.

Zahl 37: Gut und glücklich in Freundschaften, Liebe, Partnerschaften.

Zahl 38: Dasselbe wie die Zahl 29.

Zahl 39: Dasselbe wie die Zahl 30.

Zahl 40: Dasselbe wie die Zahl 31.

Zahl 41: Dasselbe wie die Zahl 32.

Zahl 42: Dasselbe wie die Zahl 33.

Zahl 43: Unglückliche Zahl. Revolution, Fehlschlag, ungünstig.

Zahl 44: Dasselbe wie die Zahl 26.

Zahl 45: Dasselbe wie die Zahl 27.

Zahl 46: Dasselbe wie die Zahl 37.

Zahl 47: Dasselbe wie die Zahl 29.

Zahl 48: Dasselbe wie die Zahl 30.

Zahl 49: Dasselbe wie die Zahl 13 oder 22.

Nachfolgend die Bedeutung der Zahlenkombinationen. Diese beziehen sich auf den Unterton und eine der in Frage kommenden Perioden. Während Sie fortfahren, mit Zahlen zu arbeiten, werden sich neue Kombinationen als richtig erweisen. So werden Sie imstande sein, diese zu interpretieren.

15–18	Folgt der Zahl 15 eine 18, bedeutet dies üblicherweise entweder Scheidung, Trennung oder beides. Deutet persönliches Unglück an.
15–20	Wende zum Besseren in persönlichen Angelegenheiten – Arbeit, Familie, Reisen, Gesundheit.
15–22	Persönliche Entscheidung. Nicht der eigenen Beurteilung trauen. Viel Rastlosigkeit.
15–23	Auf die Gesundheit achtgeben. Sie ahnen Veränderung und sind daher rastlos und empfindlich.
15–16	Unerwartete persönliche Angelegenheiten – Unfälle, die Gefahr des Falles.
15–17	Persönlicher Schlüssel zum Glück.
15–19	Liebesschwingung.
15–21	Gewaltsamer Tod oder das Ende irgendeiner Phase.
15–24	Große Freude oder Sorge.
16–16	Kurze Reisen. Sehr vorsichtig sein.
16–17	Unerwartete Erhöhung des Einkommens oder Ertrag aus Kapitalanlagen. Günstig für den Verkauf von Immobilien, jedoch nicht unter Einschaltung eines Maklers.
16–18	Periode des Wiederaufbaues. Üblicherweise ist dies eine unglückliche Kombination. Bedeutet Gefahr durch Unfälle, Scheidung, Feinde.
16–20	Stets eine gute Veränderung oder eine unerwartete Gelegenheit.
16–21	Günstig für Arbeit und Ausführung von Plänen. Sich vor Unfällen hüten.
16–23	Es besteht die Neigung, es zu einer unklugen Scheidung oder zu Liebesaffären kommen zu lassen. Bringt möglicherweise eine neue geschäftliche Gelegenheit oder Reise.
17–18	Finanzielle Schwierigkeiten.
17–19	Gutes Jahr in geldlichen Angelegenheiten. Günstig, um das folgende Jahr zu planen. Möglicherweise besteht

Neigung zum Grübeln, die zu Selbstmord führen könnte.

17–20 Ertrag aus Investierungen, die bislang geruht haben.

17–22 Dies bedeutet geschäftliche Entscheidung.

17, 20 u. 21 Dies sind die besten Schwingungen.

18, 20 u. 14 Dies bedeutet, je schwerer man arbeitet, um so weniger wird man vollbringen.

18–14 Dies ist eine ungünstige Zeit.

18–15 Diese Zeit ist nicht günstig.

18–18 Es heißt vorsichtig zu sein und zu planen.

18–24 Gefährdung durch Krankheit, die verhängnisvoll sein könnte. Dies ist manchmal der Beginn eines Scheidungsprozesses.

18–16 Dies zeigt eine Periode des Wiederaufbaus an. Dies ist üblicherweise gut, denn das Fundament war nicht fest. Es scheint eine Katastrophe zu sein, während man sich darin befindet.

19–15 Liebe ist stark angezeigt.

19–19 Setzen Sie sich für nichts ein, was nicht notwendig ist.

19–21 Dies bringt oft Vollendung bei älteren Menschen.

19–22 Eine persönliche Entscheidung ist zu treffen. Dies betrifft oft eine Heirat.

19–23 Dies ist der Beginn guter Jahre. Eine seltsame Veränderung irgendeiner Art und oft rechtlicher Angelegenheiten.

20–18 Bedenken Sie, ob Sie eine Veränderung vornehmen sollten – diese könnte unbefriedigend oder vorübergehend sein.

20–16 Dies ist stets eine gute Veränderung oder unerwartete Gelegenheit.

20–19 Dies ist ein Jahr der Eheschließung, der Reise und des Ortswechsels durch Heirat. Steigendes Einkommen oder eine bessere Stellung.

20–14 Eine Veränderung würde zwar harte Arbeit bedeuten, erweist sich jedoch als günstig.

20–21	Sicherer Erfolg in einer neuen Unternehmung. Ausgezeichnet für Reisen oder die Ausführung von Plänen.
20–24	Familienangelegenheiten. Eine Wende zum Besseren. Finanzielle Angelegenheiten sind begünstigt. Eine häusliche Umgestaltung oder Veränderung.
20–23	Umzug an einen fremden Ort, Reise oder Wechsel des Wohnsitzes.
21–19	Könnte ein Heiratsantrag sein, eine Verlobung oder eine Hochzeit. Wenn man verheiratet ist, bedeutet es möglicherweise eine Schwangerschaft oder die Geburt eines Kindes. Eine gute Zeit, um ein Heim zu erwerben.
21–23	Rechtliche und gesundheitliche Angelegenheiten, Reisen und neue Interessen.
21–24	In Angelegenheiten von Heim und Familie sicherer Erfolg.
22–22	Vorsichtig sein, besonders wenn Sie Entscheidungen treffen.
22–21	Dies ist eine Zeit, um weise Entscheidungen zu treffen und Pläne wirksam werden zu lassen.
22–23	Entscheidungen in bezug auf rechtliche Angelegenheiten, Reisen und Gesundheit. Unkluge Liebesaffären.
22–24	Entscheidungen in bezug auf Familienangelegenheiten, Kinder, Operationen und die Unterbringung von älteren Leuten.
23–17	Dies ist ein Jahr, um auf die Gesundheit achtzugeben. Gute finanzielle Veränderung. Bewahren Sie sich vor einer Operation.

Wie man Vorhersagen ausarbeitet

Ihr Jahr stimmt bis zu Ihrem Geburtstag nicht in allen Berechnungen mit dem augenblicklichen Jahr überein. Mit anderen Worten, wenn Sie jetzt 21 Jahre alt sind und Sie Ihre Tabelle im März 1971 errechnen, Ihr Geburtstag jedoch erst im Juli 1971 ist, so müssen Sie das Alter von 21 Jahren und das Jahr 1970 Ihren Berechnungen zugrundelegen. Wenn Sie die Tabelle nach Juli ausrechnen, sollten Sie das Alter von 22 Jahren und das Jahr 1971 anwenden. Ich werde es auf eine weitere Weise erklären. Das Jahr 1970 würde für Sie bis zu Ihrem Geburtstag im Juli als augenblickliches Jahr gelten, obwohl der Kalender das Datum von März 1971 anzeigt.

Die nachfolgenden Schritte werden Ihnen helfen, Ihre Vorhersagen zu errechnen:

1. Schritt: Um den Unterton für das ganze Jahr festzustellen, addieren Sie die Summen Ihres Geburtsjahres und des augenblicklichen Jahres und reduzieren das Ergebnis auf eine einstellige Grundzahl.

2. Schritt: Für die erste viermonatliche Periode addieren Sie Ihr augenblickliches Alter und das augenblickliche Jahr und reduzieren das Ergebnis auf eine einstellige Grundzahl.

3. Schritt: Für die zweite viermonatliche Periode addieren Sie Ihren vollständigen Geburtsweg und Ihr augenblickliches Alter und reduzieren das Ergebnis.

4. Schritt: Für die Zeit der dritten und letzten viermonatlichen Periode addieren Sie den Charakterschlüssel (siehe Tabelle) und das augenblickliche Jahr und reduzieren das Ergebnis.

Nun wollen wir ein Geburtsdatum aufstellen, so daß Sie sehen, wie die Vorhersagen errechnet werden.

Beispiel: Ihr Geburtstag ist am 27. Februar 1946

Februar	27	1946	
2	9	20	= 13 = 4

Sie errechnen die Tabelle am 1. März 1972. Gehen Sie wie folgt vor:

Unterton	*1. Periode*	*2. Periode*	*3. Periode*
für das Jahr	(27. Feb.–27. Jun.)	(27. Jun.–27. Okt.)	(27. Okt.–27. Feb.)
1972	1972	1972	1972
20	26	13	7
1992 (21)	1998 (27)	1985 (23)	1979 (26)

224

Der Unterton ist 21 für das ganze Jahr vom 27. Februar 1972 bis 27. Februar 1973. Der Unterton wird ermittelt, indem man das Geburtsjahr (1946 = 20) und das augenblickliche Jahr (1972) addiert und das Ergebnis zu 21 reduziert (1 + 9 + 9 + 2 = 21). Der Unterton 21 ist die bestmögliche Zahl. Er zeigt eine gute Zeit an, um Pläne auszuführen, Reisen zu unternehmen und Investierungen vorzunehmen. Er hat einen gesundheitlichen erfolgreichen Aspekt. Man muß jedoch auch die drei Perioden betrachten, in die das Jahr unterteilt ist. Vom 27. Februar bis 27. Juni ist die gültige Zahl 27. Dies wird festgestellt, indem man die Zahl des Alters (26) und das augenblickliche Jahr (1972) addiert. Sie ermitteln Ihr Alter, indem Sie das Geburtsjahr (1946) vom augenblicklichen Jahr (1972) abziehen. Das Ergebnis 27 weissagt Verzögerungen und ungünstige Umstände, selbst bei einem Unterton 21. Dies ist dasselbe wie die Zahl 18, die unproduktiv zu sein scheint, jedoch tatsächlich eine Zeit des Wiederaufbaus anzeigt, die den Weg für bessere künftige Ereignisse bahnt.

Die folgende zweite viermonatliche Periode wird von der Zahl 23 beherrscht. Diese Periode dauert vom 27. Juni bis zum 27. Oktober. Sie wird ermittelt, indem man den Geburtsweg (2 + 9 + 20 = 13) und das augenblickliche Jahr 1972 addiert. Dies ergibt 1985 und wird zu 23 reduziert. Mit dem Unterton 21 zeigt die Zahl 23 (21–23) rechtliche und gesundheitliche Angelegenheiten, Reisen und neue Interessen an. 23 ist eine eigenartige Schwingung und erfordert einen mächtigen Beschützer, der üblicherweise ein Arzt ist. Dies kann eine nervöse und unruhige Zeit sein. Sie kann auch neue Kontakte und weite Reisen bringen. Die dritte und letzte Periode vom 27. Oktober bis 27. Februar wird von der Zahl 26 beherrscht. Sie wird ermittelt, indem man den Charakterschlüssel (7) (siehe Tabelle) und das augenblickliche Jahr 1972 addiert. Die Reduzierung von 1972 ergibt 19 + 7 (Schlüssel) = 26. 26 kann eine ausgezeichnete Schwingung sein, wendet man jedoch keine gute Beurteilung an, so kann man ein Vermögen vergeuden oder verlieren. Bei einem Unterton 21 könnte es eine gute Zeit für finanziellen Gewinn sein, Investierungen und Partnerschaften erfordern jedoch Aufmerksamkeit. Einige Leute sterben an einem Schlaganfall während einer Periode der Zahl 26.

Nun wollen wir eine weitere Tabelle mit einem anderen Aspekt errechnen.

Beispiel: Wir wollen annehmen, Ihr Geburtstag ist:
        August   6   1946
             8   6   20 = 16
Sie errechnen die Tabelle im März 1971. Sie müssen bis zu Ihrem Geburtstag im August 1971 Ihren Berechnungen das Jahr 1970 zugrundelegen. Bei der Ausrechnung der Tabelle im September 1971 (nach Ihrem Geburtstag) würden Sie das augenblickliche Jahr 1971 anwenden. Gehen Sie wie folgt vor:

Unterton für das Jahr	Erste Periode (6. Aug.–6. Dez.)	Zweite Periode (6. Dez.–6. Apr.)	Dritte Periode (6. Apr.–6. Aug.)
1970	1970	1970	1970
20	24	16	6 (Schlüssel)
1990 = 19	1994 = 23	1986 = 24	1976 = 23

Unterton (19); Erste Periode (23); Zweite Periode (24); Dritte Periode (23).

Der Unterton 19 für das ganze Jahr vom 6. August 1970 bis 6. August 1971 ist eine günstige Zahl. Mit der Zahl 23 der ersten Periode vom 6. August bis 6. Dezember (19–23) zeigt dies den Beginn eines guten Jahres an, in dem einige seltsame Veränderungen geschehen. Dies könnte rechtliche Angelegenheiten beinhalten. Während die Zahl 15 sich nur auf eine Person bezieht, bedeutet die Zahl 19 üblicherweise zwei oder mehrere Menschen und ist häufig eine Liebesschwingung. Die Zahl 23 ist eine eigenartige Schwingung und deutet oft eine Krankheit an, mit einem Unterton 19 kann sie jedoch neue Kontakte während der viermonatlichen Periode bedeuten. Dies ist üblicherweise eine Zeit der Nervosität. Die zweite viermonatliche Periode dauert vom 6. Dezember 1970 bis 6. April 1971. Die herrschende Schwingung ist die Zahl 24. Die Zahl 24 konzentriert sich auf das Heim und betrifft Familienangelegenheiten. Dies kann die Fürsorge und Verantwortung für Kinder oder ältere Leute bedeuten. Mit dem Unterton 19 (19–24) ist es eine gute, von Liebe beeinflußte Zeit.

226

Angelegenheiten des Heimes und der Familie werden erfolgreich sein. Krankheit könnte auftreten, sie wird jedoch nicht ernstlich sein. Die letzte oder dritte Periode dauert vom 6. April 1971 bis 6. August 1971 und wird von der Schwingung der Zahl 23 beherrscht. Dies ist dieselbe Schwingung wie in der zweiten Periode und dieselbe Interpretierung findet Anwendung. Mit einem Charakterschlüssel 6 sollten Sie versuchen, Streit zu vermeiden, denn Sie könnten hartnäckig und eigensinnig sein.

Beginnen Sie nun ein Gefühl für die Ausarbeitung von Vorhersagen zu entwickeln?

Ich gebe Ihnen ein weiteres Beispiel. Versuchen Sie es selbst auszuarbeiten und vergleichen Sie es dann mit meiner Interpretierung.

Sugar Ray Robinson, der Preisboxer, hat den Geburtsnamen Walker Smith. Er ist am 3. Mai 1921 geboren. Sie errechnen die Tabelle im März 1972. Da es nur so kurze Zeit bis zu seinem Geburtstag ist, möchten Sie möglicherweise nur die dritte oder letzte Periode vom 3. Januar bis 3. Mai 1971 aufstellen. Er hat im Jahr 1972 noch keinen Geburtstag gehabt.

Mai	3	1921	
5	3	13	$= (5 + 3 + 4 = 12 = 3)$

Sie brauchen lediglich den Unterton und die letzte Periode mit dem Charakterschlüssel aufzustellen, denn er befindet sich nun in der Zeit der letzten vier Monate.

Beispiel:

1971	1971	
13	8	(Schlüssel)
1984 = 22	1979 = 26	

Die letzte Periode vor seinem Geburtstag, die von Januar bis Mai dauert, ist die Kombination 22–26. Der Unterton weissagt Ungewißheit und eine Zeit, um auf sich selbst achtzugeben, denn er könnte eine falsche Entscheidung treffen. Während der Schwingung der Zahl 22 kann er sich nicht auf seine eigene Beurteilung verlassen. Er sollte jemanden um Rat bitten, der sich in der Schwingung günstiger Zahlen befindet. In Kombination mit der Zahl 26 (22–26) ist die Bedeutung, daß er sehr vorsichtig sein sollte, um nicht alles zu verlieren.

Nun wollen wir fortfahren, das Jahr 1972 zu errechnen. Üblicherweise stelle ich tatsächlich das ganze Jahr auf anstatt der oben
dargestellten Fragmente, obwohl die Aussagen die Vergangenheit
betreffen, denn dies gibt mir eine bessere Perspektive sowohl des
vergangenen Jahres wie auch des augenblicklichen Jahres, um das
Gefühl für die herrschenden Bedingungen zu bekommen.

Nun wollen wir seine Vorhersagen für 1972 aufstellen.

Unterton	*Erste Periode*	*Zweite Periode*	*Dritte Periode*
für das Jahr	(3. Mai–3. Sept.)	(3. Sept.–3. Jan.)	(3. Jan.–3. Mai)
1972	1972	1972	1972
13	51	12	8 (Schlüssel)
1985 = 23	2023 = 25	1984 = 22	1980 = 18

Unterton (23); Erste Periode (25); Zweite Periode (22); Dritte
Periode (18).

Mit einem Charakterschlüssel 8 hat Sugar Ray Robinson niemals
wirkliche Not kennengelernt, denn er kann immer einen Ausweg aus
einer schlimmen Situation finden. Es ist ein ausgezeichneter Schlüssel,
der ihm hilft, Geld zu verdienen.

Der Unterton 23 für das Jahr 1972 ist heikel. Er kann Veränderungen
und Reisen bedeuten, üblicherweise heißt es jedoch, daß eine Entscheidung zu treffen ist. Bei der Schwingung der Zahl 25 während der
ersten Periode vom 3. Mai bis 3. September ist die Kombination nicht
gut, denn dies kann bedeuten, daß seine Prüfungen und Schwierigkeiten physischer Art sein werden, und daß ärztliche Behandlung erforderlich sein wird. Dies ist eine Zeit, um auf die Gesundheit achtzugeben.

Die zweite Periode vom 3. September 1972 bis 3. Januar 1973 wird
von der Zahl 22 beherrscht. Mit dem Unterton 23 (23–22) zeigt dies an,
daß Entscheidungen bezüglich rechtlicher oder gesundheitlicher
Angelegenheiten zu treffen sind. Die Schwingung der Zahl 22 ist eine
Zeit, um langsam und vorsichtig vorzugehen, denn er befindet sich
nicht in einer guten Schwingung, um sich auf seine eigene Beurteilung
verlassen zu können.

Die letzte Periode vom 3. Januar bis 3. Mai hat eine Schwingung der
Zahl 18. Dies ist wiederum keine gute Zeit, denn die Zahl 18 gibt den

Hinweis, zur Vermeidung von Unglück sehr vorsichtig zu sein. Zusammen mit dem Unterton 23 (23–18) bedeutet dies Bedrohung durch eine Krankheit, die sehr unangenehm sein könnte. Manchmal zeigt diese Kombination einen Scheidungsprozeß an.

Die Fähigkeit, die Zukunft für sich und andere vorherzusagen, ist keine Wahrsagerei, denn sie beruht auf tatsächlichen, gegebenen Zahlen.

19. Kapitel

Wie man Partner für die Ehe, das Geschäftsleben und den gesellschaftlichen Umgang auswählt

Ein Grund für die häufigen Scheidungen in heutiger Zeit ist, daß man oft seinen Gegensatz für die Ehe auswählt. Man fühlt sich oft zu einem Menschen hingezogen, der anders als man selbst denkt und handelt, weil er die Eigenschaften besitzt, die einem fehlen. Diese Wahl eines Ehepartners führt nicht oft zu einer dauernden Verbindung oder bringt kein eheliches Glück, denn die Ehepartner werden kein gegenseitiges Verständnis besitzen.

Wie Sie Ihren Ehepartner auswählen

Es ist Zeit, Ihre Ansicht zu ändern, wenn Sie gern eine dauernde Verbindung in der Ehe haben möchten. Ihre Wahl des Ehepartners sollte auf dem Gesetz der Ähnlichkeit beruhen und nicht auf Extremen oder Gegensätzen. Je mehr ähnliche Schwingungen Sie haben, um so besser ist die Chance für ständige Harmonie in der Ehe. Es ist noch immer üblich, daß eine Frau in der Ehe den Nachnamen ihres Ehemannes annimmt. Dies sichert dem Ehepartner zumindest einen Punkt der Harmonie.

Wen Sie heiraten sollten

Wenn Sie planen zu heiraten, ist es ratsamer, anstatt sich nur auf den Höhepunkt und das persönliche Jahr zu verlassen, über diese Wegweiser hinaus die Zahlen des Herzens oder der Seele von Ihrem Partner und sich selbst zu erforschen, denn dieser Herzenswunsch bleibt Ihr ganzes Leben hindurch unverändert. Sehen Sie nach, ob Sie beide introvertiert oder extrovertiert sind. Ist dies nicht der Fall, stellen Sie fest, wer von beiden extrovertiert (draufgängerisch) und introvertiert (zurückhaltend) ist. Wenn die Frau extrovertiert ist, wäre der Mann in dem Falle damit zufrieden, sie als Chef zu haben? Verliebte Leute finden es oft schwierig, auf den Verstand zu hören, künftiger Kummer kann jedoch oft vermieden werden, wenn man sich nach bestimmten Warnungen richtet. Numerologie wird sie Ihnen nennen, Sie müssen sich jedoch zu Ihren eigenen entsprechenden Vorkehrungen entschließen.

Prüfen Sie die folgenden Punkte, bevor Sie den letzten Schritt zur Ehe unternehmen, um festzustellen, ob Sie beide miteinander harmonieren oder ob Sie häufig zusammenstoßen werden.

Schritt 1: Wenn Sie denselben Herzenswunsch haben, wird eine starke Anziehungskraft zwischen Ihnen sein, und das Band wird sich festigen. Wenn sowohl die Sehnsucht der Seele wie auch der Geburtsweg übereinstimmen, werden Sie gut zueinander passen.

Schritt 2: Sind Ihre grundlegenden Zahlen übereinstimmend, sich ergänzend oder gegensätzlich?

Wenn sie übereinstimmen, bedeutet dies Harmonie.

Wenn die Zahlen beider gerade oder ungerade sind, ergänzen sie sich.

Wenn sie gegensätzlich sind, eine gerade und eine ungerade, werden sie zusammenstoßen.

Schritt 3: Bei derselben Schicksalszahl werden Sie gemeinsame Interessen haben. Sie werden eine weitere Chance haben, glücklich zu sein, denn Sie werden dieselbe Art der Aktivität lieben.

Schritt 4: Wenn die Zahlen des Geburtsweges übereinstimmen, werden Sie sich vom geschäftlichen und gesellschaftlichen Standpunkt her zueinander hingezogen fühlen, denn Sie haben gemeinsame Interessen.

Schritt 5: Wenn Ihre Geburtstage in dieselbe Konkordanz fallen, werden Sie dieselbe Anschauung und Einstellung haben.

Schritt 6: Wenn Ihre Machtzahlen übereinstimmen, werden Sie sich zueinander hingezogen fühlen, denn Sie haben dasselbe Ziel und reisen in dieselbe Richtung.

Schritt 7: Wenn die Zahlen Ihrer persönlichen Jahre übereinstimmen und Sie z. B. beide eine Sechs haben, liegt möglicherweise Heirat in der Luft und beschäftigt Sie innerlich stark.

Schritt 8: Studieren Sie die Charakterzüge und die Ausdrucksebenen. Ist einer von beiden zu emotionell, könnte es den anderen mentalen Partner stören. Ein praktischer Mensch könnte sich mit einem Partner entmutigt fühlen, der auf der intuitiven oder inspirierten Ebene lebt, oder umgekehrt.

Schritt 9: Betrachten Sie die Höhepunkte im Zusammenhang mit Ihren Schicksalszahlen. Ein Neuner Höhepunkt und eine Schicksalszahl 7 würden nicht zu einer dauernden Ehe führen. Die eheliche Verbindung könnte unsicher sein im Falle von Schicksalszahlen 7, 5 oder 9. Achten Sie ebenfalls darauf, ob Sie beide introvertiert oder extrovertiert sind.

Wie Sie Ihren Typ als introvertiert oder extrovertiert erkennen

Es gibt zwei Arten von Zahlen, nämlich introvertierte und extrovertierte. Die introvertierten bestehen aus den ungeraden Zahlen 1, 3, 5, 7, 9. Die extrovertierten sind die Zahlen 2, 4, 8, 11, 22. Extrovertierte gehen aus sich heraus. Sie lieben das Leben, Unterhaltung, Menschen,

Gesellschaft und Gemeinschaft. Sie sind nicht gern allein, denn sie möchten gesehen und gehört werden.

Introvertierte sind Studenten und Denker. Sie sind oft zurückgezogen, still und reserviert. Sie haben gern Umgang in einer kleinen Gruppe – nicht in einer Menge. Während sie im Hintergrund bleiben, beobachten und lauschen sie ständig, tragen Fakten zusammen und wägen sie sorgfältig ab. Sie haben das Ziel, auf ihrem erwählten Gebiet erfolgreich zu sein. Aus Introvertierten gehen oft große Wissenschaftler, Künstler und Erzieher hervor.

Tabellen-Vergleiche, um festzustellen, ob Partner sich in derselben Konkordanz befinden – Geschäftspartner, Freunde, Verbündete

Bei Tabellen-Vergleichen bestimmt man den Grad der Harmonie in Partnerschaften, in Geschäftsverbindungen und ebenfalls mit Freunden, Erzeugnissen, Hausnummern und Städten. Wir vergleichen Tabellen, um festzustellen, ob die grundsätzlichen Zahlen gleich, ergänzend oder entgegengesetzt sind.

In derselben Konkordanz geborene Menschen haben mehr Harmonie untereinander, als wenn die Konkordanzen aus gemischten Zahlen bestehen. Zum Beispiel: wenn Ihr Geburtstag in die künstlerische Konkordanz von 3 – 6 – 9 fällt, werden Sie am besten mit jemandem auskommen, der in derselben Luft-Konkordanz geboren ist. Die in der Wasser-Konkordanz 1 – 5 – 7 geboren sind, kommen am besten mit anderen aus derselben wissenschaftlichen Konkordanz aus, während die in der geschäftlichen Konkordanz 2 – 4 – 8 – 11 – 22 geborenen Menschen in Harmonie mit denen aus der Feuer-Konkordanz sind.

Beispiel:

John Bower	Alfred Smiley
6. Juni	12. Oktober

Sie würden harmonisch sein als Partner, vorausgesetzt daß weitere Zahlen in Einklang miteinander stehen. Geschäftspartner werden gut

234

zusammenarbeiten, wenn ihre Schicksalszahlen übereinstimmen. Die Vergleiche beinhalten für Geschäftspartner und Freunde dasselbe wie für Ehen, denn dies sind alles Partnerschaften.

Ihre Schicksals- oder Ausdruckszahl zeigt den Bereich Ihrer Gelegenheit an und dies ist unerläßlich in Ihrem Leben. Wenn die Schicksalszahlen zweier Geschäftspartner übereinstimmen, ihr inneres Selbst (die Vokale) jedoch unterschiedlich ist, so ist dies gut, denn ihre Zahlen werden unterschiedlich sein, sie wollen sich jedoch in derselben Weise zum Ausdruck bringen.

Summieren, um festzustellen, ob Sie sich in Harmonie befinden

Wenn Ihre Schicksalszahl und Ihr Geburtsweg übereinstimmen, werden Sie die Gelegenheit haben, Ihre Wünsche zu erfüllen, und Ihr Leben wird relativ leicht sein.

Beispiel:

```
J A C K    P A A R    1. Mai 1918
1 1 3 2    7 1 1 9    1   5   19
───────    ───────    1   5   10 = 7 (Geburtsweg)
     7          18
     7         9 = 16
              = 7 (Schicksal)
```

Wenn die Sehnsucht Ihrer Seele und Ihre Schicksalszahl übereinstimmen, sind Sie möglicherweise imstande zu tun, was Sie möchten, dies könnte jedoch bewirken, entweder Dinge zu übertreiben oder überdrüssig zu werden, und so eine negative Wirkung zu erzielen. Um diesem entgegenzuwirken, addieren Sie die beiden negativen Zahlen, um eine positive zu erhalten. *Beispiel:* Ist die Sehnsucht Ihrer Seele 5 und Ihre Schicksalszahl 5, so addieren Sie beide Fünfen, um eine positive Zehn zu erhalten, wenn Sie zu rastlos werden.

Beispiel:

```
Herzenswunsch      = 5
Persönlichkeit     = 9
Schicksal          = 5
5 + 5 = 10
```

Hat ein Partner eine Vierer Sehnsucht der Seele und eine Fünfer Persönlichkeit bei einer Schicksalszahl 9, während der andere eine Dreier Sehnsucht der Seele, eine Sechser Persönlichkeit und eine Schicksalszahl 9 hat, so werden sie gut zusammenarbeiten.

Beispiel:

Herr A.: Herz........4	Herr B.: Herz........3
Persönlichkeit.. <u>5</u>	Persönlichkeit.. <u>6</u>
Schicksal......9	Schicksal......9

Dies ist eine gute Partnerschaft, denn sie gehen in dieselbe Richtung, haben jedoch unterschiedliche Wünsche.

Wird die Schicksals- oder Ausdruckszahl eines Partners als Geburtsweg des anderen festgestellt, so begründet dies die Beziehung von Lehrer und Schüler. Der Schüler könnte dieser Situation manchmal überdrüssig sein.

Ist die Sehnsucht Ihrer Seele höher als Ihr Schicksal oder Ausdruck, so zeigt dies an, daß Sie mehr Ideen haben, als Sie imstande sind, zum Ausdruck zu bringen. Dies kann korrigiert werden, indem Sie Ihre Unterschrift einer höheren Zahl entsprechend ändern.

Ist die Zahl Ihres Schicksals oder Ausdrucks höher als die Sehnsucht Ihrer Seele, z. B. Seele 7 und Ausdruck 2, so zeigt dies an, daß Sie die Fähigkeit und den Antrieb besitzen, alles zum Ausdruck zu bringen, was in Ihnen ist. Daher können Sie Ihr Ziel erreichen und Ihre Wünsche erfüllen.

Ist die Sehnsucht Ihrer Seele höher als Ihre Persönlichkeit, z. B. Seele 9 und Persönlichkeit 8, so zeigt dies an, daß Sie eine größere Begabung als Persönlichkeit besitzen. Sie sind es wert, gefördert zu werden, denn durch häufigen Kontakt werden Sie sich entwickeln.

Ist die Sehnsucht Ihrer Seele niedriger als Ihre Persönlichkeit, z. B. Seele 3 und Persönlichkeit 8, so zeigt dies an, daß Sie eine größere Persönlichkeit als Idealität besitzen. Sie werden bei der ersten Begegnung einen guten Eindruck machen, später können Sie sich jedoch als oberflächlich erweisen.

Ist die Sehnsucht Ihrer Seele höher als Ihr Geburtsweg, z. B. Seele 6 und Geburtsweg 4, so zeigt dies an, daß Sie die Fähigkeit haben, weniger Entwickelte zu führen oder zu lehren, mit denen Sie in Verbindung sind.

Freundschaften

Freundschaften unterliegen derselben Regel wie Ehepartner. Sie werden üblicherweise feststellen, daß zwei enge Freunde dieselbe Sehnsucht der Seele haben, denn dies hat sie in erster Linie zueinander hingezogen.

Erzeugnisse – Wohnsitze – Städte

Wenn Sie einem neuen Erzeugnis einen Namen geben, ziehen Sie in Betracht, welche Bedürfnisse es seiner Werbung gemäß befriedigen soll.

Zum Beispiel:

$$P \ A \ L \ M \ O \ L \ I \ V \ E = 6$$
$$7 \ 1 \ 3 \ 4 \ 6 \ 3 \ 9 \ 4 \ 5$$
$$\overline{\quad \quad 42 \quad \quad}$$
$$6$$

(Haushaltsartikel, welcher der Familie dient. Eine Seife, die Sauberkeit bereitet.)

$$A \ Y \ R \ E \ S = 5$$
$$1 \ 7 \ 9 \ 5 \ 1$$
$$\overline{\quad 23 \quad}$$
$$5$$

(tonangebend in der Mode)

Die Addition des Namens eines neuen Grundstückanwesens würde mit dem Ergebnis 6 außerordentlich harmonisch sein.

Beispiel:

$$T \ I \ M \ B \ E \ R \ C \ R \ E \ S \ T = 6$$
$$2 \ 9 \ 4 \ 2 \ 5 \ 9 \ 3 \ 9 \ 5 \ 1 \ 2$$
$$\overline{\quad \quad \quad 51 \quad \quad \quad}$$
$$6$$

(Ein guter Ort, um ein Heim zu errichten und eine Familie zu gründen.)

```
GLENWOOD   PARK = 6
7 3 5 5 5 6 6 4   7 1 9 2
        41          19
        5           1


BRIARWOOD = 6
2 9 9 1 9 5 6 6 4
        51
        6
```

Städte

Wünscht Ihre Stadt, was Sie anzubieten haben?

Wenn Sie unglücklich sind in der Stadt, in der Sie wohnen, und fühlen, daß Sie ständig den Anschluß verpassen, so überlegen Sie, bevor Sie einen Wechsel vornehmen, was Sie erreichen wollen und wählen Sie dann eine Stadt, die wünscht (Sehnsucht der Seele), was Sie anzubieten haben (Schicksal). Wenn Sie Erfahrungen machen wollen, wählen Sie eine Stadt, die Ihren Geburtsweg zum Ausdruck bringt. Dies wird nicht leicht sein, Sie werden jedoch eine Gelegenheit haben, unter ihrem Einfluß etwas zu lernen.

Wie man feststellt, ob man mit seiner Stadt in Harmonie ist

Städte und Staaten haben ihre eigenen Wünsche und Anforderungen. Sie sollten mit ihnen ebenso kooperieren wie mit einem Partner oder Verwandten.

Sie sind in Harmonie mit Städten innerhalb Ihrer eigenen Konkordanz. Wenn Sie planen umzuziehen, dann fragen Sie sich selbst: Hat die Stadt oder der Ort, in den ich ziehe, irgendeine meiner Zahlen – Schicksal, Geburtsweg, Sehnsucht der Seele oder Machtzahl? Es wird viel leichter, einen Wechsel vorzunehmen, wenn man die Wünsche und Bedürfnisse des Ortes kennt. Studieren Sie die Stadt, in der Sie leben. Wenn Sie nur den Wohnort wechseln wollen, weil Sie sich dort rastlos oder deprimiert fühlen, oder weil Sie dort erfolglos waren, dann ermitteln Sie die Wünsche der Stadt und versuchen Sie, ihre Erfordernisse zu erfüllen.

Beispiel:

```
    5        6        = 11 (Sehnsucht der Seele)
  N E W    Y O R K
  5 5      7 9 2
  ─────    ─────
    1        9
  6  +  6  =  3 (Schicksal)
```

```
      9    1    6 = 7 (Sehnsucht der Seele)
  C H I C A G O
  3 8 3   7
  ─────────────
      21
      ──
       3
```

Gesamt: 7 + 3 = 10 (Schicksal)

New York sucht inspirierte Menschen (11), die Ideen haben (11), die imstande sind, in der Öffentlichkeit oder im Rampenlicht zu stehen und überlegen zu sein. Städte haben nicht tatsächlich eine Persönlichkeit. Die Schicksals- oder Ausdruckszahl von New York ist 3, dies bedeutet Selbstausdruck, Kreativität und künstlerische Bestrebungen wie z. B. Musik, Kunst, Literatur, Werbung. Sie zieht Unterhaltungskünstler an.

Chicago mit der Sehnsucht der Seele 7 wünscht Denker, Wissenschaftler und analytische Leute. Mit der Gesamtzahl des Schicksals 10 zeigt sie an, daß sie Originalität, Führerschaft und unabhängige, zuverlässige Leute sucht und erfordert.

Ein weiteres Beispiel:

```
            9
  ──────────────
    6        6 6
  H O L L Y W O O D = 3 (Eine Stadt der Unterhaltung, mu-
  8   3 3 7 5     4      sikalischer Selbstausdruck, Schau-
  ─────────────          spiele, Urlaubsort)
        30
        ──
         3
  9 + 3 = 3 (Schicksal)
```

Sie sind in Harmonie mit Städten in Ihrer eigenen Konkordanz.

Beispiel:

```
J O H N     A L B E R T     B R O W N = 6
1 6 8 5     1 3 2 5 9 2     2 9 6 5 5
─────       ─────────       ─────────
  2            22              27/9
Geboren: 9. Februar    1943    = 10
         9    2         8      (1 + 9)
```

Herr Brown würde erfolgreich sein in einer künstlerischen Stadt mit einer Gesamtzahl, 3, 6, 9, da sein Geburtstag am 9. ist, oder in einer Stadt mit der Gesamtzahl 1 – 5 – 7, wegen seines Zehner Geburtsweges.

Um die Schwingung einer Stadt festzustellen, ermitteln wir die Zahl der Vokale und die Ausdrucks- oder Schicksalszahl. Ist eine von den beiden in Harmonie mit Ihrem Geburtstag oder Geburtsweg, so ist es ein guter Ort, um dorthin zu ziehen.

```
                      6
  6          1        5 = 12 = 3 (Sehnsucht der Seele)
F O R T    W A Y N E
6 6 9 2    5 1 7 5 5
────       ─────────
  23          23
   5           5  = 10 (Schicksal)
```

Fort Wayne ist eine Stadt der Luft (3) und des Wassers (10), und wäre harmonisch für John Albert Brown. Sein Geburtstag (9) ist in Harmonie mit der Sehnsucht der Seele von Fort Wayne (3) und er hat denselben Geburtsweg 10 wie die Stadt.

Was ist die Bedeutung Ihrer Hausnummer?

Wenn Sie planen, in ein anderes Haus zu ziehen, so halten Sie inne, um zu überlegen, was Sie von dem neuen Haus wünschen und erwarten. Häuser haben auch ein Wesen und sind gern sie selbst. *Zum Beispiel:* Wenn Sie in ein Haus mit einer Dreier (2136 = 3) Nummer

240

oder Schwingung ziehen, so können Sie erwarten, daß es lebhaft und voller Gesellschaft ist. Haben Sie jedoch eine Schicksalszahl 7 und wünschen Stille, um zu ruhen und zu studieren, so würde Sie dieses Haus mit seiner geselligen Atmosphäre sehr unglücklich machen. Eine Fünfer Hausnummer (1823) verlangt Freiheit, Veränderung und Vielseitigkeit.

Wenn Sie sich unangenehm in dem Haus fühlen, in dem Sie jetzt wohnen, ziehen Sie nicht sofort aus. Versuchen Sie stattdessen, seine Schwingung zu verstehen, ebenso als wäre es eine Person, und bemühen Sie sich dann, seinen Erfordernissen entsprechend zu leben. Wenn Sie zum Beispiel in ein Haus mit einer Vierer Schwingung (Arbeit, Routine) ziehen, jedoch ein geselliges Leben (3) vorziehen, so tun Sie, was notwendig ist, um das Haus in Ordnung zu halten, wie reinigen, dekorieren und den Garten verschönern. Wenn Sie seine Anforderungen erfüllt haben, sind Sie möglicherweise überrascht festzustellen, daß Ihnen die Atmosphäre schließlich gefällt. Sollten Sie weiterhin unglücklich sein, dann könnte es angebracht sein, an einen Ort zu ziehen, der Ihren Schwingungen entspricht. Üblicherweise werden Sie feststellen, daß die Verstimmung in Ihnen selbst liegt.

Denken Sie daran, auch wenn das Haus, in dem Sie wohnen, nicht der Himmel ist, sollten Sie nicht seine Schwingungen Ihr ganzes Leben beherrschen lassen. Sie sind ein individueller Mensch und haben Ihre eigene Aufgabe zu erfüllen.

Erläuterung der Hausnummern: Was von Ihnen erwartet wird

Nummer 1

Läßt sich eine Hausnummer zu 1 reduzieren, wie z. B. 1261, findet sie Anklang bei unabhängigen Menschen, die kreativen und originellen Aktivitäten nachgehen. Sind diese Charakterzüge noch unterentwickelt, entfalten sie sich oft, während man in einem Haus mit der Nummer 1 wohnt. Diese Menschen nehmen gern die Dinge in die Hand und sind gern Vereinsvorsitzende. Sie sind stolz.

Nummer 2

Läßt sich eine Hausnummer zu 2 reduzieren, wie z. B. 12890, so zieht dieses Haus ruhige, würdevolle Menschen an, die das einfache Leben lieben. Sie sind diplomatisch und taktvoll im Umgang mit Ihren Nachbarn und Freunden. Eine arrogante, herrische Person würde nicht in dieses Haus passen. Zweier könnten dauernde Partnerschaften im Geschäft und Privatleben eingehen.

Nummer 3

Läßt sich eine Hausnummer zu 3 reduzieren, wie z. B. 3693, bringt dieses Haus seinen Bewohnern viel Freude und Glück. Es ist ein gutes Haus für Geselligkeit, seine Bewohner müssen jedoch darauf achten, daß sie nicht mehr für das Vergnügen ausgeben, als sie sich leisten können. Kreative Begabung gedeiht in diesem Haus.

Nummer 4

Läßt sich eine Hausnummer zu 4 reduzieren (4963), zieht dieses Haus sehr praktische Menschen an. Sie sind aufrichtig, ordentlich, sparsam und fürchten sich nicht vor körperlicher Arbeit. Sie sind angesehen und beliebt in ihrem Wohnort, da sie ausgezeichnete Organisatoren sind.

Nummer 5

Läßt sich eine Hausnummer zu 5 reduzieren (92723), dann haben vielseitige Menschen, die ständig in Bewegung sind, ihre Freude an diesem Haus. Sie sind nicht sehr häuslich, tragen jedoch ihr Teil zum Gemeinwesen bei durch Arbeit an Plänen und Projekten. Sie mögen Aktivität, selbst wenn diese Unruhe mit sich bringt.

Nummer 6

Läßt sich eine Hausnummer zu 6 reduzieren (3867), gefällt dieses Haus Menschen, die ein enges Familienleben mögen. Obwohl viel Verantwortung und häusliche Angelegenheiten stets anliegen, gibt dieses Haus seinen Bewohnern, wenn sie konstruktiv leben, Geld, Liebe und Geborgenheit. Es ist nicht nur ein Haus, sondern ein Heim mit künstlerischer Innengestaltung, eben nicht nur ein Schlafplatz.

Fürsorgetätigkeit und Arbeit für das Allgemeinwohl werden von seinen Bewohnern ausgehen.

Nummer 7

Läßt sich eine Hausnummer zu 7 reduzieren (3867), bietet dieses Haus seinen Bewohnern Ruhe und Frieden. Es eignet sich für Menschen, die in ihrer Ausbildung vorankommen wollen und wirkt harmonisch auf tiefe Denker. Es ist nicht geeignet für wilde Parties oder Vergnügen.

Nummer 8

Läßt sich eine Hausnummer zu 8 reduzieren (6524), hat dieses Haus eine Atmosphäre der Bedeutsamkeit und des Erfolges. Es kann sogar ein Ort sein, von dem aus Geschäfte abgewickelt werden. Seine Bewohner brauchen ein gutes Urteilsvermögen und müssen tüchtig sein, denn dies ist im wesentlichen kein Privathaus, sondern eines, in dem die Bewohner eine Ausstellung oder eine Beeindruckung anderer vornehmen.

Nummer 9

Läßt sich eine Hausnummer zu 9 reduzieren (8766), gefällt das Haus Menschen, die der Menschheit dienen und helfen wollen. Dies ist ein Haus der offenen Tür für jeden, der sich in Not befindet. Außerdem zieht es Kunstliebhaber an. Ein Haus mit der Nummer 9 hat eher eine universale als eine persönliche Anziehungskraft, denn es ist auf Liebe und Verständnis gegründet. Wenn seine Bewohner jedoch nicht konstruktiv leben, kann es viele Enttäuschungen und Verluste bringen. Deswegen wird die Zahl 9 bei der Wahl einer Hausnummer oft vermieden.

Wie Sie wissen, ist eine auf die Zahl 6 reduzierbare Hausnummer harmonisch für die ganze Familie. Dasselbe Prinzip gilt auch für Wohnungen, denn die Nummer Ihres Appartments sagt aus, was von Ihnen erwartet wird.

Sie können Ihre Hausnummer nicht auswechseln, denn dies verstößt gegen das Gesetz. Wenn Sie sich genug bemühen, können Sie sich schließlich mit Ihrem Haus in Harmonie befinden.

Kapitel 20

Wie Sie Ihren Namen zum Vorteil verändern können

Ihr originaler Name beinhaltet Ihre vergangenen Erfahrungen, Ihren Charakter und Ihr Schicksal. Obwohl Sie Ihren Namen ändern könnten, um erfolgreich zu sein, sollten Sie es tatsächlich nicht tun, wenn Sie nicht durch bewußte Bemühung über seinen Nutzen hinausgewachsen sind. Wenn Sie über die schwingungsmäßigen Wirkungen Ihres ursprünglichen Namens hinaus fortgeschritten sind, dann wird Ihnen ein neuer Name zusätzliches Rüstzeug geben, um Ihre Aufgabe zu erfüllen und jedes Ziel zu erreichen.

Sie haben sicher oft einen Freund murren hören: *„Meine Eltern haben mir nicht den richtigen Namen gegeben."* Dies ist eine zweifelhafte und irrtümliche Behauptung. Ihr augenblicklicher Name wurde Ihren Eltern unbewußt eingegeben, so daß Sie die notwendige Erfahrung durch ihn gewinnen konnten.

Wie Sie Ihren Namen mit einem bestimmten Vorsatz ändern können

Jeder Name ist gut, und die meisten Menschen haben den richtigen Namen bekommen. Wenn Ihnen ständig Hindernisse begegnen und Rückschläge widerfahren, und Sie sich unangenehm fühlen, wenn Ihr Name ausgesprochen wird, dann könnte es angebracht sein, ihn zu ändern. Die Namensänderung wird keinen Vorteil bringen, falls Sie nicht anwenden, was der neue Name aussagt. Wenn der neue Name jedoch lediglich eine Aussteuertruhe, ein Namensetikett oder Türschild ist, dann werden seine Wirkungen schwach oder negativ sein, denn man muß dem neuen Namen ebenso wie dem ursprünglichen entsprechend leben und ihn durch aufrichtige Bemühung entwickeln.

Was möchten Sie mit Ihrem neuen Namen erreichen? -

Eine Namensänderung ist eine wichtige Angelegenheit, die nicht von einem Anfänger versucht werden sollte. Wenn Sie daran denken, ein Pseudonym oder einen Künstlernamen zu verwenden, dann sollte Ihre erste Überlegung sein, was Sie damit zu tun beabsichtigen. Wenn Sie an die Öffentlichkeit treten möchten, dann könnte ein langer Name mit schwieriger Schreibweise und Aussprache abschreckend auf Ihren Erfolg wirken, indes ein kurzer, wohlklingender, rhythmischer Name leichter im Gedächtnis bleibt und in der Öffentlichkeit bekannt wird. Wie Sie wissen, müssen bei Ihrer Namensänderung viele Faktoren in Betracht gezogen werden, wie Ihre Höhepunkte, karmischen Lektionen, Herausforderungen und Ihr vollständiger Geburtsweg. Der wichtigste Faktor ist jedoch, Ihren neuen vollen Namen mit Ihrem Geburtsweg in Einklang zu bringen und darauf zu achten, daß er in bezug auf gerade und ungerade Zahlen und auch auf die Kategorie übereinstimmend ist. Wenn Sie hoffen, sich der Verantwortung Ihrer Lebensaufgabe entziehen zu können, sollten Sie besser Ihren augenblicklichen Namen behalten. Auch wenn Sie Ihren Namen ändern, bleibt der ursprüngliche Name weiterhin im Hintergrund und drängt Sie, die notwendige Erfahrung zu machen und Ihr für dieses Leben gewählte Schicksal zu erfüllen. Ihre Seele möchte sich in Richtung der Zahl Ihrer Vokale entwickeln, denn das ist die Sehnsucht, die Sie mit ins Leben gebracht haben. Sie brauchen nur zu verstehen und Ihre Möglichkeiten anzuwenden.

Das Beispiel einer Namensänderung, um vorteilhafte Ergebnisse zu erzielen

Der ursprüngliche Name von Barbara Stanwyck war Ruby Stevens. Sie ist am 16. Juli 1907 geboren. Wir werden das Geburtsdatum und diese beiden Namen mit den entsprechenden numerologischen Werten aufstellen.

$$\frac{3}{\overline{1 \quad 1 \quad 1}} \qquad \frac{8}{\overline{1 \quad 7}} \qquad = 11$$

B A R B A R A   S T A N W Y C K

$$\frac{2 \quad 9 \, 2 \quad 9}{22} \qquad \frac{1 \, 2 \quad 5 \, 5 \quad 3 \, 2}{18} \qquad = (22 - 9)$$

$$7 + 8 = 15 = 6 \text{ (Schicksal)}$$

$$\frac{1}{10} \qquad \frac{1}{10} \qquad = 20$$

$$\frac{3 \quad 7}{} \qquad \frac{5 \quad 5}{}$$

R U B Y   S T E V E N S

$$\frac{9 \quad 2}{11} \qquad \frac{1 \, 2 \quad 4 \quad 5 \, 1}{13}$$

$$4 = (11 + 4)$$

$$3 + 5 = 8 \text{ (Schicksal)}$$

Geburtstag: Juli   16   1907

$$\qquad\qquad 7 \qquad 7 \quad \underline{17}$$

$$8 = 22 \text{ (Geburtsweg)}$$

Bei ihrem Meister-Geburtsweg der Zahl 22 brauchte sie zum Ausgleich einen stärkeren und harmonischeren Namen als Ruby Stevens. Während die Gesamtzahl 8 des Namens Ruby Stevens günstig ist, beinhaltet sie eine Zahl 20 der Vokale, die Barbara Stanwyck scheu und zurückgezogen machen würde und nicht begierig, vor der Öffentlichkeit im Scheinwerferlicht zu stehen. Hinzu kommt, daß ihre Gesamtnamenszahl 8 günstig auf geschäftlichem Gebiet gewesen wäre, jedoch nicht für eine Schauspielerin oder irgendjemanden, der etwas auf künstlerischem Gebiet beginnt. Die Gesamtzahl 6 des Namens Barbara Stanwyck beinhaltet die Meisterzahl 11 der Vokale. Dies gab ihr hohe Ziele oder Ideale und brachte sie in das Gebiet der Schauspielkunst. Die Gesamtnamenszahl beinhaltet ebenfalls die Zahl 22 der Konsonanten ihres Vornamens Barbara, dies gibt ihr eine weitere Meisterzahl, die mit der Zahl 22 ihres vollständigen Geburtsweges übereinstimmt, welche die höchstmögliche Zahl ist. Die Schicksalszahl 6 des neuen Namens stimmt überein mit ihrem Höhepunkt 6, dies zeigt an, daß sie eine schöne Stimme hat für die Schauspielkunst und, um der Öffentlichkeit auf einem künstlerischen Gebiet zu dienen.

Ich gebe Ihnen ein weiteres Beispiel. Ich schlage vor, daß Sie es nicht nur studieren, sondern selbst ausarbeiten und dann mit meiner Ausführung vergleichen.

Kate Smith, geboren am 1. Mai 1909, hatte den ursprünglichen Namen Kathryn Elizabeth Smith.

```
                                2
            8                   20
       _____     _____
       1       7        5   9   1   5          9   = 10
       K A T H R Y N     E L I Z A B E T H     S M I T H
       2   2 8 9   5     3   8   2   2 8       1 4   2 8
            26                23                15
            8                 5                 6   = 10 (1 + 9)
                   7 + 7 + 6 = 20 (Schicksal)


          6          9      = 6
       _____     _____
       1   5       9
       K A T E     S M I T H
       2   2       1 4   2 8
          4          15
                     6   = 10
                 10 + 6 = 16 = 7 (Schicksal)
    Geburtsdatum: Mai   1 1909
                  5    1   19
                  10 = 7 (Geburtsweg)
```

Als Kathryn Elizabeth Smith ihren Namen oder ihre Unterschrift in Kate Smith veränderte, erlangte sie völlige Harmonie, denn das *Siebener* Schicksal ihres angenommenen Namens Kate Smith *stimmt genau mit ihrem Siebener Geburtsweg überein*. Dies gab ihr zusätzliche Talente für die Verwirklichung ihres Lebenszieles. Die Zahl 6 der Vokale zeigt ihre schöne Stimme im Sprechen oder Singen an. Dies ist viel besser für sie als ihr ursprünglicher Name, der sie schweigsam gemacht hätte. Viele Schauspieler haben die Gesamtnamenszahl 7.

Oft genügt es schon, zur Anpassung an den Geburtsweg die

Schreibweise Ihres Namens zu ändern oder der Unterschrift ein Initial hinzuzufügen, um gute Ergebnisse zu erzielen. Wenn Sie Ihren Namen jedoch nicht mit Ihrer Berufung oder Ihrem Geburtsweg in Einklang bringen können, ist es weiser, den Namen gänzlich zu ändern.

Wenn Sie nur einen Namen anwenden

Gelegentlich geschieht es, daß ein berühmter Mensch nur mit einem Namen bekannt ist. In der Geschichte findet man diese Besonderheit bei Bismarck, Mussolini und Napoleon. In der Literatur ist Shakespeare und in der Kunst Rembrandt nur mit einem Namen bekannt. Außer daß sie berühmt sind, müssen ihre Namen einzigartig und besonders sein, um für sich allein zu stehen.

Auf dem Gebiet der Unterhaltung ist Liberace, der berühmte Pianist, nur mit seinem Nachnamen bekannt. Sein voller Name ist:

$$
\begin{array}{cccc}
\dfrac{1}{10} & \dfrac{3}{21} & \dfrac{2}{20} & = 6
\end{array}
$$

1	9			1	5		9	6		9	5	1	5	
W	L	A	D	Z	I	N			V	A	L	E	N	T	I	N O

W L A D Z I N   V A L E N T I N O   L I B E R A C E = 7

5 3   4 8   5   4   3   5 2   5   3   2   9   3

          25 (7)   19 – (10) – (1)   17 (8)

$$8 + 4 + 1 = 13 = 4$$

Geburtsdatum: Mai   16   1919

            5   7   20 (2) = 14 = 5

$$
\dfrac{2}{20} \qquad = 2
$$

$$
\dfrac{\text{L I B E R A C E}}{8} \qquad = \dfrac{8}{10}
$$

Seine Namensänderung bestand darin, außer seinem Nachnamen Liberace (10) alle Namen wegzulassen. Sein vollständiger Name ergibt die Zahl 4, die ausgezeichnet ist für einen Politiker, Regierungsbeamten oder Baumeister, jedoch nicht für einen Musiker. Die Zahl 4 wird jedoch ständig harte Arbeit von ihm verlangen, auch

wenn er nur seinen Nachnamen Liberace gebraucht. Der volle Name
würde außerdem für die Öffentlichkeit schwer auszusprechen sein und
wäre nicht gut für die Bühne oder Werbezwecke geeignet.

Der Name Liberace (10) befindet sich ebenso wie sein Geburtstag
(16) und sein Geburtsweg (5) in der Wasser- oder wissenschaftlichen
Konkordanz und ist also damit in Harmonie. Die Gesamtzahl 10 des
Namens Liberace bringt ihn in eine Klasse für sich, denn er hat einen
individuellen Stil (1), ist ein Schausteller (10 = 1) und ein Führer.

Hildegarde ist ein weiteres Beispiel für jemanden, der nur einen
Namen anwendet. Ihr vollständiger Name ist Hildegarde Loretta
Sells. Sie ist geboren am 1. Februar 1906. Sie ist ebenfalls eine Pianistin
und Unterhaltungskünstlerin. Die Unterschrift des einzelnen Namens
Hildegarde ist in vollkommener Harmonie mit ihrem Geburtsweg, der
ebenfalls die Zahl 10 ausweist. Dies zeigt eine Individualistin mit einem
Pioniergeist an. Sie ist eine unabhängige Künstlerin mit einem
ungewöhnlichen Stil.

Beispiel:

$$\frac{2}{20} \qquad + \qquad \frac{3}{12} \qquad + \quad 5 \qquad = 10$$

9	5	1		5		6	5		1		5		
H	I	L	D	E	G	A	R	D	E		L	O	R

9   5   1   5   6   5   1   5

H I L D E G A R D E   L O R E T T A   S E L L S

8   3 4   7   9 4   3   9   2 2   1   3 3 1

$$\frac{35}{8} \qquad\qquad \frac{16}{7} \qquad\qquad \frac{8}{8} = 5$$

10 + 10 + 4 = 24

Geburtsdatum: Februar 1 1906

2   1 $\frac{16}{7} = 10$

Hildegarde's Symbol sind lange Glacéhandschuhe. Lieberace's
Symbol ist ein Kandelaber. Er gebrauchte seinen letzen Namen, sie
ihren ersten.

$$\frac{2}{20}\qquad\qquad\qquad\qquad \frac{2}{20}$$

H I L D E G A R D E = 10   L I B E R A C E 3 = 10
       8   8

250

Es gibt viele Ähnlichkeiten zwischen beiden. Die Zahlen der Vokale, der Persönlichkeit und des Schicksals des Nachnamens Liberace sind dieselben wie die des Vornamens Hildegarde.

Die Wahl des Namens für ein Baby

Bei der Analyse und der Wahl des Namens für ein Baby sollte man beachten, daß der Nachname konstant und unveränderlich ist. Dies ist nicht nur ein Brauch, sondern entspricht einem tiefen metaphysischen Gesetz. Er enthüllt die vererbten Charakterzüge des *Vaters*. Der Vorname wird die Individualität anzeigen, indes der Mittelname lediglich die anderen Eigenschaften verstärkt. Wird jedoch der Mittelname allgemein am meisten gebraucht, so wird es umgekehrt sein.

Sie sollten in Betracht ziehen, falls das Kind infolge von Familienzugehörigkeit für einen bestimmten Beruf ausersehen ist, wie z. B. in ein Familienunternehmen oder in eine große Gesellschaft einzutreten oder den Fußstapfen seines Vaters als Erfinder, Schauspieler, Politiker oder Arzt zu folgen, daß Sie eine Namensschwingung wählen sollten, die mit dem Beruf, den es einschlagen sollte, im Einklang steht.

Bei der Namensgebung für ein Baby sollten verschiedene Punkte überlegt werden:

1. Der vollständige Geburtsname sollte denselben numerischen Wert haben wie der vollständige Geburtsweg. Wenn das nicht möglich ist, sollten beide Werte wenigstens in Harmonie sein.
2. Der Vorname sollte die Konkordanz des Tages des Geburt (nicht des Monats oder Jahres) vollenden.

Die Methode des Dreiecks

Bei der Wahl des Namens für ein Baby ist das Dreieck wiederum von Bedeutung. Der Tag der Geburt befindet sich an der unteren Linie des Dreiecks und wird als Eckstein bezeichnet. An die Spitze des Dreiecks setzen wir den ersten Buchstaben des Vornamens. An der anderen Seite der Grundlinie bildet der numerische Wert Vornamens den Schluß-stein.

Beispiel:

Erster Buchstabe (D)   Erster Buchstabe (W)

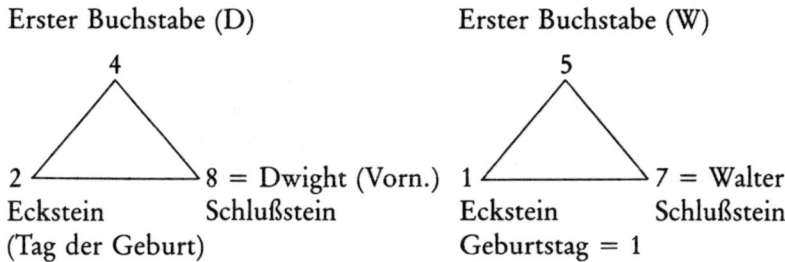

2 ⟋⟍ 8 = Dwight (Vorn.)   1 ⟋⟍ 7 = Walter
Eckstein   Schlußstein   Eckstein   Schlußstein
(Tag der Geburt)   Geburtstag = 1

Erster Buchstabe (L)

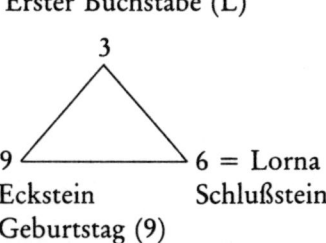

9 ⟋⟍ 6 = Lorna
Eckstein   Schlußstein
Geburtstag (9)

Wenn ein Kind am 19. irgendeines Monats geboren ist, befindet es sich in der wissenschaftlichen Konkordanz von 1 – 5 – 7. Der erste Buchstabe seines Namens sollte den Wert 5 haben (W) und der vollständige Vorname sollte den Wert 5 ergeben (Walter) oder aber der erste Buchstabe sollte dem Wert 7 entsprechen und der ganze Vorname dem Wert 5. *Beispiel:* Paul, Eleanor.

Ist ein Kind am 9. irgendeines Monats in der künstlerischen Konkordanz von 3 – 6 – 9 geboren, so sollte der erste Buchstabe seines Namens dem Wert 3 entsprechen (L) und der gesamte Name dem Wert 6 (Lorna), oder der Wert des ersten Buchstabens sollte 6 und der Gesamtwert 3 sein. *Beispiel:* Lorna, Owen.

252

Ist ein Kind in der Feuer-Konkordanz von 2 – 4 – 8 – 11 – 22 am 2. geboren, so sollte der Wert des ersten Buchstabens 4 (D) und des ganzen Namens 8 (Dwight) sein, oder der erste Buchstabe sollte 8 entsprechen und der ganze Name 4 oder 22. Beispiel: Virginia, Helen, Marjorie.

Obwohl viele Numerologen die Methode des Dreiecks bei der Wahl des Vornamens für ein Baby bevorzugen, bestehe ich nicht darauf, daß jemand sie beherrschen sollte, denn ich denke, ihre Entzifferung ist für den Anfänger sehr kompliziert und hinzukommt, daß dies die Auswahl des Namens begrenzt. Ich selbst wende diese Methode an, denn sie ist genau und wissenschaftlich in ihrer Darstellung und ergibt zusätzliche Punkte zur Überlegung, sie hat jedoch nicht das letzte Wort. Wenn man den richtigen Vornamen gewählt hat, muß seine einstellige Grundzahl in den vollständigen Namen eingegliedert werden, indem man den Nachnamen mit seiner Vererbung sowie den Mittelnamen hinzufügt und die Gesamtnamenszahl mit dem Geburtsweg in Einklang bringt.

Den Namen eines Babys auszuwählen, ist die Aufgabe eines Experten

Einem Baby einen Namen zu geben oder eine Unterschrift zu ändern, erfordert die Dienste eines erfahrenen Numerologen. Oft ändert oder wählt ein Laie jedoch einen Namen, ohne eine Vorstellung oder eine Kenntnis davon zu haben, was diese sakrale Handlung mit sich bringt. Ich glaube, daß Ihr Schicksal von Ihrer Geburt an vorherbestimmt ist. Da Sie sich Ihre künftigen Eltern ausgesucht haben, sollten sie verantwortlich dafür sein, Ihnen einen Namen zu geben. Sie kamen, um die Aufgabe zu erfüllen, die in Ihrer Schicksalszahl oder Ihrem vollen Namen geschrieben steht. Dies sollte in Harmonie mit Ihrem Geburtsweg sein.

Die nachfolgenden neun Schritte werden Ihnen bei der Wahl eines Namens für ein Baby helfen:

1. Schritt: Reduzieren Sie den Nachnamen auf eine einstellige Grundzahl. (Sie werden den Nachnamen benötigen, der bereits festliegt.)

2. Schritt: Erstellen Sie zwei Listen mit bevorzugten Vornamen – männlich und weiblich.

3. Schritt: Reduzieren Sie die Vornamen beider Listen auf einstellige Grundzahlen.

4. Schritt: Entwerfen Sie entsprechend Ihrer Vorliebe zwei Listen von Mittelnamen beiderlei Geschlechts.

5. Schritt: Reduzieren Sie die Mittelnamen für spätere Anwendung auf eine einstellige Grundzahl.

6. Schritt: Warten Sie, bis das Baby geboren ist, um sich endgültig für einen Namen zu entscheiden.

7. Schritt: Wenn es geboren ist, addieren Sie das Geburtsdatum (Tag, Monat und Jahr) und reduzieren die Summe auf eine einstellige Grundzahl.

8. Schritt: Addieren Sie solange den Nachnamen und einen der ausgewählten Vor- und Mittelnamen, bis Sie reduziert dieselbe einstellige Grundzahl erhalten, die auch der Geburtsweg aufweist.

9. Schritt: Wenn Sie nicht vollständig Harmonie herstellen oder dieselbe Zahl erhalten können, dann bringen Sie den Namen in Einklang mit dem Geburtsweg, das heißt, bringen Sie ihn in dieselbe Konkordanz wie z. B. 3 – 6 – 9. *Beispiel:* Wenn das Baby am 9. geboren ist, dann sollte der Name die Zahl 3 oder 6 haben im Falle, daß Sie nicht die Namenszahl 9 bilden können.

Kapitel 21

Die Kabbala und Abrakadabra
Numerologische Methoden der Vorhersagen

Wie man die umgekehrte Pyramide aufstellt

Die umgekehrte Pyramide oder das Dreieck wird angewendet, um die magische Formel des Abrakadabra aufzustellen. Jede Reihe beinhaltet eine Zahl oder einen Buchstaben weniger als die darüberliegende Reihe. In dieser Methode werden ebenfalls die neun einstelligen Grundzahlen für die Interpretierung verwendet.

Die Dreieck-Methode hatte ihren Ursprung in der großen Cheopspyramide von Gizeh in Ägypten, welche alle Geheimnisse der Jahrhunderte in sich birgt. Sie ist einer der Schlüssel, welche die Tür zur Weisheit öffnen. Eine weitere Methode der gehüteten Wahrheiten wurde in der Numerologie (Zahlen) und in der Astrologie (Planeten) verborgen gehalten und noch eine weitere wurde in die Tarotkarten eingeschlossen. Aufzeichnungen der esoterischen Geheimnisse wurden in den Geheimgängen der Pyramide verborgen.

Kabbala

Die Kabbala beinhaltet eine geheime Information, die in numerischer, wörtlicher oder hieroglyphischer Form enthüllt werden kann. Ein Kabbalist interpretiert die Symbolik der Zahlen. Seine Methode demonstriert die Tatsache, daß Zahlen außer dem uns bekannten Zahlenwert eine Bedeutung haben und den Schlüssel zum Verständnis der Welt liefern.

Eine Kabbala mit einem Schlüssel für uns zur Anwendung

Einige Kabbalas werden auch heute noch von Numerologen für die Zukunftsschau verwendet, die meisten sind jedoch veraltet wegen der Tatsache, daß die Schlüssel zu ihrer Interpretierung verlorengegangen sind. Glücklicherweise habe ich vor Jahren eine sehr althergebrachte Methode mit ihrem entsprechenden Schlüssel erhalten. Es ist nicht meine Darstellung. Ich glaube, ich habe sie von Orcella Rexford bekommen, einer Numerologin, die schon seit vielen Jahren nicht mehr lebt. Bisher hatte ich noch nie eine Kabbala mit ihrem Schlüssel gedruckt gesehen. Ich habe sie überarbeitet, so daß sie für Sie verständlich ist. Ich gebrauche sie nicht bei meinen Vorhersagen. Wenn Sie daran interessiert sind und sie fleißig entziffern, könnte sich die Information als sehr wertvoll erweisen. Ein psychisch begabter Mensch hat mir erzählt, daß Kabbala, wenn sie mit ihren Schlüsseln richtig verstanden wird, die genaueste überlieferte Methode ist, um die Zukunft vorherzusagen. Ich gebe Ihnen nun das Geheimnis weiter. Es liegt mir sehr viel daran, daß sie sehen, wie dies System der Interpretierung von Zahlen auf dem wissenschaftlichen System der Ordnung beruht. Die Interpretierung entspricht der des Tarots.

Das Bild 21–1 ist ein Beispiel der umgekehrten Pyramide oder des

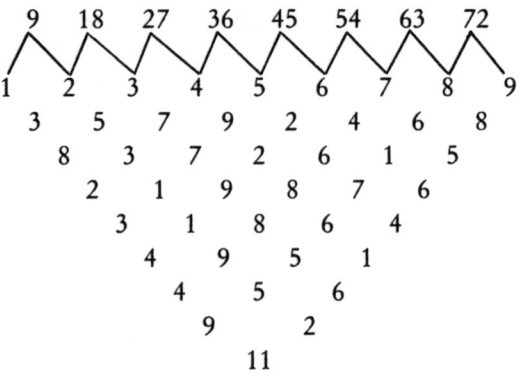

Bild 21–1

Dreiecks. Ich werde zuerst die Zahlen anwenden, um das System zu erläutern. Beachten Sie, wie die dritte Zahlenreihe durch die Addition 1 + 2 = 3 aufgebaut wird, um die darunterstehende Zahl 3 zu bilden.

Ich werde nun die Buchstaben eines Namens für die neun Grundzahlen einsetzen. Von dem erdachten Namen Dorothy Miller nehme ich zuerst den Vornamen und schließlich den Nachnamen, bis alle neun Grundzahlen verwendet worden sind.

Um die Spitze oder das unterste Ende der Pyramide zu erreichen, fügen Sie die angrenzende Grundzahlen hinzu, um die nächstuntere Reihe zu bilden. Alle zusammengesetzten Zahlen werden auf eine einstellige Grundzahl reduziert: 11 = 2, 12 – 3. Die Addition des ersten Buchstabens des Namens Dorothy (D) 4 und des zweiten Buchstabens O (6) ergibt 10 = 1. Sehen Sie Bild 21–2.

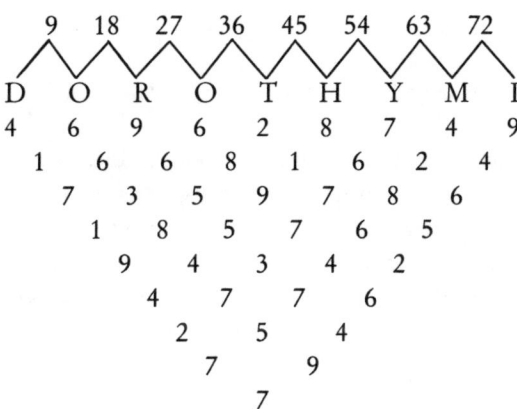

Bild 21–2

Die Zahl 7 befindet sich am untersten Ende des Dreiecks.

Unter Anwendung der neun Grundzahlen werde ich nun ein weiteres Beispiel mit einem Doppelnamen aufstellen: *Sue Ellen Allen*. Siehe Bild 21–3.

Die Zahl 5 befindet sich am untersten Ende der Pyramide für Sue Ellen Allen.

257

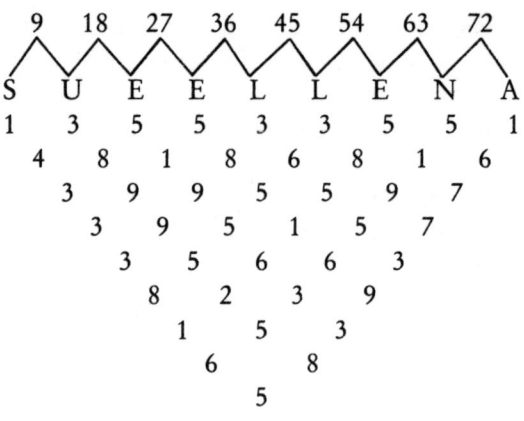

$$
\begin{array}{ccccccccc}
9 & 18 & 27 & 36 & 45 & 54 & 63 & 72 \\
\end{array}
$$

S	U	E	E	L	L	E	N	A
1	3	5	5	3	3	5	5	1

```
     4   8   1   8   6   8   1   6
       3   9   9   5   5   9   7
         3   9   5   1   5   7
           3   5   6   6   3
             8   2   3   9
               1   5   3
                 6   8
                   5
```

Bild 21–3

Wie man die Pyramiden-Methode interpretieren kann

Die Zahl am untersten Ende des Dreiecks oder der umgekehrten Pyramide hat eine besondere Bedeutung und sollte als erste Zahl gedeutet werden. *Beispiel:* Die Zahl 11 (2) befindet sich am untersten Ende des ersten Dreiecks (Bild 21–1). Entnehmen Sie der Tabelle die Bedeutung. Die Zahl 7 steht am untersten Ende der zweiten Pyramide (Bild 21–2) und die Zahl 5 am untersten Ende der dritten Pyramide (Bild 21–3).

Bedeutung der Zahlen am untersten Ende der Pyramide

1	Alleinsein, Unabhängigkeit, Anerkennung.
2 oder 11	Prügelknabe, Opfer der Umstände.
3	Geselligkeit, Vergnügen, Unentschlossenheit, Gewinn, Notwendigkeit von Stille.
4 oder 22	Plagerei, harte Arbeit, Massenproduktion, Takt ist erforderlich (22). Öffentliches Büro.

5	Reise, Veränderungen, Rastlosigkeit, das Unerwartete, Unbeständigkeit.
6	Liebe, Heirat, Familie, Verantwortung, Frieden, Loyalität.
7	Analytiker, Skepsis, Student, Kritik, psychische Veranlagung
8	Geld, Verzögerungen, Gerechtigkeit, Geschäft, Expansion, Krankheit.
9	Verluste, Enttäuschungen, Religion, Sympathie, das große Geld.

Allgemeine Bedeutung der Zahlen des Abrakadabra

1	Ehre, Verlust
15–19	Liebe, Heirat, Schwangerschaft.
4–9	Tod einer männlichen Person.
5–8	Tod einer weiblichen Person.
11	Öffentlichkeit, Partnerschaften, Gruppen, Kooperation, Vorsicht ist erforderlich. (Partnerschaften gleich 11).
5–6	Partnerschaft – Heirat, falls mit 2 in Verbindung (Wahl). Falls Geschäftspartner, so ist er ruhig, angenehm und einfallsreich.
3–8	Partnerschaft – Vernunftehe ... großzügig, religiös, literarisch und extravagant.
4–7	Partnerschaft – gut für das Geschäft. Versteht mit Geld und Leuten umzugehen.
2–9	Partnerschaft – gefährlich, Betrug, Intrige, Unaufrichtigkeit.
18	Widrige Umstände.
15	Persönlich – berührt Sie persönlich.
19	Ehe – betrifft zwei Menschen, Heim.
9 und 2 (7nen)	Etwas wird vor Ihnen verborgen (Geld oder ein Geheimnis).

7	Wasser, Studium, Reise, Protektion.
1–8–1	Begrenzte Verhältnisse.
18 über 9	Bei Spitze 5 – Geld durch Tod.
13 über 4	Tod.
14	Öffentlichkeit.
6	Stimme.
3	Leute.
6–9	Wohnungswechsel, häusliche Angelegenheiten.
88 über 7	Tragischer Unfall.
2 (5en und 9)	Verwirrung, Klatsch.
3 (5en)	Reise.
Zirkel von 5en	Skandal.
16	Unfall.
5 und 3	Reise – lang (5); kurz (3); falls (5) rechts: westlich; falls (7) nahe am Wasser.
44 über 8	Den eigenen Namen selbst bekannt machen.
17	Finanzen.
9 und 2 (4en)	Kontakt mit Leuten in hoher Position.
29	Notwendigkeit, sich vor falschen Freunden zu hüten.
3 (9en)	Gelderwerb – falls mit 29 Verlust durch Betrug.
9 und 2 (3en)	Geldgewinn durch Freunde.
6 und 9	Irgendein Wechsel in bezug auf das Heim oder der Kauf von Einrichtungsgegenständen.
33 über 6	Es ist für alles gesorgt.

Die Abrakadabra-Methode

Bei der Aufstellung eines Namens und der Entwicklung der Zyklen und Zeitspannen können die nachfolgenden Aspekte der Buchstaben des Namens und der Zahlenkombinationen festgestellt werden. Man sollte darauf achten, daß es nur 64 Zahlenkombinationen gibt und daß jede Zahl über 64 umgekehrt werden sollte. Auf diese Weise wird 65 zu 56 und die Information über 56 findet Anwendung.

1 oder 10

Die *Eins* oder *Zehn* zeigt eine Anerkennung oder Ehrung in Ihrem Leben an, die von Ihrem Alter und Ihrer Stellung abhängig ist. Die *Eins* oder *Zehn* sagt einen Verlust voraus. Dieser könnte finanziell oder persönlich sein, wie der Tod eines Familienmitgliedes, Verwandten, Partners oder Freundes. Wenn Sie eine Ehrung im Leben erhalten, ist dies üblicherweise mit einem Verlust verbunden. *Zehn* ist die Zahl der Aktivität, Unabhängigkeit, Aggression und oft der Selbstgefälligkeit und Arroganz. Wird die *Zehn* stark von 18 über 9 beeinflußt, so können Sie mit einem geschäftlichen Verlust durch Konkurrenz oder Intrige rechnen.

Beispiel:

Wenn 18/9 links steht und Eins rechts, wird das Ergebnis 91/10 als 19 gelesen (umgekehrt) und als *Zehn* interpretiert, denn: $(1 + 9 = 10)$.

2 oder 11

Die *Zwei* oder *Elf* zeigt die Gelegenheit zu einer Partnerschaft oder der Fusion Ihres Unternehmens mit anderen Firmen an. In der Tabelle einer weiblichen Person kann dies eine enge Verbindung mit mehreren Ehepaaren bedeuten, von denen die Männer Geschäftspartner sind. Die Elf zeigt ebenfalls an, daß andere Ihnen helfen und Interesse an Ihnen haben. Wenn Sie für eine Firma arbeiten und Ihre Tabelle weist eine *Elf* auf, so bedeutet dies Zusammenarbeit und das Interesse von jemandem an Ihrem Aufstieg und Erfolg. Es gibt zahlreiche Kombinationen der Elf.

(2–9) Eine *Elf*, die aus 2 + 9 oder 29/11 entsteht, weist hin auf eine unaufrichtige Person mit einer brillanten Persönlichkeit. Hüten Sie sich vor diesem Typ, denn er versucht ohne jeden Einsatz sein Ziel durch Intrige zu erreichen. Gehen Sie niemals eine Partnerschaft ein mit solch einer Person.

(3–8) Eine *Elf*, die aus 3 + 8 entsteht, weist auf einen Menschen hin, der großzügig, religiös, intelligent und literarisch sein kann. Er kann Organisator sein, jedoch streitsüchtig.

(4–7) Eine *Elf*, die aus 4 + 7 entsteht, bedeutet einen angenehmen, erfolgreichen Geschäftspartner, der mit Leuten und Geld umzugehen versteht. Er ist ein ausgezeichneter Börsenmakler oder Bankier.

(5–6) Eine *Elf*, die durch 5 + 6 entsteht, zeigt einen ruhigen, einfallsreichen und angenehmen Menschen an. Er wäre ein guter Ehepartner. Dieser Partner ist hilfreich und kann einen hohen Rang im Geschäftsleben erlangen.

Elfer neigen zur Publizität. In Verbindung mit vielen 13en über 4 könnten sie es zu Skandalen kommen lassen. *Elfer* bringen Leben in Gruppen, es könnte jedoch Nervosität sein. In Geschäften ist ebenfalls Vorsicht geboten.

3

Eine *Drei* oder jede Zahlenkombination, die *Drei* ergibt, zeigt viel Gewinn und Vergnügen an, und daß sich Erfolg leicht einstellt. Eine *Drei* verlangt Stillschweigen über Pläne und Ideen, die vorteilhaft sein könnten. Eine *Drei* bedeutet Sinn für Humor, Geselligkeit, Freunde und Vergnügen. Die *Drei* zeigt die Gründung eines Heimes und Nachwuchs an. Wenn die *Drei* nach dem Alter erscheint, in dem man Kinder haben könnte, so kann dies eine Adoption oder die Betreuung von Kindern bedeuten, die ihre Eltern verloren haben. Sind mehrere *Dreien* vorhanden, besonders 18 über 9, dann besteht die Gefahr einer Verleumdungsklage. Seien Sie also vorsichtig mit dem, was Sie sagen, denn die *Drei* regiert die Worte.

4

Die *Vier* bedeutet die Öffentlichkeit in bezug auf Arbeit, dies bedeutet, Sie werden etwas mit Massenproduktion zu tun haben, wie sie in Kaufhäusern verkauft wird. Viele *Vieren* in einer Tabelle zeigen Verzögerung an, wobei Takt und Geduld erforderlich sind. *Vieren* bedeuten Opposition. *Vier*, besonders unter 22, bedeutet Aussichten auf ein öffentliches Amt. Wenn eine *Vier* in Ihrem Geburtsdatum oder

Namen erscheint, ist es fast sicher, daß dies geschehen wird. 13 über 4 und 22 über 4 sind mit Tod verbunden. Die Zahl 22 gibt die Möglichkeit eines öffentlichen Begräbnisses mit Ehrenbezeigungen an.

5

Eine *Fünf* bedeutet Bewegungen und Überraschungen schneller und plötzlicher Art. 14 über 5 zeigt Sie in der Öffentlichkeit (1 = Person, 4 = Öffentlichkeit). Ist die Anordnung 41, so bedeutet dies, daß Sie der Öffentlichkeit dienen. Zuerst kommt die Menge (4) und Sie an zweiter Stelle (1).

14 über 5 bedeutet, daß Sie im Scheinwerferlicht stehen. Je mehr 14en über 5en, umso größer ist die Chance, daß dies geschehen wird. 23 über 5 zeigt Protektion durch einen einflußreichen Menschen. Seinen Rat können Sie zu Ihrem Vorteil befolgen. Viele *Fünfen* bedeuten Betrügereien. Passen Sie auf, um nicht betrogen zu werden. Viele *Fünfen* weisen hin auf Rastlosigkeit, Unentschlossenheit und viele Veränderungen. Machen Sie nicht zu viele Versprechungen. *Fünf* zeigt Vorliebe für Reisen, Abenteuer und Glücksspiel.

6

Eine *Sechs* bedeutet Verantwortung, Beziehungen in der Familie, Liebesaffären und Bedienstete. Viele *Sechsen* verlangsamen die Dinge. Eine *Sechs* verheißt Frieden und Harmonie. Zu viele *Sechsen* können Kummer in Herzensangelegenheiten bedeuten. Handelt es sich um einen ledigen Menschen, so bedeutet die *Sechs* Unentschlossenheit in bezug auf Heirat oder die Wahl eines Freiers. Ist er verheiratet, so kann sie Überlegung von Trennung oder Scheidung bedeuten. Das andere Geschlecht spielt eine Rolle. Achten Sie darauf, gerecht zu sein. 33 über 6 ist sehr günstig, es bedeutet, daß alles für Sie vorgesehen ist. Dies bedeutet üblicherweise, daß Sie anderen helfen können, denn Sie haben mehr als genug.

7

Eine *Sieben* zeigt an, daß geheimnisvolle Kräfte im Vordergrund stehen. Dies bedeutet eine gute Zeit für eine Expansion im spirituellen

Bereich. Wenn Sie Ihren höchsten Idealen entsprechend leben, werden Sie nicht leiden. Unter dem Einfluß der *Sieben* kommt es zu seltsamen Kontakten. Sie bewirkt Intuition, psychische Erfahrungen und seltsame Träume.

Die *Sieben* zeigt Verantwortung an, die Sie übernehmen, obwohl Sie dazu nicht gezwungen sind. Lassen Sie sich nicht von anderen zum Sündenbock machen. Die *Sieben* bringt Reisen nach Übersee. Die Zeit unter dem Einfluß der *Sieben* ist gut geeignet, sich um einflußreiche Frauen zu kümmern. Die Zeitspanne der *Sieben* ist auch ernsthafter Natur und weckt den Wunsch, zu studieren, zu meditieren und allein zu sein. Sie bedeutet Weitblick und fortschrittliche Ideen.

8

Die *Acht* beeinflußt Ihre materielle oder physische Seite. Sie zeigt gesundheitliche Belange, Tod und Erbschaften an. Die *Acht* bedeutet Verzögerungen und Enttäuschungen, denn es wird Hindernisse geben. Sie werden gewinnen, indem Sie sich und andere nicht hetzen und treiben. Gerechtigkeit ist der Grundton. 44 über 8 bedeutet die Gelegenheit, Ihren Namen bekannt werden zu lassen und Ruhm zu gewinnen. Viele *Achten* zeigen Verzögerungen und auch die Möglichkeit einer längeren Krankheit an.

9

Eine *Neun* bedeutet die Entwicklung von Angelegenheiten im großen Maßstabe und eine Zeitspanne, um das große Geld zu verdienen. Viel Energie wird verausgabt, und Sie geraten in emotinelle Erfahrungen. Sie müssen vor Hinterhältigkeiten auf der Hut sein, denn je weitreichender Ihre Interessen sind, umso größer werden Konkurrenz, Intrige und Verrat sein, nicht durch Sie, sondern durch andere, die Sie zerstören wollen. Eine *Neun* bedeutet große Verantwortung sowohl im Geschäft wie auch in der Familie. Beziehungen in der Familie könnten auf einem Tiefpunkt angelangt sein und sogar zu einer Trennung oder Scheidung führen, besonders wenn ein A, I oder S folgen. In einer *Neuner* Zeitspanne müssen Sie sich in acht nehmen vor

Feuer, Explosionen und Unfällen, besonders in einem *Neuner* Jahr des neunjährigen Zyklusses.

Bemerkung: Inzwischen haben Sie sicherlich wahrgenommen, daß ungeachtet der angewandten Methode (Kabbala oder meine) die grundlegende Interpretierung dieselbe ist. Dies kommt daher, weil sie aus demselben kosmischen Alphabet stammen, das es seit Anbeginn der Zeit gegeben hat. Wir wollen nun einen Namen aufstellen und dann die Bedeutung durch Kabbala mit ihrem umgekehrten Dreieck interpretieren. Siehe Bild 21–4.

Alexander ist am 30. März 1844 geboren.

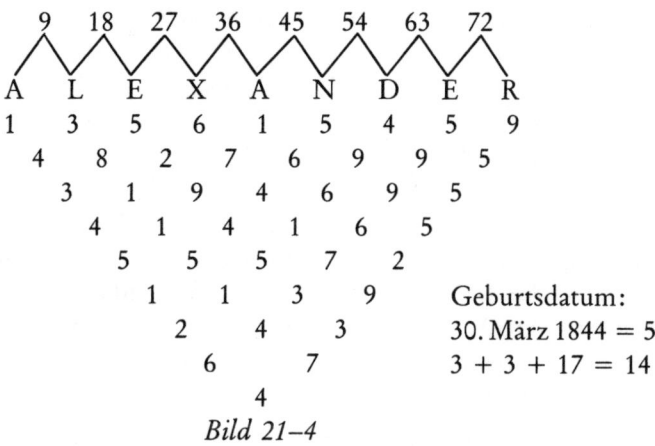

Bild 21–4

A, der erste Buchstabe des Alphabets, hat den Wert *Eins*. Dies zeigt, daß während der ersten 9 Jahre des Lebens von Alexander seine Eltern einen neuen Anfang gemacht haben, in dem neue Interessen, neue Orte und Freunde erfahren wurden. Dies könnte bedeuten, daß seine Eltern in der Zeit seines Alters von 3½ – 4½ Jahren entweder aus einem anderen Land oder in unserem Land von einem Ort zum anderen umgezogen sind. *A* am Anfang eines Namens mit *L* oder Drei könnte den Tod (13) seiner Eltern bedeuten, entweder von einem der beiden oder ihre Trennung durch Scheidung. Etwas ereignete sich im Leben von Alexander, das ihn in die Lage brachte, allein zu sein (1). Er ist aufgerufen worden, sich selbst zu entwickeln, möglicherweise mit etwas Hilfe von anderen. Im Alter von 4 Jahren kam er mit seinem Vater und seiner Stiefmutter von Europa nach Amerika. Hier erlebte er die Einsamkeit der *Eins* durch eine Verstimmung zwischen ihm und seiner Stiefmutter. Da er unabhängig war, ließ er sie ihm nicht mehr nahekommen.

Als er 3-1/2 Jahre alt war, starb seine richtige Mutter. Beachten Sie die Kombination von *A* und *L* (1 + 3 = 13), der grimme Schnitter oder die Zahl des Todes in seinem Leben. Sein Vater heiratete wieder und sie kamen mit seiner Stiefmutter nach Amerika.

Wenn wir die Methode des Abrakadabra studieren, sehen wir, daß die *Drei* des Monats (Herrscher des ersten Zyklusses) in Kombination mit der *Eins* des Buchstabens *A* die Zahl 13 ergibt. Die *Drei* des Monats März regiert das Heim, Kind und die Familie. Studieren Sie die Zahlen von der Geburt bis zu 4-1/2 Jahren, die abwärtsführende Spanne des Buchstabens *A*. Die Endzahl Vier am untersten Ende entsteht durch die Addition der Zahlen 6 und 7 (13-4). Die dritte Zahl von oben in der ersten Hälfte der Spanne ist 31 (13er Einfluß). Die Person (1) befindet sich hinter der Familie (3), dies zeigt, daß die Familie vorging, und nicht das Kind. Die Drei des Monats März und die *Eins* des Buchstabens *A* ergibt 31. Die fünfte Zahl vom Buchstaben *A* aus abwärts ist Fünf, errechnet aus 41, und stellt ihn wieder hinter die Gruppe, und nicht vor die Öffentlichkeit. *Fünf* zeigt Veränderung und Reise an, indes *Vier* Bewegung bedeutet.

Beachten Sie die *Sechs*, die zweite Zahl von unten nach der untersten Zahl *Vier*. Hier finden wir Liebe, Heirat und die Mutter. Unmittelbar darüber befindet sich die *Zwei*, abgeleitet aus der Zahl 11, die Partnerschaft bedeutet. Sehen Sie, daß die *Zwei* (die richtig eine *Elf* sein sollte) zwischen die *Fünf* und *Sechs* eingekeilt ist, das bedeutet Veränderung in der Partnerschaft durch Liebe und Heirat. Es ist anzunehmen, daß ein erheblicher Widerstand gegen die Veränderung bestand, wenn nicht gegen die Heirat.

Für die Zeit von 4-1/2 bis 9 Jahren zeigt der Name Routine, System, Monotonie und Arbeit an. Zwischen 8 und 9 Jahren erfolgte ein Wohnungswechsel innerhalb der Gemeinde. Das *L* (3) bedeutet Reise.

266

Dies und die *Drei* des Monats März ergibt eine doppelte *Drei* oder 33, eine ausgezeichnete Kombination, die zeigt, daß alles für ihn vorgesehen war. Dieser doppelte Jupiter weist ebenfalls auf weitere Kinder hin.

In der Zeit von 12–1/2 bis 13–1/2 Jahren zeigt die doppelte *Drei* ebenfalls die Möglichkeit von Zwillingen an, oder daß ein Kind bald dem anderen folgt. Im Alter zwischen 17 und 18 Jahren wurde ein weiteres Kind geboren.

Es ist interessant festzustellen, daß die Vokale des Namens Alexander die Zahl *Zwölf* oder *Drei* ergeben. Dies weist darauf hin, daß er natürlicherweise Kontakt mit Kindern haben würde, und da *Zwölf* die Zahl des Opfers ist, war diese Erfahrung für ihn sehr wahrscheinlich. Als seine Eltern weitere Kinder bekamen, fühlte er sich daher isoliert. Beachten Sie das *A* und das zweite *A* in seinem Namen.

Zwischen dem 17. und 18. Lebensjahr lief er von zu Hause fort und trat in die Armee ein. Beachten Sie die herannahenden Schwingungen des Buchstabens *E* und seiner Zahl *Fünf*, die auf Veränderung, Reise, Freiheit und Abenteuer hinweist. *E* in Verbindung mit der *Drei* des Monats ergibt die Zahl *Acht*, die Hindernisse und sogar den Tod anzeigt.

Alexander war im Kampf verwundet worden und lag in einem Hospital. Nach dem Krieg kam er nach Chicago und machte sich an die Arbeit, um sich ein Vermögen aufzubauen. Er war sehr erfolgreich im Geschäft mit Kandis.

Zwischen dem 26. und 27. Lebensjahr heiratete er, dies wird angezeigt durch die Zahlen 5–6 bzw. *Zwei* oder *Elf*. Dies bedeutet eine gute Partnerein und wahre Ehegefährtin.

Die von 19 abgeleitete *Zehn* zeigt zu derselben Zeit wie die Heirat den Tod einer älteren Person an (19 = Alter), und die *Zehn* aus 55 (doppelte Fünf) bedeutet den Tod einer Person in mittleren Jahren, was sehr schnell eintrat. *Zehnen* zeigen irgendeine Auszeichnung an.

Zwischen dem 35. und 36. Lebensjahr am Schluß des Buchstabens *X* (6) in Verbindung mit der Zahl *Drei* oder 30 stellte sich finanzieller Erfolg durch ein Geschäft ein. Die Jahre seiner Ehe (durch 36 hindurch) waren eine glückliche Zeit, die ihm Kontakt mit vielen

Leuten (9) durch gesellschaftliche Aktivitäten (3) (30) brachte, sowie harmonische, friedvolle Verbindungen (6). In der Zeit von 35 bis 36 Jahren gab er das Kandisunternehmen auf und wurde der Manager eines großen Klubhauses und eines Konzertsaales. Hier müssen wir die *Drei* des Monats, die 30 des Tages und die *Drei* der Vokale in Betracht ziehen. Die *Drei* regiert Musik, Kunst, Literatur, Tanz und das Theater. Dies läßt erkennen, daß seine Interessen sich der leichteren Seite des Lebens zuneigten, und er daher Gastgeber wurde.

Im Alter von 39½ bis 40½ Jahren, an der Spitze des zweiten Buchstabens *A*, erlitt er einen plötzlichen Verlust durch den Tod seiner Frau (1 aus *A* und 3 aus 30) = 13, dies reduziert sich auf die Zahl *Vier* und bedeutet den grimmen Schnitter.

Unter dem Buchstaben *A* haben wir 7–6; 4–1; 1–3; 6–7 in einer direkten geraden Linie, die mit 67–4 am untersten Ende des Abrakadabra endet.

In der Zeit von 40½ bis 45 Jahren war er allein (A – 1) und in der erfolgreichsten Periode seines lebens zwischen dem 44. und 45. Lebensjahr zog er mit seinen acht Kindern aus dem Klubhaus aus. Sein Geburtsjahr (1844 = 17 = 8) weist auf einen neuen Wohnsitz in derselben Gemeinde hin.

Die *Fünf* des Buchstabens *N* bedeutet Freiheit und freundliche Aspekte und hätte eine zweite Heirat vorhersagen können. (*N* ist der Buchstabe der Heirat), die Kinder waren jedoch dagegen. Das *N* in Verbindung mit der 30 des Geburtstages ergibt 35 oder die Zahl *Acht* und bedeutet Enttäuschungen, Verzögerungen und Hindernisse.

In der Zeit zwischen 48½ und 49½ Jahren haben wir die Linie N – 5 – 9 – 9 – 5. Hier sehen wir, daß sein Grund, nicht wieder zu heiraten, die mentalen und emotinellen Aufregungen waren, die er während der Erörterung der Ratsamkeit einer Heirat erlebte. Er entschied sich schließlich, wegen der Kinder nicht zu heiraten. Die Unentschlossenheit ist aus den *Fünfen* zu ersehen, und die *Neunen* weisen auf erhöhte Empfindsamkeit hin.

Vom 54. bis 63. Lebensjahr befand er sich unter der *Vier* des Buchstabens *D* und der *Vier* aus 44. Diese Kombination ist günstig, und er machte sich einen Namen. Er war erfolgreich im Weingeschäft und verkaufte Glas auf Glas und Flasche auf Flasche. Er erwarb ein Vermögen in dieser Periode.

Beachten Sie im Alter von 57½ bis 58½ Jahren die dreifache *Neun*, das große Trigon des Mars, das ein Glück bedeutet. Er verkaufte sein Geschäft mit einem ungeheuren Gewinn und zog sich zurück. Die Zeit vom 63. bis 72. Lebensjahr brachte ihm viel Freiheit (5) und Reisen.

Alexander starb im Alter zwischen 80 und 81 Jahren. Beachten Sie die Zahlen des plötzlichen Todes und die 6–7 bzw. 13–4 oder Zahl des Todes am untersten Ende des Abrakadabra. Bei seiner Beisetzung, angezeigt durch die *Vier* aus 1844 und dem *R* (18. Buchstabe) mit dem Ergebnis 22, wurde ihm Achtung und Ehrung erwiesen.

22. Kapitel

Wie man ein vollständiges Numeroskop erstellt und deutet

Ein Numeroskop zu erstellen, kann mit der Zeichnung einer Landkarte der Vereinigten Staaten verglichen werden. In jeden einzelnen Staat setzen Sie die Hauptstadt als Glanzpunkt ein. Weitere Städte, die den Hauptstädten untergeordnet sind, werden hinzugefügt. Dasselbe trifft auch auf die Numerologie zu.

Wenn Sie ein Numeroskop ausarbeiten, tragen Sie Ihre Hauptpunkte ein, wie die Sehnsucht Ihrer Seele, Ihre Persönlichkeit, Ihr Schicksal und Ihren Geburtsweg. Setzen Sie weiterhin andere wichtige Punkte ein, wie Ihre Höhepunkte, Herausforderungen, Machtzahl, Ausdrucksebenen, universale und persönliche Schwingungen und die karmischen Lektionen. Wenn Sie all diese Fakten in Ihre Tabelle eingetragen haben, sollten Sie diese gründlich erforschen und ihre Aussage genau abwägen, bevor Sie zu einer Schlußfolgerung kommen.

Da Sie nun die Gelegenheit gehabt haben, die in den verschiedenen Kapiteln dargestellten Anweisungen zu lesen, und wie ich hoffe, zu studieren und anzuwenden, werden ich mehrere Numeroskope als Beispiel ausrechnen, um Ihnen zu zeigen, wie Sie Ihr erworbenes Wissen zu einem vollständigen Ganzen vereinigen können, um ein Numeroskop zu erstellen und zu interpretieren.

Der größte Wert der Numerologie liegt in der Enthüllung des Schicksals eines jeden Menschen. Ihre Lebensaufgabe wird durch die Symbole Ihres vollständigen Geburtsnamens enthüllt. Dieser zeigt, welche Erfahrungen Sie machen und meistern müssen. Ihr vollständiger Geburtsweg sagt aus, in welcher Klasse der Lebensschule Sie sich jetzt befinden. Der Tag Ihrer Geburt gibt an, welche Talente Sie im früheren Leben erworben haben, die Ihnen jetzt als Rüstzeug dienen, um Ihre Bestimmung zu erfüllen. Ihre Seele hat einen Tag für Ihre Geburt gewählt, der Ihnen die beste Möglichkeit gibt, die Anforderung der Klasse zu erfüllen, in die Sie eintreten.

Bei der Erstellung und Interpretierung eines Numeroskops sollte nachfolgender Vorgang angewendet werden:

Schritt 1: Schicksal: Errechnen Sie den vollständigen Geburtsnamen, um festzustellen, was Sie tun oder sein sollten.

Schritt 2: Sehnsucht der Seele: Was Sie am meisten ersehnen zu sein, zu tun oder zu haben.

Schritt 3: Persönlichkeit: Analysieren Sie, um festzustellen, wie Sie auf andere wirken.

Schritt 4: Ihre augenblickliche Unterschrift: Befindet sie sich im Einklang mit Ihrem Geburtsweg?

Schritt 5: Tag der Geburt: Talente, die Ihnen angeboren sind.

Schritt 6: Geburtsweg: In welcher Klasse Sie sind und was Sie lernen müssen.

Schritt 7: Machtzahl: Ihre Gelegenheit oder endgültige Chance, ein Ziel zu erreichen.

Schritt 8: Höhepunkte: Wegweiser oder Erfahrungen, die Sie nicht vermeiden können.

Schritt 9: Herausforderungen: Was Ihnen fehlt, das Sie entwickeln müssen.

Schritt 10: Ausdrucksebenen: Welcher Typ oder welches Temperament Sie sind.

Schritt 11: Karmische Lektionen: Fehlende Zahlen und ebenfalls Talente.

Schritt 12: Alterszahl: Zusätzliche Aspekte während eines Jahres.

Schritt 13: Konkordanzen: Die Ermittlung von Harmonie.

Schritt 14: Universale Zyklen: Universale Jahre, Monate und Tage.

Schritt 15: Persönliche Jahre, Monate und Tage.

Schritt 16: Buchstabentransite: Zahlen oder Buchstaben in Ihrem Namen

Schritt 17: Charakterschlüssel.

Schritt 18: Vorhersagen.

Probe-Numeroskop von Heather Claudia Ballinger
(Interpretierung ihrer Tabelle)

(Sie können die Technik der Tabellenaufstellung verfolgen, indem Sie in den vorherigen Kapiteln dieses Buches nachsehen.)

<u>11</u>   +   <u>5</u>   +   <u>6</u> = (11+11) = 22
11   14   15 (Sehnsucht der Seele)

5 1   5   1 3   9 1   1   9   5
H E A T H E R   C L A U D I A   B A L L I N G E R
8   2 8   9   3 3   4   2   3 3   5 7   9

<u>27</u>   <u>10</u>   <u>29</u>
9   +   1   +   11 = (11+10) = (11−10)
                                      3
                                   (Persönlichkeit)

11   +   6   +   8 = (11+5) = (11−5)
                                      7
                                   (Schicksal)

11   +   6   = (11+6)
                                      8
                                   (Sehnsucht der Seele)

H E A T H E R   B A L L I N G E R
9   11   = (11−9) = 11
                                   (Persönlichkeit)

11   +   8   = (11+8) = 10
                                   (Augenblick-
                                   liche Unterschrift)

Geburtstag = 3 = Geburtsdatum: November 3 1940

11 + 3 + 5 = (11 − 8 = 10) (Geburtsweg)

Machtzahl = 8 (Schicksal 7 + Geburtsweg 1 = 8)

Herausforderungen = hauptsächlich = 1; zusätzlich = 3. Siehe Bild 22–1.

Machtzahl = 8 (Schicksal 7 + Geburtsweg 1 = 8)
Herausforderungen = hauptsächlich = 1; zusätzlich = 3. Siehe Bild
22–1.

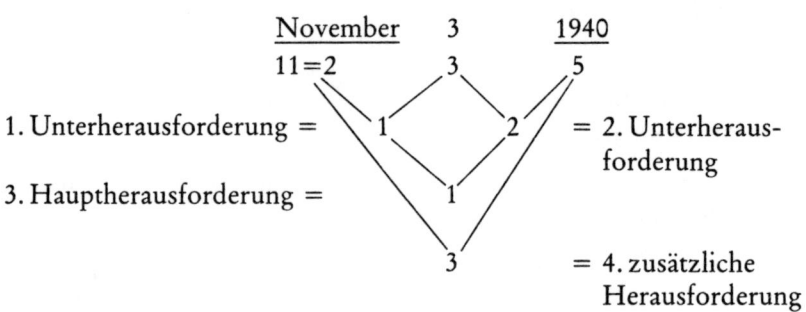

3. oder Hauptherausforderung = 1
4. oder zusätzliche Herausforderung = 3
1. Unterherausforderung = 1
2. Unterherausforderung = 2

Bild 22–1

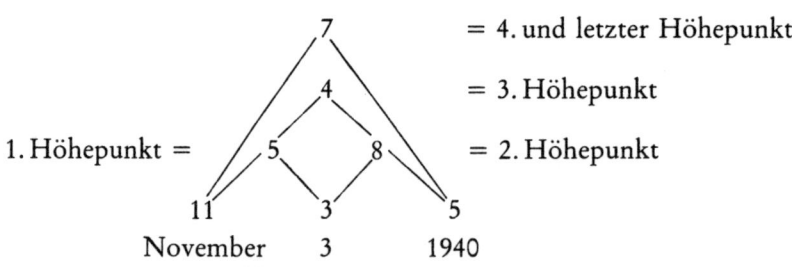

Bild 22–2

Höhepunkte:
 1 bis 26 = 5
27 bis 36 = 8
37 bis 46 = 4
von 47 an = 7

HEATHER CLAUDIA BALLINGER
8 5 1 2 8 5 9   3 3 1 3 4 9 1   2 1 3 3 9 5 7 5 9

Ausdrucksebenen: emotional und mental = (siehe obiger Name)
Mental   = 6 (Anzahl der 1en und 8en)
Physisch   = 5 (Anzahl der 4en und 5en)
Emotional   = 7 (Anzahl der 2en, 3en und 6en)
Intuitiv   = 5 (Anzahl der 7en und 9en)
Karmische Lektionen: (Fehlende Zahlen und Talente).
Anzahl der 1en = 4
Anzahl der 2en = 2
Anzahl der 3en = 5 (Talente)
Anzahl der 4en = 1
Anzahl der 5en = 4
Anzahl der 6en = 0 (fehlende Zahl)
Anzahl der 7en = 1
Anzahl der 8en = 2
Anzahl der 9en = 4
Alterszahl = 9 (bei einem Kalenderdatum des 3. März 1972)
Konkordanzen = Künstlerisch (3–6–9)
Universales Jahr: 1972 = 10 = 1
   Universaler Tag = 7 (bei Kalenderdatum 3.3.72)
Persönliches Jahr = 6 (1972 + 2 + 3)
   Persönlicher Tag = 3 (bei Kalenderdatum 3.3.72)
Zyklus des Namens = 23 (Anzahl der Buchstaben im Namen, reduziert = 5)
Charakterschlüssel = 5
Vorhersagen = 23, 22, 19, 23.
Sie errechnen die Tabelle am 3. März 1972.

Unterton	Erste Periode (3. Nov.–3. März)	Zweite Periode (3. März–3. Juli)	Dritte Periode (3. Juli–3. Nov.)
1971	1971	1971	1971
14	31	10	5
1985 = 23	2002 = 22	1981 = 19	1976 = 23

Unterton = 23; Erste Periode = 22; Zweite Periode = 19; Dritte Periode = 23.

Die Schicksalszahl von Heather Claudia Ballinger ist (11 + 5) mit einer zugrundeliegenden 7. Der vollständige Name ergibt 25: Heather (11+9 = 11), Claudia (5 + 10 = 15 = 6) und Ballinger (6 + 11 = 17 = 8): (11 + 6 + 8 = 25 = 7). Ihr Name enthält die Zahl 22 der Sehnsucht ihrer Seele, die sich aus den Vokalen zusammensetzt: (11+5+6 = 11+11 = 22). Ihre Konsonanten ergeben reduziert die Zahl 3 der Persönlichkeit: (9+1+11 = 11+10=3).

Ihre Schicksalszahl (11–5 = 7) enthüllt sowohl ihre Lebensaufgabe wie auch ihre Gelegenheit. Dies bedeutet, sie sollte fleißig studieren und sich viel Wissen, Geschicklichkeit und Weiheit aneignen (7), denn ihre Bestimmung ist die einer Lehrerin (7), Denkerin, Analytikerin oder Autorität auf einem technischen Gebiet (7). Die Zahl 11–5) bedeutet, sie wird höchstwahrscheinlich ungewöhnliche Erfahrungen haben, sich sogar in die Geheimnisse des Lebens vertiefen und psychische oder wissenschaftliche Aspekte entdecken. Dies ist die Zahl des einsamen Wolfes (7). Sie sollte lernen, zwischen tatsächlichen Fakten (Wahrheit) und dem, was oberflächlich oder falsch ist, zu unterscheiden. Die meisten halten sie möglicherweise sogar für zurückhaltend und seltsam. Sie ist eine Perfektionistin und könnte in der Forschung erfolgreich sein. Dies ist eine schwierig zu erfüllende Bestimmung.

Die aus zwei Elfen gebildete Zahl 22 der Sehnsucht ihrer Seele zeigt an, daß sie eine alte Seele mit sehr hohen Idealen ist. Sie möchte eine Inspiration für andere sein (11–11), im Rampenlicht erscheinen. Sie erstrebt möglicherweise sogar, eine Diplomatin im Ausland oder Botschafterin zu sein (22). Die Gefahr, eine solch hohe Zahl der Sehnsucht der Seele zu haben, besteht darin, wenn sie nicht den ungeheuren Anforderungen der Zahl 22 entsprechend lebt, dies auf den milderen Aspekt einer Vier zurückfällt und sie zu schwerer Arbeit und einem Arbeitstier begrenzt. Die meisten Menschen, die eine Zahl 22 der Sehnsucht der Seele aufweisen, leben dem verminderten Aspekt der Vier entsprechend und erstreben daher eine Beschäftigung als

Sekretär, Hausangestellte, Buchhalter oder in einem Herstellungs- oder Dienstleistungsunternehmen.

Die Zahl (11–10=3) ihrer Persönlichkeit bedeutet, daß sie anderen als ein vergnügter Mensch erscheint, der am gesellschaftlichen Treiben interessiert ist. Die Sehnsucht ihrer Seele ist das Gegenteil ihres täuschenden Eindrucks auf andere; denn sie ist in Wirklichkeit eine tiefe Denkerin und eine Perfektionistin. Sie ist redegewandt (3), macht einen guten Eindruck und ist sowohl attraktiv wie auch individuelle und gut gekleidet (5).

Heather Claudia Ballinger hat die augenblickliche Unterschrift *Heather Ballinger* (11–8=10) gewählt. Dies bedeutet, sie sollte erfolgreich sein im Leben, denn ihre Unterschrift ist in vollkommener Harmonie mit ihrem Geburtsweg (11–8=10). Ihr originaler voller Name wird stets im Hintergrund bleiben und Erfüllung verlangen. Obwohl er nicht solch eine perfekte Unterschrift darstellt, wie sie sie jetzt verwendet, ist er doch harmonisch. Gemäß ihrer Tabelle hat sie den Wunsch, geschäftlich erfolgreich zu sein. Ihre Zahl 11 der Persönlichkeit ist inspirierend und zeigt an, daß sie magnetische Anziehungskraft besitzt. Die Schicksalszahl (11–8=10) ihrer neuen Unterschrift weist darauf hin, daß sie lernen sollte, unabhängig und eine Führerin zu sein.

Ihr Geburtsweg des 3. November 1940 gibt ihr die Zahl (11–8=10). Sie befindet sich jetzt in der 10. Klasse der Schule des Lebens. Eine Zehn ist zehnmal stärker als eine Eins. Dies zeigt an, daß sie eine alte Seele ist, denn sie beherrscht nun die Stufenleiter der einstelligen Grundzahlen und begibt sich nun an die zweistelligen Zahlen des Lebens. Die Aufgliederung der Zahl sagt aus, daß sie in einem früheren Leben einen hervorragenden geschäftlichen Erfolg erzielt hat. Nun weist die Zahl ihres Lebensweges darauf hin, daß sie lernen sollte, sehr unabhängig zu sein. Sie sollte sich hüten, träge, arrogant und diktatorisch zu sein. Die Zahl (11+8=19) des Geburtsweges ist karmisch, dies bedeutet in stärkerem Maße als bei jeder anderen Zahl, daß sie *ernten wird, was sie sät*. Dies ist sowohl günstig wie auch ungünstig. Sie sollte lernen, kreativ sowie ein Pionier und Gründer zu sein. Sie ist möglicherweise in einer Familie geboren worden, in der sie zur Abhängigkeit gezwungen ist.

Ihr Geburtstag am 3. sagt aus, daß sie literarisch, rednerisch oder darstellerisch Talent zum Selbstausdruck besitzt. Sie hat daher das Rüstzeug, um ihre Schicksalszahl (11–5=7) zu erfüllen. Sie hat einen scharfen, intellektuellen Geist und eine lebendige Vorstellungskraft. Sie hat die Aufgabe, andere zu lehren. Sie könnte erfolgreich sein als Lehrerin, Missionarin, Rechtsanwältin oder Okkultistin, sowie auf irgendeinem staatlichen Gebiet, das Diplomatie erfordert. Sie könnte sogar sowohl national wie auch international eine Baumeisterin sein (22), eine Philanthropin oder eine Führerin der internationalen Gesellschaft.

Ihre Machtzahl 8 (Schicksal und Geburtsweg) zeigt an, daß sie in der Zeit ihres späteren Lebens eine Auszeichnung bekommen sollte für ihre Führungsqualitäten, Autorität und Kühnheit. Sie kann eine erfolgreiche Geschäftsfrau sein.

Ihr augenblicklicher Höhepunkt der Zahl 8 (ein Wegweiser, den sie nicht vermeiden kann) weist darauf hin, daß sie sich von ihrem 27. bis 36. Lebensjahr unter dem Einfluß eines großen Geschäfts-Höhepunktes befindet. Dies könnte Arbeit für die Öffentlichkeit oder ein eigenes Geschäft bedeuten. Sie besitzt die Fähigkeit, ihre Arbeit zu organisieren.

Ihre Haupt-Herausforderung ist 1, bei einer zusätzlichen Herausforderung von 3, die später in ihrem Leben wirksam wird. Dies bedeutet, sie sollte lernen, auf ihren eigenen Füßen zu stehen (1). Sie neigt dazu, sich von Verwandten kommandieren zu lassen, wenn sie nicht ihre Unabhängigkeit behauptet. Ihre Haupt-Herausforderung 1 stimmt mit der Lektion (10) ihres Geburtsweges überein, die sie entwickeln muß.

Ihre Ausdrucksebenen lassen erkennen, daß sie an alle Probleme eher emotionell und mental herangeht als physisch oder intuitiv. Sie hat sieben Zahlen auf der emotionalen und sechs Zahlen auf der mentalen Ebene. Sie besitzt eine gute Ausgeglichenheit.

Ihre karmische Lektion der fehlenden Zahl 6 enthüllt, daß sie mit einem Mangel des Wunsches, Verantwortung zu übernehmen, in diese

Welt kam. Dies hatte sie in einer früheren Inkarnation vermieden. Sie wird gezwungen sein, eine schwere Last zu tragen, möglicherweise hat sie eine Familie, ein Heim oder alte Leute zu betreuen. Bis sie lernt, Verantwortung anzunehmen und ihr nicht auszuweichen, wird dies immer wieder als ein Hindernis auftreten.

Da diese Tabelle am 3. März 1972 erstellt wird, ist 9 die Zahl ihres Alters für das Jahr 1972, in dem sie sowohl 31 (4) wie auch 32 (5) Jahre alt ist. Die Zahl 9 betrifft eine abschließende Periode. Sie sollte in diesem Jahr nichts Neues beginnen, sondern Reste aufarbeiten.

Sie gehört zu der künstlerischen Konkordanz 3–6–9, denn ihr Geburtstag ist am 3.

Während 1 das universale Jahr (1972) ist für sie, ist 6 (11+3+1=6) ihr persönliches Jahr. Die Zahl 1 bedeutet viel Aktivität und neue Unternehmungen, indes die Zahl 6 mit der Gemeinschaft verbundene Verantwortung anzeigt. Dies könnte ein Jahr für sie sein, um zu heiraten. Während 7 der universale Tag ist (3. März 1972), ist 3 ihr persönlicher Tag (März (3) und Tag (3) und Jahr (6) = (3+3+6=3).

Der Zyklus ihres Namens ist 23, denn ihr voller originaler Name beinhaltet 23 Buchstaben. Der reduzierte Zyklus ergibt 5. Dies bedeutet, daß jedes 5. Jahr von geringerer Wichtigkeit sein wird, indes jedes 23. Jahr eine große Bedeutung hat und wichtige Ereignisse bringen sollte, entweder im Guten oder im Schlechten.

Ihr Charakterschlüssel 5 zeigt ihre Rastlosigkeit und einen Wunsch nach ständiger Veränderung an. Sie wird möglicherweise viel reisen in ihrem Leben. Ihre erotische Neigung könnte ebenfalls stark sein.

Bei der Ausrechnung der Vorhersagen für das Jahr beginnen Sie mit ihrem Geburtstag am 3. November 1971 und verfolgen ein Jahr bis zum 3. November 1972. Wenn die Tabelle am 3. März 1972 erstellt wird oder zu irgendeiner Zeit im Jahr 1972 vor ihrem Geburtstag, so muß der Interpret das vorige Jahr in seiner Berechnung anwenden.

Der Unterton für das ganze Jahr ist 23. Dies bedeutet viele Veränderungen. Dies ist eine heikle Schwingung mit starker Spannung und Nervostität. Häufig treten Krankheiten auf und ein Arzt wird benötigt. Dies kann neue Kontakte und auch Reisen bedeuten.

Rechtliche Angelegenheiten, wie die Regelung eines Besitzrechtes, könnten vorkommen.

Die erste Periode der 22 zeigt in Kombination mit dem Unterton an, daß eine Entscheidung von großer Wichtigkeit zu treffen ist. Befindet sich jemand unter dem Einfluß einer 22, so ist er solchen Schwankungen unterworfen, daß man sich nicht auf seine Beurteilung verlassen kann. Er sollte einen Experten auf dem in Frage kommenden Gebiet zu Rate ziehen. Die Unentschlossenheit könnte sich auf gesundheitliche Beschwerden, Reisen oder die Regelung einer Besitzangelegenheit beziehen. Die Periode vom 3. März bis 3. Juli 1972 wird von der 19 beherrscht. In Kombination mit dem Unterton 23 zeigt dies irgendeine seltsame Veränderung und häufig rechtliche Angelegenheiten an. Dies ist eine günstige Periode und der Beginn guter Jahre.

Die dritte Periode vom 3. Juli bis 3. November 1972 wird von der Kombination 23–23 beherrscht. Die Bedeutung ist fast dieselbe wie der Unterton, dies bedeutet jedoch üblicherweise die Möglichkeit einer Krankheit.

Beispiel eines Numeroskops von Martha Raye

(Interpretierung ihrer Tabelle)
Der volle Geburtsname der Schauspielerin Martha Raye ist Margie Yvonne Reed. Sie wurde am 27. August 1916 geboren.

6 +	11 +	1 = (11+7) (Sehnsucht
15	11	10 9 der Seele)
1 9 5	6 5	5 5
M A R G I E	Y V O N N E	R E E D
4 9 7	7 4 5 5	9 4
20	21	13
2 +	3 +	4 = 9 (Persönlichkeit)
8 +	5 +	5 (1+8) = 9 (Schicksal)

```
          2   +       6 = 8 (Sehnsucht der Seele)
_____   _____
  1       1       1   5
M A R T H A    R A Y E
4   9 2 8      9   7
    23            16
     5   +       7   = 12 =  3 (Persönlichkeit)
     7   +       4   =      11 (Augenblickliche Unterschrift)
```

Geburtsdatum: August 27 1916

$8 + 9 + 8 = 25 = 7$ (Geburtsweg)

Geburtstag = 27

Machtzahl: Schicksal + Geburtsweg (9 + 7 = 7)

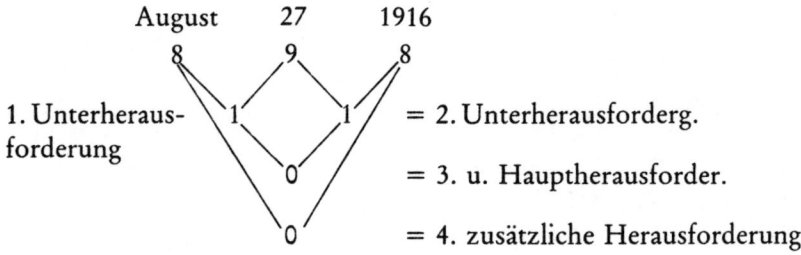

Bild 22–3

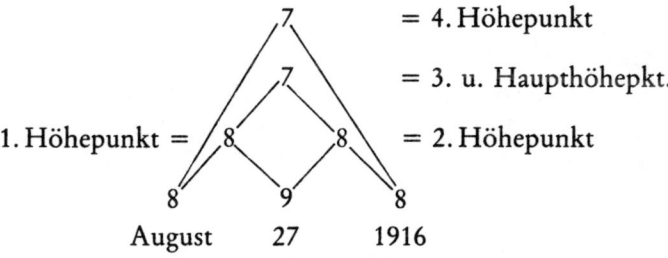

Bild 22–4

Höhepunkte:
1 bis 29 = 8
30 bis 39 = 8
40 bis 49 = 7
von 50 an = 7
M A R G I E   Y V O N N E   R E E D
4 1 9 7 9 5   7 4 6 5 5 5   9 5 5 4

Ausdrucksebenen = physisch 8) und intuitiv (5)
Mental   = 1
Psysisch   = 8
Emotional   = 1
Intuitiv   = 5

Karmische Lektionen = 2–3–8; Talente = 6
Anzahl der 1en = 1
Anzahl der 2en = 0 fehlende Zahl
Anzahl der 3en = 0 fehlende Zahl
Anzahl der 4en = 3
Anzahl der 5en = 6 (Talente)
Anzahl der 6en = 1
Anzahl der 7en = 2
Anzahl der 8en = 0 fehlende Zahl
Anzahl der 9en = 3
Alterszahl in 1971 = 54 + 55 = 9 + 10 = 10 = 1
Konkordanz = Künstlerisch (3–6–9)
Universales Jahr = (1971 = 9)
  Universaler Tag = 5 (Kalendertag: 4. Januar 1971 = 5)
Persönliches Jahr = 8 (Aug. (8) + 27 (9) + 1971 (9) = 8)
Zyklus des Namens = 16 Buchstaben = reduziert 7
Charakterschlüssel = 8
Vorhersagen: 25, 26, 24, 25
Vorhersagen: Wenn Sie ihre Tabelle am 4. Januar 1971 errechnen,
         müssen Sie das Jahr 1970 bis zu ihrem Geburtstag am
         27. August 1971 anwenden.

Unterton	1. Periode	2. Periode	3. Periode
	(27. Aug.–27. Dez.)	(27. Dez.–27. Mai)	(27. Mai–27. Aug.)
1970	1970	1970	1970
17	54	25	8
1987 = 25	2024 = 26	1995 = 24	1978 = 25

Unterton = 25; 1. Periode = 26; 2. Periode = 24; 3. Periode = 25.

Interpretierung ihrer Tabelle

Beachten Sie die vielen Neunen in Martha Rayes originalen Namen Margie Yvonne Reed. Ihre Zahl 9 der Sehnsucht der Seele, der Persönlichkeit und des Schicksals zeigt an, daß ihr Leben offensichtlich mit vielen Enttäuschungen und Verlusten erfüllt war. Mit der Zahl (11–7 = 9) der Sehnsucht ihrer Seele möchte sie eine Perfektionistin sein (7) und im Rampenlicht (11) auf der Bühne erscheinen. Ihr Ziel ist, die Öffentlichkeit zu unterhalten und ihren Mitmenschen zu dienen. Die Übereinstimmung der Zahlen ihrer Persönlichkeit und ihres Herzenswunsches bedeutet, daß sie genau so ist, wie sie zu sein scheint. Ihre Schicksalszahl 9 sagt aus, daß ihre Lebensaufgabe ist, unpersönlich zu sein.

Dies ist nicht leicht für eine Schauspielerin, denn auf ihrem Gebiet gibt es viel Konkurrenz. Sie muß anderen helfen, bevor sie an sich selbst denkt (9). Sie muß allen eine Freundin sein und Liebe geben. Sie muß andere zum Lachen bringen, obwohl sie möglicherweise innerlich nicht immer glücklich ist.

Die Zahl 11 ihrer augenblicklichen Unterschrift setzt sich aus der Zahl 8 der Sehnsucht der Seele und der Zahl 3 der Persönlichkeit zusammen. Dies ist immer noch in Harmonie mit ihrem Geburtsweg, die Meisterzahl 11 stellt sie jedoch im Fernsehen vor die Öffentlichkeit, und dies sollte inspirierend für andere sein. Die Sehnsucht ihrer Seele sagt uns, daß sie jetzt viel Geld verdienen oder große Angelegenheiten abwickeln möchte. Ihre Persönlichkeit ist die eines Menschen, der sich gut zum Ausdruck zu bringen versteht (3). Der Wunsch ihres Herzens ist wiederum so groß und sogar größer als ihre Persönlichkeit, und sie wird sich daher als gute Freundin erweisen, denn sie ist all das, was sie vorgibt zu sein. Wie Sie wissen, besteht der ursprüngliche Name weiterhin auf Erfüllung, wie oft sie auch ihren Namen ändert.

Ihr Geburtsdatum des 27. August 1916 ergibt die Zahl 7. Es ist nicht leicht, mit diesem Geburtsweg fertigzuwerden. Beachten Sie wiederum ihren Geburtstag des 27., der sich zu 9 reduzieren läßt. Sie sollte lernen, ihre spirituelle Seite zu entwickeln. Sie sollte sich spezialisieren. Ein Gebiet für sie ist die Schauspielkunst. Wenn ein Siebener sich der Darstellungskunst zuwendet, wird er sich darin auszeichnen. Es ist besser für sie, eine Gelegenheit nicht zu suchen oder die Hand danach auszustrecken, sondern zu warten, bis diese an sie herangetragen wird.

Ihr Geburtstag am 27. ist literarisch. Sie ist sehr psychisch, sie sollte jedoch vorsichtig sein, denn sie könnte leicht eine Störung erleiden. Sie sollte übermäßige Befriedigung jedes Lasters vermeiden. Da sie die geborene Führerin ist, kann sie nicht in untergeordneter Stellung für andere arbeiten. Sie ist sehr liebevoll, neigt jedoch dazu, etwas nervös und sprunghaft zu sein. Eine frühe Heirat wäre enttäuschend für sie. Sie befindet sich in der künstlerischen Konkordanz 3–6–9 und würde sich gut auf jedem kreativen Gebiet der Betätigung bewähren.

Martha Rayes Machtzahl ist 7. Sie könnte sich auf irgendeinem wissenschaftlichen Gebiet als Erzieherin, Schriftstellerin oder Erfinderin spezialisieren. Möglicherweise ist sie auch psychisch, denn ihre Intuition sollte gut entwickelt sein. Sie sollte den Vorteil haben, ein Gefühl für das Publikum zu bekommen, bevor sie zu spielen beginnt.

Sie hat die Zahl 7 des Höhepunktes sowohl für die dritte wie auch für die vierte Periode. Es ist wiederum schwierig, mit einem Siebener Höhepunkt fertigzuwerden. Die Siebenen und auch die Neunen sagen ihr viel Unglück vorher, wenn sie nicht gelernt hat, für andere zu leben. Dies ist eine gute Zeit für Meditation. Sie kann Geld verdienen unter dem Einfluß von Siebenen und Neunen, aber erst dann, wenn sie gelernt hat, materiellen Besitz als das zu akzeptieren, was er wirklich ist. Die Siebener Periode könnte hart für ihre Gesundheit sein, denn sie erfordert viel. Während eines Siebener Höhepunktes sollte sie Geduld und Ausgeglichenheit entwickeln. Möglicherweise wird sie auch Verluste erfahren.

284

Sie hat eine Herausforderung der Ziffer 0. Dies bedeutet, sie ist eine alte Seele, die imstande sein sollte, mit allen Problemen fertigzuwerden. Entweder wird sie keine Herausforderung zu überwinden haben oder alles wird eine Herausforderung für sie sein. Bei so vielen Siebenen und Neunen wage ich zu sagen, daß ihr Aufstieg sehr schwierig gewesen sein muß, von viel Kummer erfüllt. Sie hatte es zweifellos mit vielen Herausforderungen aufzunehmen. Nicht viele Menschen sind gezwungen, so vielen Siebenen und Neunen zu begegnen und sie zu überwinden.

Ihre Ausdrucksebenen sind die physische und die intuitive. Sie ist realistisch, praktisch und vermag hart zu arbeiten, sie ist jedoch auch intuitiv. Sie sollte immer ihren Ahnungen folgen, denn ihre *außersinnliche Wahrnehmung* sollte für sie arbeiten.

Ihre karmischen Lektionen sind 2, 3 und 8. Die meisten Menschen haben nur eine karmische Lektion zu überwinden. Es fehlen drei Zahlen in ihrem Namen, die anzeigen, daß sie in einer vergangenen Inkarnation taktlos und undiplomatisch war, was sie nun überwinden muß. Die fehlende Zahl 3 bedeutet, daß sie früher Schwierigkeiten hatte, sich zum Ausdruck zu bringen, und dies würde besonders für eine Schauspielerin ein Nachteil sein. Die fehlende Zahl 8 zeigt, daß sie keinen Sinn für geschäftliche Werte besaß. Die Zahl 6 zeigt ihr Talent an, viel Verantwortung zu übernehmen. Dies ist günstig, denn sie wird alle Hilfe benötigen, die sie bekommen kann. Da sie so viel erreichen konnte, hat sie offensichtlich ihre karmischen Lektionen gelernt und ist nun frei von Hindernissen, oder zumindest von vielen von ihnen.

Ihre Alterszahl 1 bedeutet, daß das Jahr 1971 eine gute Zeit ist, um ein neues Unternehmen zu beginnen, vorausgesetzt, daß ihre anderen Zahlen dies ebenfalls anzeigen.

Das universale Jahr ist 9 für 1971 und der Tag 5 (4. Januar 1971). Da ihr persönliches Jahr 8 ist (das große Geschäft) und ihr persönlicher Tag am 4. Januar 4 (1 + 4 + 8 = 13 = 4), sollte sie hart arbeiten.

Ihr ursprünglicher Name besteht aus 16 Buchstaben, dies reduziert sich zu 7. Dies bedeutet, daß jedes 7. Jahr von geringerer Wichtigkeit für sie sein wird, indes jedes 16. ihr Hauptjahr ist. Ihr nächster Hauptzyklus wird in ihrem 64. Lebensjahr sein.

Ihr Charakterschlüssel 8 bedeutet, daß sie niemals Not kennen wird, denn sie wird stets einen Weg aus ihren Schwierigkeiten finden. Dieser Schlüssel bringt oft finanziellen Erfolg im Alter.

Bei der Errechnung der Vorhersagen für das Jahr müssen Sie bis zu ihrem Geburtstag das vorherige Jahr 1970 anwenden, da die Tabelle am 4. Januar 1971 erstellt wird und ihr Geburtstag erst am 27. August 1971 ist.

Der Unterton für das Jahr ist die Zahl 25. Dies bedeutet eine Zeit der kleinen Ärgernisse, Schwierigkeiten und manchmal eine Krankheit. Dies kann sie in Kontakt mit älteren Leuten bringen und geht oft mit der Krankheit oder dem Tod eines älteren Menschen aus. In Kombination mit der ersten Periode der Zahl 26 muß sie vorsichtig bei Investierungen sein, denn sie könnte viel verlieren. Dies deutet wieder auf einen möglichen Schlaganfall bei einem ihr nahestehenden Menschen hin. Dies könnte finanziell eine ausgezeichnete Periode sein, zusammen mit der Zahl 25 bedeutet es jedoch üblicherweise Schwierigkeiten.

Die zweite Periode der Zahl 24 zeigt an, daß sie während dieser Zeit in einer Schwingung der Liebe oder der Familie sein wird. Zusammen mit der Zahl 25 deutet es auf die Möglichkeit einer Krankheit in der Familie hin.

Die dritte und letzte Periode hat eine weitere Schwingung der Zahl 25. Dies könnte Schwierigkeiten und viele zu überwindende Hürden anzeigen. Möglicherweise wird das nachfolgende Jahr hoffnungsvoller und erfolgreicher für sie sein. Mit ihrem Charakterschlüssel 8 wird sie glücklicherweise für alle Probleme, denen sie möglicherweise begegnet, eine Lösung finden. Sie braucht sich von ihnen nicht überwältigen zu lassen, wenn sie ihren schönen sechsten Sinn der Intuition anwendet.

Probe-Numeroskop von Bob Hope

Interpretierung seiner Tabelle

Bob Hopes Geburtsname ist Leslie Townes Hope. Er wurde am 29. Mai 1903 geboren. Sie errechnen seine Tabelle am 2. Juni 1971.

```
   1
  ——
  10
  ——
  19              11              11    = (22+1) (Sehnsucht
 ————           —————           —————    5     der Seele)
 5      9 5     6      5        6      5
 L E S L I E    T O W N E S     H O P E
 3    1 3       2    5 5    1    8    7
    ————          ————          ————
     7             13             15
     7              4              6  =  8 (Persönlichkeit)
     8        +     6        +     8 = 22 (Schicksal)
```

```
  6             11    = (11+6) (Sehnsucht der Seele)
 ———          ————
 6            6    5     8
 B O B        H O P E
 2    2       8    7     = 10 (Persönlichkeit)
 ———          ———
  4            6
```

10 + 8 = 18 = 9 (augenblickliche Unterschrift)

Geburtsdatum: Mai   29   1903 = (11 + 9) 11 (Geburtsweg)
                   5   11   13
                             4

Geburtstag = 29
Machtzahl: Schicksal + Geburtsweg (22 + 11 = 6)

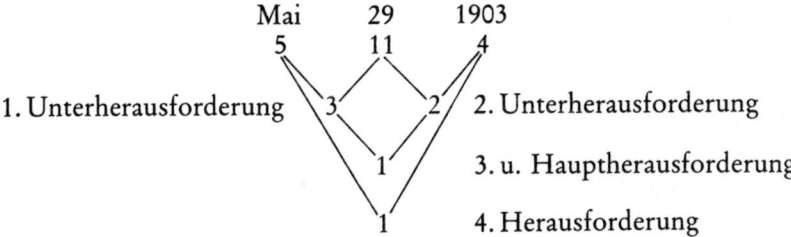

Mai   29   1903
5   11   4

1. Unterherausforderung   3   2   2. Unterherausforderung

                    1   3. u. Hauptherausforderung

                    1   4. Herausforderung

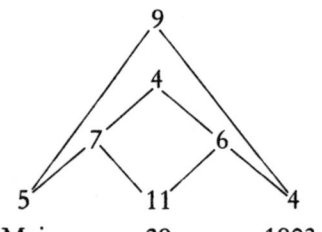

1. Höhepunkt

4. Höhepunkt

3. Höhepunkt

2. Höhepunkt

Bild 22–5

Höhepunkte: 1 bis 25 = 7
26 bis 35 = 6
36 bis 45 = 4
von 46 an = 9
L E S L I E   T O W N E S   H O P E
3 5 1 3 9 5   2 6 5 5 5 1   8 6 7 5
Ausdrucksebenen: physisch (6) und emotional (5)
Mental   = (1, 8) = 3
Physisch   = (4, 5) = 6
Emotional   = (2, 3, 6) = 5
Intuitiv   = (7, 9) = 2
Karmische Lektionen = 4 Talent = 3
Anzahl der 1en = 2
Anzahl der 2en = 1
Anzahl der 3en = 2
Anzahl der 4en = 0
Anzahl der 5en = 6
Anzahl der 6en = 2
Anzahl der 7en = 1
Anzahl der 8en = 1
Anzahl der 9en = 1
Alterszahl in 1971 = 9 (67 + 68 = 4 + 5 = 9)
Konkordanz: 2, 4, 8, 11, 22
Universales Jahr in 1971 = 9; Universaler Tag = 8 (2. Juni 1971)

Persönliches Jahr = 7; Persönlicher Tag = 6
Namenszyklus = 16 = 7
Charakterschlüssel = 5
Vorhersagen: 22, 32, 20, 23
= wenn Sie die Tabelle am 2. Juni 1971 erstellen. Da dies Datum nach seinem Geburtstag liegt, sollten Sie das laufende Jahr 1971 anwenden.

Unterton	1. Periode (29. Mai–29. Sept.)	2. Periode (29. Sept.–29. Jan.)	3. Periode (29. Jan.–29. Mai)
1971	1971	1971	1971
13	68	11	5
1984 = 22	2039 = 32	1982 = 20	1976 = 23

Unterton = 22; Erste Periode = 32; Zweite Periode = 20; Dritte Periode = 23

Die Interpretierung von Bob Hopes Numeroskop

Bob Hopes Schicksalszahl 22 ist die höchstmögliche Meisterzahl. Sie bedeutet, er wird nicht nur nationale, sondern internationale Kontakte und Erfolge haben. Er hat gewiß seine Lebensaufgabe erfüllt, denn er hat viele Reisen ins Ausland unternommen, um die (U. S.) Wehrmacht zu unterhalten. Er ist ebenfalls in Europa und in der ganzen Welt als Komödiant und Unterhaltungskünstler wohlbekannt. Seine Schicksalszahl 22 besteht aus zwei Achten und einer Sechs. Die Zahl 8 bedeutet große Geschäftsunternehmen, und die Zahl 6 bezieht sich auf die Gemeinde oder das Land. Er hat in Immobiliengeschäften (6) und in vielen anderen großen Geschäftsprojekten (8) investiert. Wegen seiner klugen Beurteilung ist er jetzt Millionen Dollar wert (8).

Seine Zahl der Sehnsucht der Seele ist 22–1 mit einer zugrundeliegenden 5. Wiederum mit der Meisterzahl als Teil seiner Zahl bedeutet dies seinen geheimen Wunsch, als Individualist und einzigartige Person weit bekannt zu sein. Er möchte Dinge auf kreative Weise tun. Die Zahl Fünf zeigt, daß er an allem Neuen (5), an Veränderung (5) und

Reisen (5) interessiert ist. Er ist rastlos und kann sich nicht niederlassen. Er ist kein sehr häuslicher Mensch oder ein Vater, denn er ist ein Weltbürger.

Seine Zahl der Persönlichkeit 8 gibt anderen ein, daß er sowohl systematisch und ordentlich wie auch ein ausgezeichneter Geschäftsmann (8) und Unterhaltungskünstler ist. Er besitzt einen analytischen Geist (7), ist praktisch (4) und liebt es, für einen Zweck zu arbeiten (6).

Seine augenblickliche Unterschrift besteht aus der 8–10–9 Geschäfts-Konkordanz, dies bedeutet geschäftlichen Erfolg. Wäre er kein Komödiant oder prominenter Unterhaltungskünstler gewesen, so hätte er als Finanzier im Geschäft ebenso großen Erfolg gehabt. Seine neue Unterschrift hat eine Zahl der Sehnsucht der Seele (11–6) mit einer zugrundeliegenden Zahl 8. Die Zahl 10 seiner Persönlichkeit zeigt ihn als einen hervorragenden Führer und die neue Zahl 9 gibt ihm das Schicksal eines Philanthropen (9). Er hat viel zu verdienten Organisationen in Form von Zeit und Geld mit beigetragen.

Bob Hopes Geburtstag am 29. Mai 1903 weist mit seiner Zahl des Geburtsweges (11–9=11) wiederum darauf hin, daß viel von ihm erwartet wird. Er mußte lernen, ein Darsteller auf der Bühne zu sein (11) und zu inspirieren, indem er die Menschen (9) auf kreative Weise unterhielt. Sein Geburtstag ergibt ebenfalls eine Meisterzahl (2 + 9 = 11). Er hat Talent, viel zu erreichen. Dies ist ein sehr starker Geburtstag, der anzeigt, daß er erfolgreich sein kann, was er bewiesen hat. Er ist ein Extremist, entweder glücklich oder deprimiert. Bei solch starken Meisterzahlen mußte er lernen, anderen zu helfen und sich ebenfalls seinen eigenen Weg zu bahnen. Einige Menschen mit diesem Geburtstag sind so in ihre eigenen Träume versunken, daß sie andere ignorieren. Er zieht möglicherweise viele gelegentliche Freunde wenigen intimen vor.

Er hat die Machtzahl 6, die man durch Addition seiner Schicksalszahl (22) und seinem Geburtsweg (11) erhält. Dies bedeutet, daß der spätere Teil seines Lebens von Dienst und humanitären Bestrebungen erfüllt sein wird. Er wird belohnt werden mit Liebe, Schutz, Geld und Erfüllung. Er wird weiterhin Verantwortung haben, denn es wird immer seine Pflicht sein, für das Wohlergehen anderer zu arbeiten.

Da Bob Hope am 29. Mai 1971 68 Jahre alt wurde, befindet er sich im vierten oder letzten Höhepunkt der Zahl 9. Obwohl die Zahl 9 oft enttäuschend ist, kann sie vorteilhaft sein, wenn er wahre Werte erkannt hat. Dies sollte für ihn ein befriedigender Höhepunkt sein, denn er hat stets seinem Nächsten geholfen.

Er hat eine Herausforderung der Zahl 1, dies bedeutet, er mußte lernen, auf seinen eigenen Füßen zu stehen und ein Führer zu sein. Möglicherweise hat er in seiner Jugend Widerstand durch seine Familie erfahren. Wenn er seine Herausforderung überwunden hat, was offensichtlich der Fall ist, so arbeitet sie für ihn und bringt ihm Unabhängigkeit und kreative Ideen.

Seine Ausdrucksebenen sagen aus, daß er physisch (6) und emotional (5) ist. In seiner Einstellung zu einem Problem wird er praktisch und realistisch sein, er wird jedoch seinen Gefühlen Raum geben und sie seine Entscheidungen beeinflussen lassen.

Seine karmische Lektion ist die Zahl 4. In irgendeinem früheren Leben hat er versucht, sich der Leistung harter Arbeit zu entziehen. Nun ist es ihm aufgezwungen worden. Auch in der Unterhaltung anderer arbeitet er sehr hart und unermüdlich. Er hat sechs Fünfen, die ihm als Talent dienen und ihm Vielseitigkeit, eine jugendliche Erscheinung und einen lebendigen Geist geben. Da die Fünf eine physische Zahl ist und jeder einige Fünfen ausweist, ziehen wir zwei von der Gesamtzahl ab, um ein echtes Bild zu bekommen, jedoch auch vier sind eine gute Anzahl.

Seine Alterszahl war 9 im Jahre 1971, denn er war in diesem Jahr sowohl 67 (4) wie auch 68 (5) Jahre alt. Eine Alterszahl 9 bedeutet eine Zeit, um das Vergangene hinter sich zu lassen, reinen Tisch zu machen und Platz zu schaffen für das neue Jahr.

Ein persönliches Jahr der Zahl 9 oder eine Alterszahl 9 ist keine günstige Zeit, um irgendetwas Neues zu beginnen.

Er befindet sich in der Feuer- oder Geschäfts-Konkordanz von 2, 4, 8, 11 und 22, da sein Geburtstag am 29. (11) ist.

Das universale Jahr 1971 ist ein abschließendes Jahr mit seiner Neuner Schwingung. Der universale Tag (2. Juni 1971) entspricht der Zahl 8. Dies ist ein guter Tag, um Geschäfte abzuschließen und

Veranstaltungen zu organisieren, ein guter Geschäftsführer zu sein und sich seinen Pflichten zu widmen.

Sein persönliches Jahr ist 7 im Jahre 1971, errechnet durch die Addition des Monats und Tages seiner Geburt und des universalen Jahres (5 + 11 + 9 = 7). Sein persönlicher Tag ist 6. Dieser wird errechnet durch Addition des laufenden Datums (2. Juni) und seiner Zahl 7 des persönlichen Jahres: (2 + 6 + 7 = 6). Es ist ein ausgezeichnetes Jahr, um zu studieren und eine analytische Forschungsarbeit durchzuführen. Es ist nicht förderlich für Reisen oder Unterhaltungskunst. Die Zahl 6 des persönlichen Tages zeigt an, daß er günstig ist für den Kauf oder Verkauf von Besitz.

Die 16 Buchstaben seines vollen Geburtsnamens reduzieren sich wiederum zu 7. Jedes siebente Jahr sollte von geringerer Wichtigkeit sein, indes sein 16. Lebensjahr und jedes Vielfache der Zahl 16 ihm irgendein hervorragendes Ereignis bringt und rot anzukreuzen ist.

Sein Charakterschlüssel 5 kennzeichnet ihn als rastlosen Menschen, der ständig Veränderung sucht. Dieser Schlüssel bringt viele Reisen. Dies hat er gewiß getan. Erotik könnte ebenfalls von starkem Einfluß sein.

Vorhersagen

Bob Hopes Unterton 22 für das Jahr zeigt an, daß er unentschlossen sein wird, wie er handeln sollte, denn er könnte leicht irregeführt werden. Die Zahl 22 ist eine heikle Schwingung, in der seine eigene Beurteilung möglicherweise nicht gut ist, denn er wird zu unentschlossen sein, um überhaupt etwas zu unternehmen. Er sollte einen Experten zu Rate ziehen, bevor er irgendeine Veränderung vornimmt oder eine wichtige Entscheidung trifft. Die erste Periode der 32, die vom 29. Mai bis 29. September 1971 dauert, sagt aus, daß seine Pläne leicht scheitern könnten. Die 32 könnte ebenfalls eine nervöse, von Spannungen erfüllte Zeit bedeuten. Es kann eine günstige Periode sein, und dies hängt davon ab, ob er das Richtige unternimmt oder entscheidet. Wenn ich seine Tabelle betrachte, möchte ich sagen, daß es sich bei der Entscheidung um eine Krankheit handeln könnte, in der er einen Spezialisten konsultieren sollte. Die zweite Periode vom 29. September bis 29. Januar ist eine gute Schwingung, denn sie kann Erfolg bringen. Die 20 ist zwar stets eine gute Schwingung, in Kombination mit der 22 ist sie jedoch problematisch und könnte in jede Richtung führen, entweder zu günstigen oder zu ungünstigen Bedingungen. In der dritten Periode der 23, die vom 29. Januar bis 29. Mai 1972 dauert, ist eine Entscheidung zu treffen. Dies könnte wiederum ein gesundheitliches Problem betreffen, da eine Krankheit auftreten und eine Entscheidung erfordern könnte. Diese Periode könnte ebenfalls Reisen oder rechtliche Angelegenheiten beinhalten. Es ist eine seltsame Veränderung. Unter dem Einfluß dieser Schwingung könnte er in ferne Länder oder um die ganze Welt reisen. Dies kann Protektion und Erfolg bedeuten, üblicherweise bezieht es sich jedoch auf die Möglichkeit einer Krankheit.

Ich habe Ihnen die Beziehung der Zahlen zu Ihrem Leben demonstriert. Sie können nun die entsprechenden Zahlen Ihres Namens anwenden und durch sie viele Antworten für Ihr inneres Leben erhalten. Es ist jedoch unbedingt erforderlich, bei der Erstellung Ihrer Tabelle zu verstehen, daß Sie Ihr Leben in vollstem Maße leben sollten, um all die Dinge zu erreichen, die für Sie vorgesehen sind. Selbst wenn Sie Meisterzahlen haben, werden diese erst dann vorteilhaft sein, wenn Sie arbeiten und sich ihre Möglichkeiten und Kräfte verdienen.

Dies Buch wurde geschrieben, um Ihnen einen Weg zu zeigen, sich durch Numerologie selbst zu helfen und zu verstehen. Möge es Ihnen den Mut geben, zu sehen, daß das Leben aufregend ist.

IHR PROGRAMM ZUR SELBSTHILFE

Shakti Gawain

LEBEN IM LICHT
Quelle und Weg zu einem neuen Bewußtsein

Dieses Buch ist der Führer, wie du dich und die Welt verändern kannst.

Shakti Gawain, Bestsellerautorin, gibt uns den Schlüssel zum neuen Bewußtsein in die Hand. Sie erklärt einleuchtend, wie schöpferisch unsere Intuition ist. Sie leitet uns praktisch an, unsere Intuition zu entwickeln und ihr zu folgen, um unsere schöpferische Kraft voll auszunutzen.

Andere Bücher geben einem das Gefühl, auf einen unbequemen Stuhl gesetzt zu werden und ein ums andere Mal vom Autor sein »So sieht es aus. Und so sollte es sein!« um die Ohren zu bekommen. Shakti Gawain führt uns mit großer Liebe, mit Verständnis und Feingefühl in einen bunten Garten, wo überall die Möglichkeiten nur so sprießen. 249 Seiten.

Claude M. Bristol

DIE MACHT DES GLAUBENS
Wirksame Techniken, um seine Ziele zu erreichen

Weltweit ein Millionenseller!
Setz dir ein Ziel und erreiche es! Durch die Kraft deines Glaubens. Setz deine Energien frei und erreiche alles, was du dir wünschst!– Aber wie gelange ich dorthin, werden Sie fragen.

Claude Bristol verrät es Ihnen in diesem Buch. Das Buch enthält alle Techniken, um Ihre Überzeugung zu stärken, gleich ob Sie beruflich aufsteigen oder sich finanziell verbessern möchten, ob Sie Ihr Privatleben harmonisieren oder Ihre Gesundheit stärken wollen. Jeder gelangt durch dieses Buch einen Schritt weiter. Denn jedem, der sich damit abgefunden hat, daß Wünsche auch Wünsche bleiben, geht bei der Lektüre ein Licht auf.

Bristol zeigt nicht nur, sondern beweist anhand von Fällen, wie Glaube zur Wirklichkeit wird. 209 Seiten.

Claude M. Bristol
Harold Sherman

TNT – EINE KRAFT IN DIR WIE DYNAMIT

Die meisten Menschen blockieren sich ständig selbst und behindern damit ihr natürliches Vorwärtskommen. Sie halten es für vermessen, sich in einer Position zu sehen, die ihnen nach der sozialen Stufenleiter »nicht zukommt«. Und das ist das grundlegende Übel. Nur derjenige, der eine solche Idee zuläßt, der sie ständig im Auge behält, d. h. sie innerlich verbildlicht, wird sie unweigerlich durchsetzen. Die Kraft in uns, die ihr zum Durchbruch verhilft, ist bei jedem Menschen in der gleichen Stärke vorhanden.

Es ist ein schier grenzenloses Potential, über das wir verfügen. Aber nur wenige Menschen wissen davon und nutzen es für ihre Ziele. Diejenigen, die es tun, sind die Planer und Vollbringer auf dieser Welt. Die große Masse gedankenloser menschlicher Wesen folgt nur ihrem Kielwasser. 216 Seiten.

Verlangen Sie das Gesamtprogramm beim
Verlag Peter Erd, Gaißacherstraße 18, Postfach 790980,
8000 München 75; Telefon (089) 7250126

IHR PROGRAMM ZUR SELBSTHILFE

Terry Cole-Whittaker

TRÄUME WERDEN WAHR

Wer hat nicht oft das Gefühl, alles schon viel zu lange so hingenommen zu haben, wie es ist. Dieses Buch macht Schluß mit Konflikt und Selbstmitleid. Es führt Sie auf neue Höhen – und das mitten in Ihrem Alltag. Terry selbst hat die Erfahrung gemacht, zu welch phänomenaler Größe man in seinem Leben gelangen kann. Sie entdeckte die Kräfte, die jeder in sich trägt. Warum sie also nicht nutzen? Alles ist greifbar.

Hier erfahren Sie alles Notwendige, wie Liebe und Freundschaft funktionieren, was für Energien fließen, welche Rolle Leidenschaft und Engagement spielen, wie Wohlstand entsteht und worauf Glück beruht ...

Sie können und wollen sofort anfangen. Nie wieder bietet sich eine günstigere Gelegenheit! 316 Seiten.

Sondra Ray

JA ZUR LIEBE
Das Geheimnis der wunderbaren
Partnerschaft

Endlich gibt es eine Alternative zu Trennung, Schmerz, Einsamkeit, Verzweiflung! Mit Sondra Rays Buch kann jeder den Kreislauf um Mißverständnis und Trennung durchbrechen. Partnerschaften brauchen nicht zu zerbrechen, wenn wir eines begriffen haben – die Liebe. Denn bevor wir sie haben wollen, müssen wir sie kennen.
Dieses Buch sagt uns, wie sie aussieht, wo sie am nötigsten ist, in welche Ecken sie sich oft verkriecht. Vor Sondra Ray konnten wir nicht wissen, was uns alles blockiert, wirklich JA zu sagen zur Liebe. Nach diesem JA ZUR LIEBE sind sogar schwierigste Beziehungen leicht in den Griff zu bekommen. Jede Ehe ist zu retten. Alle Freundschaften gewinnen an Sinn und Tiefe. Ihr Leben schäumt vor Lebensfreude, Ihre Zweisamkeit wird glücklich und tief befriedigend. 208 Seiten.

Alfred R. Stielau-Pallas

MÄRCHENHAFTE FREIHEIT

Dieses Buch entlarvt radikal und einleuchtend alle Märchen, die unser Fortkommen behindern. Dadurch eröffnet es Ihnen eine neue märchenhafte Welt: eine Welt der Freiheit und Unabhängigkeit von Haß, Neid, Krieg, Zerstörung. Denn all das haben wir auf unserer Erde in Jahrhunderten angesammelt wie auf einem riesigen Schrottplatz, und dazu noch Gefahren, die die Natur, die Menschheit, ja unseren Planeten bedrohen. Hilft uns die Frage »Wer hat schuld«? Vielleicht hilft uns die Antwort »Keiner! Es gibt keine Schuldigen!« Denn es geht nicht um Schuld, sondern darum, daß etwas getan wird. Jeder von uns hat selbst Verantwortung.
Der Autor zeigt, wie jeder sich freimachen kann von den ihm eingebleuten Märchen über Konkurrenz, Wissen, Macht, die »gute alte Zeit«, und so sich selbst zum Erfolg und zu einem lebenswerten Leben verhelfen kann. Der Autor widmet sich seit über einem Dutzend Jahren erfolgspsychologischen Studien, wurde durch mehrere erfolgreiche Bücher bekannt, und seine Seminare werden von Erfolgreichen besucht, die noch erfolgreicher werden möchten. TB, 123 Seiten.

Verlangen Sie das Gesamtprogramm beim
**Verlag Peter Erd, Gaißacherstraße 18, Postfach 750980,
8000 München 75, Telefon (089) 7250126**

IHR PROGRAMM ZUR SELBSTHILFE

Petrie/Stone

DAS AUTOGENIC-KASSETTEN-PROGRAMM

Was ist Autogenic? Autogenic ist eine in Amerika entwickelte Selbsthilfemethode, die sich zusammensetzt aus Autogenem Training und bestimmten Suggestionsformeln. Eine mit Erfolg praktizierte Therapie, von der heute Menschen in allen Lebensbereichen profitieren. Und das ohne Willensanstrengung! Die erwünschte Wirkung wird erreicht durch Entspannung und ein neues Vorstellungsbild. **Die Resonanz ist überwältigend.** Was man häufig weder mit guten Vorsätzen, Diäten noch Medikamenten erreicht, wird möglich durch Selbstsuggestion.

Mit folgenden Kassetten:
- Mühelos schlank auf Dauer
- Erfolg beim anderen Geschlecht
- Andere für seine Ziele gewinnen
- Ab sofort Nichtraucher
- Frei von Schlafstörungen
- Frei von Migräne
- Mühelos lernen

- Nicht mehr alkoholabhängig
- Gesund und vital
- Finanzielle Sicherheit
- Glücklich und selbstsicher
- Depressionen überwinden
- Angst überwinden
- Streß und Nervosität überwinden

Dr. Joseph Murphy

MEDITATIONS-KASSETTEN-PROGRAMM

☐ Meditationen I: Stille Momente mit Gott
   1. Teil
   2. Teil
☐ Meditationen II: für Gesundheit, Wohlstand, Liebe und Selbstausdruck
   Endlich sind sie da, die Kassetten mit den Murphy-Meditationen – zur Freude aller Murphy-Fans. Überlassen Sie sich ganz diesen geübten Stimmen, mit deren Hilfe Sie an sinnvolles meditatives Arbeiten herangeführt werden. Damit buchen Sie Ihren Erfolg bei der Selbstprogrammierung.

SUGGESTIONS-KASSETTENPROGRAMM

- Das Gesetz des Erfolgs:
  Diese Kassette enthält eine Suggestion, mit der Sie die richtige Einstellung finden, um Erfolg in allen Lebensbereichen zu erfahren. Je regelmäßiger Sie sie anwenden, desto sicherer werden Sie Ihre Ziele erreichen.
- Erfüllung meiner Wünsche:
  Lenken Sie mit Hilfe dieser Kassette von Dr. Murphy Ihre geistigen Energien auf das, was Sie errreichen wollen. Ihr Unterbewußtsein wird an der Verwirklichung Ihrer Wünsche arbeiten.

LASS LOS UND LASS GOTT WIRKEN
103 Meditationen für Gesundheit, Wohlstand, Erfolg und Harmonie

Meditieren heißt loslassen und gleichzeitig neue Kraft schöpfen. Schmerzliche Erfahrungen werden aufgelöst, es wächst das Urvertrauen in die Schöpfung und ihre Wege. Das Leben gewinnt an Intensität und erfährt eine Wandlung zum Positiven.
Dies ist eine exklusive Sonderausgabe als Geschenkkassette.
Darin sind enthalten: 1 Broschüre Murphy-Meditationen I »Stille Momente mit Gott«, 1 Broschüre Murphy-Meditationen II »für Gesundheit, Wohlstand, Liebe und Selbstausdruck« und 3 Kassetten dieser Meditationen.

Verlangen Sie das Gesamtprogramm beim
**Verlag Peter Erd, Gaißacherstraße 18, Postfach 75 09 80,
8000 München 75; Telefon (0 89) 7 25 01 26**

IHR PROGRAMM ZUR SELBSTHILFE

Catherine Ponder

DIE HEILUNGSGEHEIMNISSE DER JAHRHUNDERTE

Die Heilungsgeheimnisse der Jahrhunderte bestehen darin, daß jeder Mensch zwölf dynamische Geisteskräfte besitzt, die in zwölf beherrschenden Nervenzentren im Gehirn und mitten im Körper liegen. Das Buch zeigt Ihnen weiterhin, wie dieses Wissen angewendet werden muß, um jedes Leiden Ihres Körpers zu heilen. 282 Seiten.

DIE DYNAMISCHEN GESETZE DES REICHTUMS

Sie können durch DIE DYNAMISCHEN GESETZE DES REICHTUMS einen goldenen Strom von Reichtümern in Ihr Leben leiten. Dieses Buch enthüllt Ihnen, wie bestimmte geistige Einstellungen in Ihrem Leben Wohlstand hervorrufen, warum die stärkste Kraft der Welt zu Ihren Gunsten wirkt und wie man die geheimen »Gesetze für Wohlbefinden« zur Erlangung des eigenen Glücks anwendet. 349 Seiten.

IHR WEG IN EIN BEGLÜCKENDES LEBEN

Sie können alles haben, sobald Sie das Wohlstandsgeheimnis aller Zeiten kennen- und anzuwenden gelernt haben. Dieses Buch zeigt Ihnen Seite für Seite, was es mit diesem verblüffenden Geheimnis auf sich hat, wie es angewendet wird und wie es den Weg in Ihr Leben finden kann. 265 Seiten.

BETE UND WERDE REICH

Dieses Buch möchte Sie mit vielen faszinierenden Arten bekannt machen, auf die man beten kann: durch Entspannung, Verneinung, Bejahung, Konzentration, Meditation, in der Stille, durch Erkenntnis, durch Danksagung. Sie werden sehen, es gibt für jede Lebenslage einen Weg zu beten – der zu Stimmung und Umständen paßt –, eine Methode, die unweigerlich funktioniert! Auf keine bessere Weise können Sie sich die Lebensqualität sichern, die Sie sich so sehnlich wünschen. 272 Seiten.

Dr. Kurt E. Schweighardt **FEUERLAUFEN**

Feuerlaufen hat eine alte, spirituelle Tradition. Bis zu 900 Grad Hitze strahlt die glühende Holzkohle bei diesem Ritual aus. Jeder kann die Macht des Geistes der Teilnehmer erahnen, wenn diese sie mit bloßen Füßen unverletzt überqueren. Dieses Ritual ist bei verschiedenen Völkern, so auch bei den mazedonischen »Anastenariden« ein Teil eines ganzheitlichen Heilkults. In ihm wird die Heilung des Menschen immer im Rahmen des Einswerdens mit der Schöpfung gesehen. 120 Seiten.

Christian Zweiacher

ATLANTIS MIND (1 Musikmeditationskassette)

Diese Kassette ist nicht umsonst der Geheimtip der Insider fernab der Hitlisten. Die Musik ist wahrhaft himmlisch, wie nicht von dieser Welt. Kein Wunder, denn Christian Zweichacher, ein genialer junger Musiker aus der Schweiz, komponierte sie in meditativem Zustand. Sie erinnert mehr an kosmische Weiten als alles, was man bisher auf dem Synthesizer hörte.
Sie versetzt Sie in Schwingungen, inspiriert und erhebt Sie. Sie führt Sie zu Ihrem inneren wirklichen Selbst, das die meisten Menschen noch nie in ihrem Leben berührt haben. Von diesem innersten Selbst erhalten Sie Ihre Lebenskraft und Energie, Ihre Fähigkeiten und Talente. Diese Musik hilft Ihnen mehr, die Persönlichkeit zu werden, die Sie sein könnten, als alles, was man darüber »wissen« kann.
2 × ca. 18 Minuten Laufzeit.

Verlangen Sie das Gesamtprogramm beim
**Verlag Peter Erd, Gaißacherstraße 18, Postfach 75 09 80,
8000 München 75; Telefon (0 89) 7 25 01 26**

IHR PROGRAMM ZUR SELBSTHILFE

Alfred R. Stielau-Pallas
Rosemarie Ernsting

NATÜRLICHE SCHÖNHEIT UND ANMUT
(2 Suggestionskassetten)

Dieses Programm hat größere Wirkung als alle Kosmetik und kostet einen Bruchteil des dafür ausgegebenen Geldes. In diesen Kassetten steckt das Geheimnis, wie Sie sich Ihre verführerische Schönheit bewahren. Es braucht ja sonst keiner zu erfahren! Genauso wie niemand erfahren wird, wie alt Sie sind.

Gesprochen hat die Kassetten die Schauspielerin Rosemarie Ernsting, der auch die Tips für die Schönheit auf der ersten Kassette zu verdanken sind. Alfred Stielau-Pallas hat auf der zweiten Kassette ein Suggestionsprogramm entworfen, mit dem Sie sich jeden Tag eine halbe Stunde erholsame Ruhe gönnen können, die Ihre natürliche Anmut und Schönheit weckt. In einer gesunden Tiefenentspannung nehmen Sie neues Selbstwertgefühl, einen glücklichen Ausdruck und strahlende Schönheit an.

Schönheit liegt eben nicht im Auge des Beschauers, sondern kommt von innen.   2 × 30 Minuten Laufzeit.

Dan Custer

MEDITATIONSKASSETTEN
ICH LIEBE DEN HEUTIGEN TAG

Das Wunder Ihrer Geisteskraft! Welche Aussage machen Sie häufiger: »Ich kann« oder »Ich kann nicht«? Seien Sie ehrlich, meistens bringen Sie eine negative Einstellung zum Ausdruck. Zugegeben, da spielen Frustrationen aus der Kindheit eine Rolle. Man hat uns häufig eine falsche Bescheidenheit beigebracht, Erwartungen und Wunschvorstellungen lächerlich gemacht. Dabei ist nichts so notwendig, als sich selbst zu akzeptieren als selbstbewußten Mittelpunkt, als einmalige Schöpfung, die alles ist, sein kann und sein wird. Ihre Möglichkeiten sind unbegrenzt, ob Sie nun Ihr Bewußtsein für körperliche Gesundheit und Jugendlichkeit, finanzielle Sicherheit, Entscheidungskraft oder Persönlichkeitsentfaltung einsetzen.

Schöpfen Sie Kraft aus der eigenen Seele mit diesem Programm aus 2 Meditationskassetten:

Die erste Kassette enthält eine **Morgenmeditation,** die zweite eine **Abendmeditation.**

Lauschen Sie der Stimme und der wohltuenden Musik – Die Meditationen geben Ihnen Stärke für den Tag und abends Ruhe für einen erquickenden Schlaf.

Dr. Emmet Fox

MACHT DURCH POSITIVES DENKEN

Dieses Buch gehört zu den Klassikern, die konstruktives Denken lehren.

Es lehrt Sie die Prinzipien für einen erfolgreichen Lebensaufbau und es verweist auf die einzig mögliche Methode, um Furcht, die Ursache und Wurzel allen Versagens ist, zu überwinden.   256 Seiten.

Verlangen Sie das Gesamtprogramm beim
Verlag Peter Erd, Gaißacherstraße 18, Postfach 75 09 80,
8000 München 75; Telefon (089) 7 25 01 26

IHR PROGRAMM ZUR SELBSTHILFE

Frederick Bailes **ICH LEBE GLÜCKLICH**

In sieben Tagen ein neuer Mensch! Glauben Sie es nicht – versuchen Sie es! Es ist keine Zauberei. Wissen Sie, warum manche ihr Leben meistern und andere von den Umständen ihres Lebens beherrscht werden?

Jetzt können Sie herausfinden, durch welche Ursachen Ihr Leben bestimmt wird – mit diesem Buch. Der Autor erklärt grundlegende Gesetze, die Sie beherrschen, solange Sie sie nicht verstanden haben. Diese Gesetze können Sie aber zu Ihrem eigenen Nutzen anwenden. Das wird Ihr Leben von Grund auf erneuern. Es ermöglicht

☐ beruflichen Fortschritt aus aussichtsloser Resignation
☐ inneren Frieden statt eines in Hast und Unruhe beinahe erstickten Lebens
☐ Harmonie und Liebe in bisher konfliktreichen, verständnislosen Beziehungen
☐ Genesung unheilbarer und lebensbedrohlicher Krankheit.

Der Autor hat in 40 Jahren erfolgreicher Arbeit mit Tausenden von Menschen viele solcher Fälle erlebt und Methoden entwickelt, die auch Sie leicht und erfolgreich im täglichen Leben anwenden können.

258 Seiten.

John Randolph Price **DEINE ZUKUNFT IST JETZT**

Aufruf zur Rettung der Erde. Das geht jeden an! Der Heilung und Harmonisierung unseres Planeten mit allen darauf bestehenden Lebensformen – ihr ist dieses Buch gewidmet.

Es war höchste Zeit für diese Idee. Der Grundgedanke ist, daß sich möglichst viele Menschen gedanklich verbinden zur Rettung unserer Erde. Denn viele gleichgerichtete Gedanken sind eine starke Macht. Bisher hat diese Macht schon viel Negatives hervorgebracht: Kriege, Vernichtung, Haß, Zerstörung.

Es ist jetzt fünf vor zwölf! Zeit, diesen Kreislauf zu durchbrechen. Wir müssen unser kollektives Bewußtsein ab jetzt auf das Positive richten. Wir müssen die Welt »umdenken«. Dazu ist jeder einzelne Gedanke gleich nötig, gleich ob von einflußreichen oder unscheinbaren Menschen.

Das Buch zeigt Ihnen, wie das »Umdenken« geht: weg vom rein materiellen Denken, wenigstens sofern es Macht über uns hat und uns zu Neid, Unfrieden und Zerstörung zwingt – und hin zum spirituellen Denken, der einzigen Möglichkeit, für sich und weltweit Positives zu bewirken. 191 Seiten.

Brunhild Börner-Kray **DER GEISTIGE WEG ZUM ÜBERLEBEN**

Daß es eine höhere Wirklichkeit gibt, jenseits der Physik, davon war selbst Einstein zutiefst überzeugt. Mit dem Intellekt meistern wir die physische Welt. Unsere Daseinsberechtigung aber liegt begründet in unserer geistig-seelischen Existenz, die viele Leben durchwandert und unsterblich ist.

Für jeden wahrhaft Suchenden ist das Werk dieser Autorin ein kostbares Geschenk. Nein, mehr noch: eine Offenbarung.
Hier wird klar, eindringlich und überzeugend dem Menschen sein geistiger Weg zum Überleben aufgezeigt.

Der Leser wird das Buch nicht mehr aus der Hand legen, bevor er die letzte Zeile gelesen hat. 363 Seiten.

Verlangen Sie das Gesamtprogramm beim
**Verlag Peter Erd, Gaißacherstraße 18, Postfach 75 09 80,
8000 München 75; Telefon (089) 7 25 01 26**

IHR PROGRAMM ZUR SELBSTHILFE

Dr. Evarts G. Loomis
J. Sig Paulson   **HEILEN DURCH LIEBE UND ERKENNTNIS**

Dieses Buch ist dazu bestimmt, Ihnen den Weg zur größtmöglichen Entfaltung Ihrer kostbarsten Gaben zu weisen: der körperlichen, geistigen und spirituellen Gesundheit. Wenn Sie krank, unglücklich oder niedergeschlagen sind, können Sie mit diesen Ratschlägen Hilfe und Heilung finden. Sind Sie aber gesund, glücklich und optimistisch, werden Sie inspiriert, sich zu einem noch strahlenderen Menschen zu entwickeln.

Hier werden zwei verschiedene, aber sich einzigartig ergänzende Bereiche vereint – die der Medizin und der Religion. Damit können Sie in jeder Situation, wie düster und hoffnungslos sie auch scheinen mag, einen gangbaren Weg oder eine Quelle des Positiven finden.   287 Seiten.

Dr. Ainslie Meares   **ÄNGSTIGE DICH NICHT –**
LEBE UND GEWINNE!

Kennen Sie das? Sie arbeiten an sich, so hart Sie können, aber es gelingt Ihnen nicht, eine störende Eigenschaft abzulegen. Es kann nicht gelingen, solange Sie nicht die Angst abgebaut haben, die sie hervorbringt. Sie ist es, die alles im Leben beeinflußt: die alle psychosomatischen Krankheiten und Leiden, alle Hemmungen verursacht; die uns zu Abwehrhaltungen zwingt; die sich in Aggressivität, Mißtrauen, Selbstsucht äußert.

Die Methode dieses Buches ist unkompliziert. Durch innere Entspannung und meditative Erfahrungen werden leidvolle Zustände des Unbewußten, die Angst hervorrufen, beseitigt. Sie überwinden alles, was Sie bisher daran gehindert hat, der Mensch zu werden, der Sie eigentlich schon immer sein möchten. Sie erleben eine große Befreiung und persönliche Erfüllung. Alles ist bezogen auf praktische Gegebenheiten unseres Alltags, und genau dort werden Sie die Früchte Ihrer inneren Erfahrungen ernten. Sie wirken sich sofort aus auf alle Bereiche, sei es Beruf, Freizeit, Familie oder Sexualität.   233 Seiten.

David B. Goodstein   **SUPERLIVING**
LIEBER REICH UND GLÜCKLICH...

... als arm und unzufrieden. Klar! Aber hat man denn die Wahl? fragen sich viele. Wer so fragt, gleicht einem Geisterfahrer, der sich wundert, warum ihm Hunderte entgegenkommen.

Der Autor schildert, warum schon die Frage allein eine Änderung des Zustands verhindert. Er begriff, daß man nicht auf Glücksfälle warten darf. Denn die Wende im Leben ist nur durch die Einsicht herbeizuführen, daß eigene falsche Verhaltensweisen die Umkehr blockierten. Jeder, der dieses Buch liest, sieht ein, daß er die falsche Fahrbahn verlassen muß und die Spur wechseln, um sich tragen zu lassen vom Fluß eines reichen und vollen Lebens.

Das Buch ist Ihr neues praktisches Programm, das Ihnen ganz konkret hilft, etwa:
- [ ] einen Arbeitsplatz zu finden
- [ ] Ihre Zukunft zu planen
- [ ] Krankheiten zu besiegen
- [ ] schädliche Gefühle zu vermeiden
- [ ] Ihr Bewußtsein in den Griff zu bekommen
- [ ] zur spirituellen Erleuchtung zu gelangen

Was Sie heute sind, ist lediglich der Ausgangspunkt für das, was Sie für den Rest Ihres Lebens werden können!   227 Seiten.

Verlangen Sie das Gesamtprogramm beim
Verlag Peter Erd, Gaißacherstraße 18, Postfach 75 09 80,
8000 München 75; Telefon (0 89) 7 25 01 26